大型综合性体育赛事组织与市场开发

王卫东　主编

人民体育出版社

图书在版编目（CIP）数据

大型综合性体育赛事组织与市场开发 / 王卫东主编
. -- 北京：人民体育出版社，2022
ISBN 978-7-5009-6124-6

Ⅰ. ①大… Ⅱ. ①王… Ⅲ. ①运动竞赛－组织管理②运动竞赛－市场开发 Ⅳ. ①G808.22②G80-05

中国版本图书馆 CIP 数据核字（2021）第 273648 号

*

人 民 体 育 出 版 社 出 版 发 行
北 京 新 华 印 刷 有 限 公 司 印 刷
新 华 书 店 经 销

*

710×1000 16 开本 17.25 印张 300 千字
2022 年 1 月第 1 版 2022 年 1 月第 1 次印刷

*

ISBN 978-7-5009-6124-6
定价：72.00 元

社址：北京市东城区体育馆路 8 号（天坛公园东门）
电话：67151482（发行部） 邮编：100061
传真：67151483 邮购：67118491
网址：www.sportspublish.cn

序
PREFACE

在接到为本书作序邀请时，恰逢我代表北京奥组委赴希腊采集第24届冬季奥林匹克运动会的圣火归来，按照我国的防疫要求，回国后需隔离数日，也让我在忙碌的工作中难得有时间回顾我参与过的各种大型赛会。奥运圣火的到来让世界奥林匹克运动正式进入北京时间，在距北京冬奥会开幕不到100天时，国际奥委会和北京冬奥组委已一切准备就绪，迎接第24届冬季奥林匹克盛会的召开。在全球新冠疫情的复杂形势下，北京冬奥会能够如期举办，这得益于我国政府良好的防疫措施，以及国际奥委会一百多年来组织大型赛事的专业标准化体系及处理突发事件的经验，更离不开世界各国人民对奥林匹克运动的支持和热爱。

中体产业集团董事长王卫东同志希望我能给这本《大型综合性体育赛事组织与市场开发》提提意见，写个序言，这也让我有了简单聊一聊大型赛会组织和市场开发经验的想法。

我大部分时间致力于中国体育事业的发展，近年来更是专注于奥林匹克运动的普及和推广。随着我国国力的日益强大，奥运会、亚运会、大运会、世界运动会等大型综合性赛会越来越多地进入中国，并在北京、上海、广州、武汉、杭州、成都等知名城市相继举办。而以往只在北京、上海、广东三地轮流举办的全国运动会，也在其他省份相继成功举办，带来了广泛而良好的社会影响。这些赛事的引入体现了城市管理者的远见卓识和对中国城市发展成果的自信。举办大型综合性体育赛事要有长远的规划、专业的组织、全局的统筹，这些主办城市通过大型赛事的举办加快了城市的国际化进程，提升了城市知名度和城市形象，推进了体育与文化、教育、旅游、科技、交通、通信等行业的融合发展，更让中国人民对体育和健康越来越重视，推动了体育强国的建设和“健康中国”的实施。这些对于国家和城市的发展都具有积极的作用和影响，对处于迅速发展与变革的中国更显得尤为重要。

自1998年长野冬奥会开始，我先后参加了6届夏季奥运会和6届冬季奥运会，并参与审阅了奥运会的申办、举办文件。奥运会的举办是一项庞大而复杂的系统工程，从申办、考察到最终举办完成是长达数年的艰苦工作。能够在举办期的16天内组织1万多名运动员参赛、几百万人现场观赛、几十亿观众在各种媒体前欣赏精彩赛事，其背后工作的难度之大、细节之多让人叹为观止。以奥运会为典型代表的大型综合性运动会的组织既涵盖体育组织管理、市场开发等重要组成部分，又有仪式、礼宾接待等细节，而其中较为复杂的体育管理部分又分为竞赛管理、规划、志愿者服务、场地器材、赛会训练、体育展示等十多个模块。整个管理体系需完善而精准，力求组织工作的专业化、标准化、创新性，尤其是对于流程的管控和风险的防范更需“滴水不漏”。奥运会的市场开发更是目前国际体育市场开发最成功的范例之一，为奥运会的顺利举办奠定了基础。包括奥运会电视转播权、合作伙伴计划、特许经营等内容的完整体系已成为世界大型综合性体育赛事市场开发最重要的借鉴模式。奥运会在北京两次举办，不仅创造了世界上第一个“双奥之城”，也把国际奥委会一百多年的组织管理经验和市场开发模式带到了中国，为中国的体育事业培养了一批了解大型综合性体育赛事和市场开发的专业人才，据我所知，这其中就有很多中体产业集团的同志们。

我与卫东同志相识多年，他最早是在大学工作，后创建了华体集团公司，又相继担任了国家体育总局体育彩票管理中心主任和总局体育经济司司长，现今又成为中体产业集团的董事长。在体育产业规划、政策制订、理论研究、企业经营管理等方面都积累了丰富的经验。中体产业集团作为国家体育总局唯一实际控制的上市公司，参与了在我国举办的各项大型综合性体育赛事组织与市场开发等工作，也培养了一大批体育经营管理人才。由卫东同志作为主编，将集团长期的实践与经验、技术标准和规范汇集，又邀请了众多国内大型赛事组织方面的管理者、专家参与编辑成为书稿，有利于推进我国赛事组织与市场开发的规范化、标准化、国际化。书中系统总结了大型赛事组织及市场开发工作，具有较高的专业性和权威性，又将案例、实操贯穿于全书的始终，是一本全面而实用的工具书、案例书、参考书。我很欣慰中体产业集团能有这样的胸怀和视野，以体育为本，聚中国体育之力，集理论、案例、经验成书，无私地让更多的中国体育从业者能够从本书中获益。相信在未来，中体产业集团还会在体育产业更多领域有突飞猛进的发展，真正成为中国体育产业高质量发展的领跑者。

近年来总是感觉时间过得很快，从 2015 年 7 月北京冬奥会申办成功，时至今日距正式开幕已不足 100 天。奥运圣火来到中国后，已经让全世界的目光再次聚焦北京，希望圣火点燃的不只是北京冬奥会，更能照亮中国体育事业发展的伟大进程！

国际奥委会副主席

北京 2022 年冬奥会和冬残奥会组委会副主席

2021 年 12 月

前 言
FOREWORD

随着我国城市化进程的不断加快和国际影响力的加速提升，在国家“十四五”规划战略的指引下，各地均把“不断实现人民对美好生活的向往”作为城市发展的目标，而大型综合性体育赛事的举办正与之契合。正如世界知名体育市场情报服务商“Sportcal”于2019年发布的全球赛事影响力国家榜单显示，中国已升至首位，打破了美国对于该榜单连续三年的垄断，并且中国有三座城市入围前30名，分别是北京、南京和成都。为加速经济发展、提升治理水平，许多城市都把体育赛事的引入作为城市品牌营销的重要手段。大型综合性体育赛事的举办对一座城市的助力体现在影响力、推动力和可持续发展力三个方面。大型综合性体育赛事将为城市带来政策的“虹吸效应”，不仅能够拉动当地多个产业，特别是文化、旅游、餐饮、娱乐等产业的发展，同时赛事还会打造城市名片，赋予城市可持续发展的新动能。

我国城市的建设与大型体育赛事的互动发展由来已久。北京是奥运史上第一座举办过夏季奥运会，又将迎来冬季奥运会的世界体育名城；上海市提出了要“精心打造一批与国际大都市功能相匹配的国际顶级赛事，提升顶级品牌赛事的国际影响力”的《上海市体育产业发展实施方案》；成都市印发了《成都市建设世界赛事名城促进体育产业发展的若干政策措施》；南京市举办了“第二届青年奥运会”，武汉举办了“第七届世界军人运动会”，西安市举办了“第十四届全运会”，杭州市将举办“2022年亚运会”……这些综合性体育赛事全面提升了城市的治理水平，推进了城市的经济发展，提升了城市的影响力。

大型综合性体育赛事的举办对推进各地城市建设与改造、优化城市功能、完善城市综合治理能力和提升城市影响力的重要作用已经成为共识，但如何高效地举办一场大型综合性体育赛事，发挥大型综合性体育赛事的综合功能，对每个城市来说都是巨大的挑战。举办城市往往会面临诸如此类的问题：缺乏相关专业技术的人才、缺乏对相关行业基本知识的了解；怎样将国际体育组织的办赛标准和技术规范与中国国情有机地结合；如何根据城市经济、社会发展的阶段性特征，形成自身的办赛特色……为破解这些难题，系统总结研究以往大型综合性体育赛事的经验和做法，已成为当前亟须开展的工作。

中体产业集团股份有限公司是国家体育总局控股的A股主板上市公司。公司始终根植体育、聚焦体育产业，按照“健康中国”“体育强国”建设的总体要求，积极履行“用体育点亮美好生活”的使命，愿景是成为“体育产业高质量发展的领跑者”。公司参与或独家为2008年北京奥运会、2010年广州亚运会、2019年第七届武汉世界军人运动会、2021年第十四届陕西全国运动会和2022年北京冬奥会等大型综合性体育赛事提供了赛事咨询与开发服务。

基于长期以来对大型综合性体育赛事组织和市场开发的实践经验，作为具有使命担当和责任感的企业，我们研究和总结了近年来举办过的国际、国内综合性体育赛事的办赛经验与做法，积极探索大型综合性赛事的竞赛组织与市场开发的规律，以期推动我国竞赛组织与市场开发的标准化、科学性、国际化，亦可为承办大型综合性体育赛事和单项体育赛事提供经验借鉴，全面提升办赛水平。本书分为上下两篇：上篇主要介绍大型综合性体育赛事组织，内容涉及大型综合性体育赛事概况、组织机构、组织体系、信息管理，以及大型综合性体育赛事的开（闭）幕式策划与组织、志愿者管理；下篇以大型综合性体育赛事市场开发为核心，立足承办方，按照体育赛事市场开发的一般规律，对综合性体育赛事的市场开发权益、市场开发目标、市场开发机构、赞助招商、特许产品经营、电视转播、门票销售等进行介绍。

本书由中体产业杨力副总裁和武汉体育学院陈林祥教授担任副主编，参与编写的人员包括刘芳枝、潘磊、李丽、陈晓静、刘丽娜、刘超、邓瑞等。本书能够顺利地完成，要感谢蒋志学、韩建国、王沈顺、顾灏宁、吴永芳等专业人士给予的大力支持。

特别感谢国际奥委会于再清副主席，在北京冬奥会筹备最繁忙之际，拨冗为本书的出版给予指导和鼓励，并为本书作序，极大地鼓舞了我们以更宽的国际化视野、更严格的专业要求，继续投身大型赛事组织及市场开发工作之中。

主编 

2021 年 10 月

目录
CONTENTS

❖ 上篇 大型综合性体育赛事组织 ❖

❖ 下篇　大型综合性体育赛事市场开发 ❖

上篇

大型综合性体育赛事组织

第一章
CHAPTER 1
大型综合性体育赛事与城市发展

体育赛事与城市存在着天然的联系，现代体育赛事始于工业革命所带来的城市化高速发展，与城市化进程高度相关。城市化促进了现代体育赛事的发展，同时体育赛事又是促进城市发展的重要力量。

“办好一次会，搞活一座城”。举办大型综合性体育赛事，既是对一座城市的全面检验，也是推动城市全面进步的重要引擎。大型综合性体育赛事因其规模宏大、影响力广，对城市的影响作用是综合性的。既能推动城市经济发展，也可以提升城市治理水平、提高城市影响力，成为城市发展赋能的重要推动力。本章从赛事推动城市经济、赛事助力城市治理、赛事扩大城市影响力三个方面来阐述大型综合性体育赛事在城市发展中的功能作用。

第一节　赛事推动城市经济

从历史经验来看，首尔（原名汉城）、巴塞罗那、悉尼、东京等国际知名城市大都通过举办大型综合性体育赛事来推动城市发展。如 1988 年汉城奥运会极大地推动了首尔乃至韩国的产业投资和发展，提升了首尔的城市建设水平，成功拓展了汉江以南的城市新区，使首尔的国际地位得到显著提高。巴塞罗那举办奥运会的重要原因之一是 1980 年西班牙刚从经济衰退中复苏，正在寻求从政治和经济上“重返”欧洲。巴塞罗那期望借助奥运会来打造“南欧地区门户城市”。1992 年奥运会的成功举办推动巴塞罗那成为欧洲重要的文化、旅游中心之一。2000 年奥运会加快推动了悉尼的商业、贸易、旅游业发展，霍姆布什湾和罗德半岛地区的商业旧区进行了改造，城市居住、商业、文化体育娱乐等综合功能得到提升，国际知名度明显提高。2016 年奥运会推动里约热内卢 GDP 实现了正增长。巴西政府委托智库管理机构基金会做的报告显示，巴西国内有 55 个行业从举办奥运会中获益，排在首位的是基建（10.5%），其次是地产业（6.3%）、服务业（5.7%）、石油和天然气行业（5.1%），以及交通、通信业（4.8%）。

“赛事搭台，经贸唱戏”，经济因素是大型综合性体育赛事影响城市发展的动力源泉。以奥运会为代表的大型综合性体育赛事为主办城市带来了较大的经济效应（表 1-1）。大型综合性体育赛事推动城市经济发展主要通过扩大投资规模、促进旅游业发展，以及带动城市就业来实现。

表 1-1 奥运会对主办城市 GDP 的贡献率

主办城市	对主办城市 GDP 的贡献率（%）	主办城市	对主办城市 GDP 的贡献率（%）
1988 年汉城	1.4	2008 年北京	0.85
1992 年巴塞罗那	2.9	2012 年伦敦	1.7
1996 年亚特兰大	0.07	2014 年索契	0.83
2000 年悉尼	1.0	2016 年里约热内卢	2.1
2004 年雅典	—	2018 年平昌	1.1

［资料来源］1988—2000 年、2012—2016 年数据：黄磊，林显鹏．举办大型体育赛事对城市经济更新的影响及其作用路径研究［J］．湖北社会科学，2020（5）：99-105.

2008 年数据：中国经济网．奥运会对经济发展推动力有多大？［EB/OL］．http://intl.ce.cn/zhuanti/ggjj/ay/yw/200807/30/t20080730_16334437.shtml.

2018 年数据：邱江剑．平昌冬奥会成韩国经济增长点［N］．南方日报，2017-3-2（A18）.

一、扩大投资规模

举办大型综合性体育赛事，离不开城市建设及投入。既要有满足竞赛需要的竞赛场馆及非竞赛场馆（如媒体中心），也需要发达完善的交通、通信等配套设施作支撑，相应的环境治理也需要巨大的投入，这些都会提高主办城市的资本投入。举办大型综合性体育赛事已成为城市公共基础设施改善和公用事业发展的良好契机，是城市发展经济的助推器（表 1-2）。

表 1-2 部分年份奥运会主办城市投入

主办城市	投入（亿美元）	主办城市	投入（亿美元）
1976 年蒙特利尔	12	2000 年悉尼	38
1980 年莫斯科	20	2004 年雅典	150
1984 年洛杉矶	5.46	2008 年北京	400
1988 年汉城	40	2012 年伦敦	145
1992 年巴塞罗那	94	2016 年里约热内卢	131
1996 年亚特兰大	18	2020 年东京	>250

［资料来源］1976—2012 年数据：搜狐网．盘点历届奥运会花费：北京最贵/英国最抠［EB/OL］. https：//www. sohu. com/a/109200655_ 117348.

2016 年数据：腾讯体育．里约奥运成本公布：花费 131 亿美元 超支近 2 倍［EB/OL］. https：//sports. qq. com/a/20170615/041817. htm.

2020 年数据：搜狐网．日本已为承办东京奥运会耗资 250 亿美元 并打破企业赞助纪录［EB/OL］. https：//www. sohu. com/a/376510154_ 100063269.

以奥运会为例，主办城市在基础设施、场馆建设、环境治理等公用事业方面投入巨大。通常主办城市政府给予较大投资，并吸引一定规模的民间投资，由此触发经济的乘数效应，并以此为契机推动主办城市经济发展。奥运会投资主要包括直接投资和间接投资，直接投资主要是奥运场馆建设及相关设施投资，间接投资主要用于各类配套基础设施建设。

表 1-3 是 2008 年第 29 届北京奥运会各类投资对城市经济发展的影响，奥运会总投资为 1801. 91 亿元，带来的总经济效应为 2727. 15 亿元，赛事的乘数效应为 1. 51，即奥运会每投入 1 元，可拉动北京市经济增长 1. 51 元。

表 1-3 2008 年第 29 届奥运会投资对北京市经济发展的影响

投资项目	投资规模（亿元）	直接影响（亿元）	间接影响（亿元）	总经济影响（亿元）	占总经济影响的比重（%）
奥运会运营费用	117. 35	100. 04	71. 03	171. 07	6. 27
奥运会场馆建设等直接投资	297. 55	251. 08	178. 27	429. 35	15. 74

续表

投资项目	投资规模（亿元）	直接影响（亿元）	间接影响（亿元）	总经济影响（亿元）	占总经济影响的比重（%）
奥运会配套基础设施建设等间接投资	1387.01	1243.73	883.05	2126.78	77.99
总投资	1801.91	1594.85	1132.34	2727.15	100

[数据来源] 林显鹏．体育场馆建设在促进城市更新过程中的地位与作用研究［J］．城市观察，2010（6）：6-23.

表 1-4 是 2008 年第 29 届北京奥运会场馆建设对 GDP 增长的贡献，2002—2007 年奥运会场馆及相关设施建设对北京市 GDP 增速的平均贡献率为 2.07%，对周边城市 GDP 增速的平均贡献率为 0.19%。

表 1-4 2008 年第 29 届奥运会场馆建设对经济发展的影响

	GDP 增量/增速	2002 年	2003 年	2004 年	2005 年	2006 年	2007 年
北京	GDP 增量（亿元）	11.1	41.12	88.87	125.08	133.32	127.47
	GDP 增速（%）	0.39	1.28	2.43	3.01	2.86	2.44
周边	GDP 增量（亿元）	5.61	20.79	44.94	73.07	77.88	74.47
	GDP 增速（%）	0.03	0.11	0.20	0.29	0.27	0.23

[数据来源] 林显鹏．体育场馆建设在促进城市更新过程中的地位与作用研究［J］．城市观察，2010（6）：6-23.

二、促进旅游业发展

以奥运会为代表的大型综合性体育赛事对主办城市旅游业的影响巨大，且具有长期效应。主办城市大都非常注重赛事与旅游业两者的有机结合，将赛事的旅游效应进一步放大。

大型综合性体育赛事对城市旅游业的影响主要体现在以下五个方面。

1. 增加入境客源

以奥运会为例，奥运会举办城市被确定后，立即成为全世界关注的热点，游客激增。如 1988 年汉城奥运会入境游客约 22 万人，1992 年巴塞罗那奥运会入境游客 30 万人，1996 年亚特兰大奥运会入境游客约 20 万人。悉尼获得 2000 年奥运会主办权后，1998—2000 年，澳大利亚的入境旅游平均每年增长 14.04%。2000 年澳大利亚的入境游客创历史纪录，达到 4931 万人，比 1999 年增长了 11%。奥运会后三个月内，入境游客增长 15%。奥运会对北京市旅游业也产生了较大影响。2007 年北京市接待外国游客 382.6 万人次，同比增长 13.1%。2016 年里约热内卢奥运会对巴西旅游业产生了明显的推进作用。2016 年赴巴西的外国游客达到 680 万人；里约热内卢是奥运会的最大受益者。在游客最多的市南区，酒吧和餐厅客流量增长了 70%；在奥运主赛场所在的巴哈区，客流量增长了 30%；闭幕式第二天里约热内卢国际机场接待游客超过 8.5 万人，是日常客流量的 2 倍以上，创下该机场单日客流量最高纪录。

2. 提高旅游收入

奥运会期间，游客无论在交通、通信、住宿、餐饮，还是吉祥物、纪念品等旅游购物方面的消费水平都比平时超出一倍或数倍。以住宿为例，为迎接 2008 年奥运会举行和观光旅游者，北京市对 4000 多家非星级酒店进行了升级改造，为奥运会服务的涉外酒店数量增至 456 家，客房增至 8.4 万间。2008 年北京奥运会的旅游外汇收入为 47.8 亿美元，同比增长 17.2%；国内外旅游总收入达到 2103 亿元，同比增长 16.6%。2016 年里约热内卢奥运会为巴西旅游业带来约 67 亿美元总收入。部分奥运会主办城市接待国外游客数量及旅游收入见表 1-5。

表 1-5 部分奥运会主办城市接待国外游客人数及旅游收入

主办城市	年份	接待人数（万人次）	旅游收入
洛杉矶	1984	22.5	32 亿美元
汉城	1988	22	14 亿美元
巴塞罗那	1992	30	30 亿美元
亚特兰大	1996	35	35 亿美元
悉尼	2000	105	42.7 亿美元
雅典	2004	—	110 亿欧元
北京	2008	483	47.8 亿美元
伦敦	2012	120	20 亿英镑
里约热内卢	2016	680	67 亿美元

［数据来源］1984—2000 年数据：张立明，赵黎明．奥运旅游的入境客源市场开发［J］．

北京体育大学学报，2005（8）：1047—1049.

2004 年数据：华云．旅游收入成奥运会最直观好处［N］．中华工商时报，2016-8-8（3）．

2008 年数据：付宝森．2008 北京奥运旅游效应分析［J］．沈阳体育学院学报，2007（3）：8-11.

2012 年数据：凤凰网．伦敦奥运会将给英国带来巨额经济收益［EB/OL］．https：//news.ifeng.com/c/7fcaCzSaz9D.

2016 年数据：人民网．奥运助推巴西旅游业增长［EB/OL］．http：//world.people.com.cn/n1/2016/0922/c1002-28734252.html.

3. 完善旅游支持系统

例如，澳大利亚悉尼为举办奥运会，在基础设施建设上投入了约 130 亿元人民币，大大改善了悉尼的城市环境，也吸引了更多的国际旅游者。再如，希腊政府对奥运会场馆和相关设施的直接投资超过 60 亿欧元，同时欧盟还为希腊的通信和基础设施工程提供了 20 亿欧元资金。雅典原计划需要 20 至 30 年才能实现的城市建设工程，在筹备奥运会的几年中提前完成了，大规模的基础设施建设如长达 40 公里的市郊铁路和 25 公里的电车线路，使雅典的城市面貌焕然一新。此外，希腊的旅游接待设施也得到了长足的发展，原先一些限制旅馆业发展的政策被取消，新增四星及五星级酒店床位 5000 多张，原有酒店也得到了修缮和维护。

4. 升级系列旅游产品

例如，悉尼奥运会后最突出的收益，就是会展旅游的持续增长。自 1993 年悉尼获得奥运会主办权以来，澳大利亚在国际会议市场的排名也直线上升；按会议数量计算，1999 年澳大利亚在世界排名第 7，到了 2000 年排名上升至第 4，超过了法国、西班牙、意大利等旅游目的地，2001 年上升至第 2。会议旅游的快速增长，促进了澳大利亚旅游产业结构的调整。1990 年，会议、商务旅游收入仅占国内旅游的 15%，2001 年会议、商务旅游收入提高至 20%。再如，2012 年伦敦奥运会吸引了大量游客来英国旅游，游客旅游需求呈现多样化，主要表现为商务旅游和体育旅游相结合。

5. 开拓旅游新兴市场

2012 年伦敦奥运会为英国开拓旅游新兴市场提供了很好的机遇。英国旅游局实施了一系列措施来吸引中国游客赴伦敦旅游。例如，英国旅游局开通了中文官方微博，在中国 12 个城市设置了签证中心，新增和增开了广州和北京直飞伦敦的航线等，在主要城市投放商业广告和推介活动。2010 年中国游客整体赴英人数达到 12.7 万人次，较 2009 年增长了 22%；2011 年在此基础上又增长了 23%。在传统客源市场萎缩的情况下，伦敦奥运会为英国开拓旅游新兴市场提供了良好机遇。

三、带动城市就业

大型综合性体育赛事是一项复杂的系统工程，涉及的部门较多，需要丰富的人力资源，这就为当地城市提供了大量就业机会。

以奥运会为例（表 1-6），1984 年洛杉矶奥运会创造了 2.5 万个就业机会；1988 年汉城奥运会带来的就业岗位达到 30 万个，为服务业、制造业和建筑业提供的工作岗位分别为 16 万个、5 万个和 9 万个；1992 年巴塞罗那奥运会为主办城市带来 35.6 万个就业机会；1996 年亚特兰大奥运会带动了佐治亚州 7.7 万人就业；2000 年悉尼奥运会为 15 万人创造了就业机会；2008 年北京奥运会也创造了很多就业岗位，2005—2008 年新增就业岗位达 150 万个；2012 年伦敦奥运会直接向社会释放 6.2 万个工作机会，此外，在 2009—2012 年奥运会筹备期间累计提供了超过 3 万个就业岗位，全国服务于奥运会运输的企业还产生了 7.5 万个额外用工需求；2018 年平昌冬奥会为韩国提供了 23.2 万个工作岗位；2020 年东京奥运会直接创造了 15 万个工作岗位，并带动 121 万人实现就业；即将举办的 2022 年北京冬奥会分别为北京、张家口创造 60 万个、20 万个工作岗位。

表 1-6　奥运会为主办城市带来的就业机会

主办城市	就业机会（万个）	主办城市	就业机会（万个）
1984 年洛杉矶	2.5	2010 年温哥华	20
1988 年汉城	30	2012 年伦敦	>16
1992 年巴塞罗那	35.6	2014 年索契	56
1996 年亚特兰大	7.7	2018 年平昌	23.2
2000 年悉尼	15	2020 年东京	121
2008 年北京	150	2022 年北京	80

［资料来源］1984—1996 年数据：储龙霞．大型体育赛事举办后的社会影响及评估内容研究［J］．体育与科学，2011，32（5）：82-85，103.

2000—2008 年数据：中国教育在线．发改委：北京奥运会创造 150 万就业岗位［EB/OL］. https：//beijing. eol. cn/beijing_ zixun/200808/t20080818_ 317536. shtml.

2010、2014 年数据：搜狐网．冬奥会能给我们带来什么［EB/OL］. https：//www. sohu. com/a/27219958_ 113900.

2012、2018、2020 年数据：朱凯迪，鲍明晓．体育产业促进就业：域外经验与本土启示［J］. 武汉体育学院学报，2019，53（11）：10-15.

2022 年数据：华奥星空 http：//industry. sports. cn/news/2015/0801/113315. html.

第二节　赛事助力城市治理

国内外体育发展的经验表明，大型综合性体育赛事是助力城市治理的一种重要工具。举办大型综合性体育赛事，可以推动城市功能改造升级、加快城市基础设施建设，形成城市地标，也可以增强市民凝聚力，促进人的交流互动，实现居民更好融入社区、融入社会。

一、推动城市功能改造

大型综合性体育赛事已经成为促进城市发展的重要驱动力量。各国的实践表明，奥运会、亚运会等大型综合性体育赛事往往成为举办城市空间结构调整、城市功能改造的重要机遇，引领城市结构全方位蝶变。

（一）1992 年第 25 届奥运会与巴塞罗那城市转型升级

1. 背景回顾

巴塞罗那位于地中海的西北岸，伊比利亚半岛的东北部，处于贝索斯河和布莱加特河之间的平原地带，背靠科尔赛罗拉山，面朝地中海，是伊比利亚半岛的门户。巴塞罗那是西班牙的第二大城市，市区人口约 160 万，以此为核心的巴塞罗那城市区的人口超过 400 万。

巴塞罗那是欧洲大陆最早工业化的地区之一，冶铁技术自中世纪开始已相对先进，皮革加工制品当时也是远近闻名。18 世纪末纺织业逐渐兴起，到 19 世纪中期已成为纺织品和纺织机器的重要产地。随着工业革命的发展，巴塞罗那的人口急剧增加，到 19 世纪中叶，巴塞罗那旧城人口已达 20 万，人口密度高达每公顷 859 人，市民居住条件恶劣。20 世纪 80 年代之前，巴塞罗那经历了近四十年的佛朗哥独裁统治，出现了工业衰退、失业增多、郊区化、环境恶化等一系列城市问题，除郊区大量发展的廉价工人住宅之外，城市建设几乎全面停顿。

2. 实践举措

1992 年第 25 届奥运会是巴塞罗那城市发展的重要分水岭。1979 年新民主政府成立并开始策划将奥运会作为城市发展的助推器，经过十余年的筹备和建设，城市实现了阶段性跨越，城市面貌获得很大改观。在高达 80 亿美元的投资中，61.5%被用于城市基础设施及公共空间建设，包括新滨海区（奥运村）、国际机场、体育场馆、街道等。经过奥运会相关项目的建设与改造，巴塞罗那城市公共空间建设实现了跨越式发展，走出了城市衰败的困境，形成了传统与现代的融合，整座城也由工业化城市向现代商业城市转变。

滨海区的建设。巴塞罗那的滨海区在工业化时期是工业和仓储码头集中地带，也是城市和大海之间的隔离带。巴塞罗那政府在申办奥运会时，明确提出筹办奥运会的出发点是改造和发展城市，希望通过奥运会改善城市的基础结构，提高城市在欧洲和世界的地位，因此政府决定在滨海的旧工业区建设奥运村和奥林匹克港，以此作为滨海区改造的切入点。在旧的工业区，以原有城市扩展区的塞尔达网络为原型，将其道路网延伸至南边码头，同时合并地块，规划设计了三组大型街坊，安置奥运村建筑，这样既满足了奥运村的功能要求，又延续了原有城市肌理，并使原有城市空间和滨海区对接，在滨海地带对原有的污染进行消除，改造和新建了沙滩，配置了新的服务设施、游艇码头，并以散步道串联各种滨海活动空间，使整个滨海区变成了多元和生机勃勃的城市公共地带。

旧有地带的更新。如对旧城区的兰布拉斯大道加设 12 米宽的人行步道，两侧缩减为 6 米宽单向车道，辅之以绿化改造，使其成为极具历史文化气质的步行空间。其他许多历史街区也都采取了控制车道、增加人行空间、改善绿化和遮蔽物等人性化的更新手段，同时奥运会期间还改造了 100 多个小广场和小公园，构成了体系化的景观与步行空间。

1992 年奥运会的成功举办，推动了巴塞罗那的城市改造，使巴塞罗那屹立于世界版图之上。而以奥运会时期的城市改造为基础，巴塞罗那继续向前，制订新的城市计划，在其地理环境基础上，尊重历史文脉的同时，也展现出面向全球的城市框架。

（二）2010年第16届亚运会与广州城市空间布局优化

1. 背景回顾

从申办亚运会开始，广州一直都没有把亚运会看作一个单纯的体育赛事，而是把它放入城市发展的背景中进行长远谋划，并有针对性地进行规划研究以支撑亚运会的申办、场馆设施选址和规划布局等。

为配合申办亚运会工作，广州组织开展了《广州申办2010年亚运会规划研究》。该规划研究在广州城市发展目标指引下，全面分析了广州的发展潜力和战略需要，按照《亚运会申办城市手册》和《亚运村指南》，从亚运会体育场馆设施技术标准、城市空间发展及城市经营策略、基础设施支持和城市形象塑造等角度，对广州申办亚运会的赛区布局，拟建场馆选址和亚运村规划进行了系统研究。

亚运城是广州亚运会投入最多、规模最大的直接工程项目。为确保亚运城规划和建设顺利实施，广州专门组织开展了《广州新城启动区（亚运新区）规划建设研究》，明确了亚运城在广州新城规划控制区内的选址范围及规划建设策略。在规划研究的基础上，广州面向亚运会组织开展了系统全面的城市规划编制工作，包括《亚运城市——广州：面向2010年亚运会的城市规划建设纲要》《2010年广州亚运会场馆规划建设布局》《2010年广州亚运会交通战略及建设规划》《亚运城市行动计划：广州2010年亚运会城市基础设施与建设管理工程实施计划》等。

2. 实践举措

亚运建设为加快广州重点地区发展、进一步引导城市空间结构调整优化创造了机遇。广州在亚运建设上，坚持“多中心、多功能、场馆建设—区域发展联动”的原则，将亚运场馆及配套设施、环境景观建设与地区发展相结合，根据城市总体规划和城市发展战略规划的部署，布局形成了“两心一走廊”的亚运会重点发展地区空间格局（“两心”是指天河新城市中心和白云新城，“一走廊”是指奥体新城、大学城、亚运城等构成的发展走廊），旨在进一步完善城市功能，带动城市新区发展，按照建构“主中心—次中心”和“专业中心—地区中心—社区邻里综合分布”的空间结构目标，完善城市的多中心结构。

天河新城市中心地区着力打造“亚运城市”形象标志区。天河新城市中心包括自燕岭公园至洛溪岛的新城市中轴线地区、珠江新城 CBD 地区、琶洲国际会展博览城及员村地区等。天河新城市中心地区主要发展商务、商业、文化、体育、会展、酒店等，承担广州作为区域性中心城市的核心功能，成为体现 21 世纪广州城市发展与城市形象的标志性地区。随着广州新电视塔、新图书馆、广州歌剧院、省博物馆、西塔等一批标志性重点项目的落成，珠江新城已成为现代服务业核心及市级公共中心的象征。琶洲地区以全球规模最大的琶洲国际会展中心为核心，依托广交会，已发展成以会展博览、国际商务、信息交流、旅游服务为主导，兼具高品质居住功能的商务会展新区。

白云新城打造广州北部片区的商业服务中心，以广州体育馆为核心形成广州北部的体育中心，同时还建设了广东画院、广州画院、广州博物馆、广州市城市规划展览中心等省、市级文化设施，以及公园、文化娱乐、商业综合服务等设施。

奥体新城重点完善东部配套设施。作为“九运会”主场馆区的广东奥林匹克体育中心及周边地区，汇集了文化、体育、商业等综合功能。在此基础上，对奥体中心地区进行综合开发，进一步完善配套设施，推动了广州东部地区的发展。

大学城建设了包括体育、信息服务、学术交流等在内的公共服务功能区，区内的众多体育场馆设施为亚运会提供了良好的比赛条件，轨道交通、服务配套等也得到进一步完善。大学城承担起珠三角乃至华南地区高级人才培养、科研创新与产业化基地的重要角色。

亚运城位于广州南部莲花山南麓，形成了文化、体育中心，设置了亚运村、新闻媒体中心、体育馆、广州博物馆等众多体育文化公共服务设施。亚运会后，进一步推进了商务办公、海鸥岛生态旅游和高级商务会议中心等的开发建设，加速了广州新城发展。

二、完善城市基础设施

城市基础设施是指为社会生产和居民生活提供公共服务的物质工程设施，主要包括城市交通系统、生态环境系统和公共体育设施等。城市基础设施建设是城市经济社会协调发展的物质保障，大型综合性体育赛事是城市基础设施建设的催化剂。如 2010 年广州亚运会投资超过 1200 亿元，其中九成用于城市基础设施建设项目，城市建设速度比原规划至少加快了 5~10 年。

（一）城市交通系统建设

为完善城市功能，加快城市发展，主办城市通常以举办大型综合性体育赛事为契机改善交通系统。

1. 2019 年第七届武汉世界军人运动会与交通系统建设

城市轨道交通方面，除已经开通的线路以外，武汉还开通了 2 号线南延线、蔡甸线、8 号线二期、8 号线三期、5 号线、11 号线东段二期、6 号线二期、汉南线，轨道交通总通车里程达到 338.8 公里，为军运会提供了一流的交通保障。其中，地铁 8 号线三期工程起于二期终点野芷湖站，止于运动员村的军运村站，为军运会提供了便捷的交通保障；军运村站位于军运村旁，与军运村无缝衔接，赛时方便运动员快速往返于军运村与比赛场馆、军运村与中心城区之间。

航空运输方面，武汉天河国际机场 T3 航站楼建设完成并正式启用，机场路高架工程实现桥上、地面完全通车，机场高峰小时容量从 33 架次增至 39 架次。天河机场还广泛联系境内外航空公司，持续优化国际航线网络，新开纽约、伊斯坦布尔、仰光、曼德勒航线，至 2019 年底天河机场国际航线达 63 条；完成了国际中转流程改造、行李全流程跟踪及提取可视化系统改造等项目，极大提升了武汉机场服务品质。

2. 2020 年第 32 届东京奥运会与交通系统建设

2020 年第 32 届东京奥运会交通设施建设涉及公路、铁路、航空等多个方面。公路建设方面，每个赛场间的交通时间只需 20 分钟，东京市政府规划了与周边城市的城际间高速公路，并对奥运会相关路线进行大规模修缮。铁路建设方面，对乐町线进行了延伸、建设了新机场线等。航空建设方面，日本对羽田机场、成田机场进行了重建。

公路建设方面，对首都高速公路进行了改造维修。从 2014 年开始，对五大城市区间（东品川码头—鲨鱼洲开垦部、高速大师桥、三轩茶屋、竹桥—江户桥、银座—新富町）进行了维修更新和奥运会相关路线的大规模修缮。与此同时，2016 年制订了连接市中心和沿海次中心的快速公交系统（BRT）商业计划，2019 年开始推行 BRT 运输。

铁路建设方面，建设了 8 条线路。包括乐町线延伸（乐町线—丰洲—半藏门—住吉）、羽日机场连接新路线（东急矢口渡—蒲田—京急蒲田—京急大鸟居）、羽田机场接入线（田町附近、大井町附近—东京货物集散站—羽田机场）、市中心直接线（京急泉岳寺—新东京—京成成田），新设“市中心、临海地区地铁”（东京—新银座一新国际展览中心）和常磐新延伸线（秋叶原—东京）、市中心—品川地铁（白金高轮—品川）、JR 山手线新站。

航空建设方面，扩大了羽田机场、成田机场起降能力及规模。奥运会举办之前，完善提升了跑道的利用效率和改善软环境；奥运会闭幕后，将在两个机场各增设 1 条跑道。

3. 2022 年第 19 届杭州亚运会与城市交通系统建设

为加快构建多中心、组团式、网络化、生态型、一体化的市域空间布局，杭州市政府于 2017 年颁布了《杭州市迎亚运保畅通快速路网建设四年攻坚行动计划（2017—2020 年）》，建设范围涵盖杭州都市经济圈高速公路环线内的“四纵五横三连十一延”快速路网，总长约 464 公里（表 1–7）。其中，绕城高速公路内“四纵五横”总长约 250 公里，“三连”总长约 22 公里；绕城高速公路外“十一延”总长约 192 公里。

表 1–7　2022 年第 19 届杭州亚运会快速路网建设计划

时间节点	建设目标	建设计划
2020 年底	建成绕城高速“四纵五横”快速路网	江北：天目山路—环城北路—艮山东路快速路建设 江南：时代大道、风情大道、通城大道、彩虹快速路建设
2020 年底	“八延”快速路建设	北延工程：秋石快速路北延、留祥快速路北延、东湖快速路北延 东延工程：艮山东路东延、机场快速路东延 西延工程：彩虹快速路西延、文一西路和留祥路西延
2022 年亚运会前	“三连”及其他“三延”快速路建设	莫干山路快速路、康良路、彩虹快速路、风情大道与时代大道南延等工程建设

［资料来源］杭州市人民政府办公厅关于印发杭州市迎亚运保畅通快速路网建设四年攻坚行动计划（2017—2020 年）的通知（杭政办函〔2017〕57 号）.

（二）城市生态环境系统建设

大型综合性体育赛事需要齐备完善的基础设施，新建或维修城市基础设施会对城市生态环境系统产生影响。从实践来看，从赛事筹办阶段开始，主办城市便将赛事的可持续发展与城市的生态功能目标结合在一起，利用举办体育赛事的契机对城市生态环境系统进行优化与完善。

1. 2019 年第七届武汉世界军人运动会与城市生态环境系统建设

水体治理方面：为提升水环境质量，以军运会场馆和驻地周边 3 公里、比赛线路和接待线路 1 公里范围为界，确定水环境保障任务清单，并下发《军运会水体提质及岸线环境综合提升工作方案》，提出 147 个保障水体清单，包含 4 个涉赛水体、15 个重点水体、41 个提质攻坚水体、87 个其他水体。同时，形成了以"三湖三河"（南湖、汤逊湖、北湖，巡司河、黄孝河、机场河）为重点，以全面消除黑臭水体为目标，以军运会保障水体全面提升为任务的工作机制，全面打响水环境治理和水生态修复攻坚战。

大气治理方面：武汉市制订出台了《2019 年拥抱蓝天行动方案》，全面推进重点企业、重点行业的大气污染治理。新建了环境空气质量自动监测 11 个标准站和 103 个微型站，极大提升了环境监测能力，为军运会空气质量保障进行现场调度指挥提供技术支撑。编制了《赛时全市空气质量保障方案》，按照"三不一减"的原则，确定 700 余家管控企业、2000 余家应急管控企业，组织协调工业企业制订《空气质量保障"一企一策"管控方案》，协调开展赛时大气污染区域联防联控，最大限度减少对正常生产的影响，真正实现保环境和保发展双赢。

城市绿化方面：武汉实施了"迎军运"园林绿化大提升行动，累计植树近 16 万株，补栽大规格行道树 7.4 万株，实现"500 米见绿、1000 米见园"。通过增绿量、补色相、修生态等措施，在机场到市区沿线右侧的府河水域建成了芦滩锦带；在沿二通道周边滩地增加了水杉、芦苇等滨水植物，让碧水与杉林相掩映、芦苇相飘荡，形成了"天河第一印象"。在五大湖区，水边栽植的池杉、水杉、落羽杉等形成一片片水上森林。在天河机场至姑嫂树立交沿线区域，建设了五大片生态湿地景观。在重要节点打造了 12 个亮点区块。

2. 2022 年第 24 届北京冬奥会的水体治理

北京冬奥会在水体治理方面采取多项措施以保证赛事顺利进行。在冬奥崇礼赛事核心区，开展了清水河综合整治，通过修筑堤防、主槽清淤疏浚、消除挡水土堆等，改善水流条件、提高防洪标准，保证赛区防洪安全。在赛区周边，实施了生态绿化工程，使河道内及河岸生境得到有效恢复，河流水生态有了明显改善，为提升冬奥会赛区总体生态环境起到了积极作用。官厅水库是冬奥延庆赛区水资源、水环境的重要保障，在官厅水库上游山西省朔州和大同、河北省张家口等地区持续开展桑干河、洋河综合治理，控制上游水源污染，在官厅水库周边积极推进生态治理工程，实现清水下山、净水入库。北京冬奥会赛区还考虑水资源重复利用，将造雪融化的雪水，经净化处理后回到输水管网中。同时，每个场馆都配有一套污水处理系统，将雨水、污水处理后应用于赛区的绿化灌溉、冲厕等。

（三）城市体育设施建设

大型综合性体育赛事对体育场馆、体育场地等各类体育设施要求较高。举办大型综合性体育赛事，可以完善公共体育设施，满足市民全民健身、休闲娱乐等空间需求。

1. 2019 年第七届武汉世界军人运动会与体育设施建设

武汉军运会使用 35 座体育场馆，举办 27 个大项、329 个小项体育赛事，以及开、闭幕式。35 座体育场馆遍布武汉三镇，主要分布在后湖、沌口、光谷、黄家湖四大区域，场馆总投资 100 亿元。35 座体育场馆中，有 13 座场馆为新建，17 座场馆为改建，5 座场馆为临时设施；有 13 座体育场馆分布在 11 个高校校园内。

场馆规划上，武汉军运会坚持以下三项原则：一是在确保赛时需要的前提下，充分利用现有资源，能改造的就不再新建，能搞临时性建筑就不搞永久性建筑；二是新建场馆在规划设计时要科学合理，方案要兼顾赛时需要和赛后利用；三是将申办承诺与现有条件结合起来，做到既有利于运动员参赛，又有利于节省投资。

武汉军运村是世界军人运动会历史上首个集中新建的运动员村，位于武汉市江夏区黄家湖东南岸，总占地面积 848. 7 亩，总建筑面积 55. 8 万平方米。项目于 2017 年 3 月正式动工，2019 年 4 月底完成建设施工。从军运村到武汉市 35 处比赛场馆的通行半径均在 40 分钟车程以内。比赛期间，军运村为来自 100 多个国家近 1 万名各国代表团成员提供住宿、餐饮、交通等生活服务保障。军运村共有 1958 套运动员公寓，分为单双组合等多种户型，每套公寓面积在 115~171 平方米，人均居住面积达 25 平方米。考虑到运动员体型比较高大，公寓在室内设计时将层高由普通的2.9米提高为3.1米，卧室门高度则增加到2.34米。军运会结束后，军运村中的运动员公寓变身居民小区，其他功能场所被改造为幼儿园、中小学等公共基础设施。

武汉军运村在建筑风格上，以楚风汉韵为传统特色，融入了粉墙黛瓦、彩绘门楣、院落天井等江夏民居元素，将拱门、假山、水榭、廊桥等中式建筑格调点缀其间。在园林景观方面，以梅、兰、竹、菊、荷为主题，打造“山水自然之居”；在餐饮方面，运动员餐厅每餐提供超过100道菜品，包括中餐、西餐、清真餐等，以满足不同口味运动员的饮食需求。此外，村内还设有医疗卫生服务中心、志愿者之家、健身中心、商业服务街等。

2. 2020年第32届东京奥运会与体育设施建设

2020年第32届东京奥运会会场及奥运村的建设进一步完善了日本的体育场馆设施，共有43个体育场馆。其中，奥运会会场是体育场馆建设的主体，其不仅涵盖主会场、比赛场馆，亦包括开幕式、闭幕式会场、各种竞技设施、国际广播中心、媒体新闻中心等。东京奥运会场馆选址位于1964年东京奥运会遗址的遗产区及适应未来城市发展模式的东京湾区。奥运村位于东京中央区晴海路段，共建设21栋住宿楼，楼层高度40层，奥运村的建设并不仅仅考虑奥运会的使用，在奥运会结束后还可供2万居民入住。

三、增强市民凝聚力

大型综合性体育赛事因其规模大、涉及人群多、影响力广泛而备受关注，赛事的举办有助于使不同地位的社会成员形成有共同利益、有自我意识的群体组织，能极大增强广大市民的凝聚力。

从实践经验来看，大型综合性体育赛事主要从以下四个方面来增强市民凝聚力。

加强城市基础设施建设，展示城市新的精神面貌，增强市民认同感。以奥运会为代表的大型综合性体育赛事所要求的高质量的信息传播网络、功能齐备的文化体育设施、清新优美的城市环境、方便快捷的城市交通、丰富多彩的文化氛围，都将促使城市有一个全新面貌。大型综合性体育赛事主办城市的基础设施建设，不仅在赛事期间发挥巨大作用，更是在赛后成为宝贵的财富，市民们通过赛事建设，生活条件得到改善，重新认识了城市的风貌，自然能够强化对城市的热爱，从而增强他们的凝聚力。

通过赛事消费促进市民凝聚力。消费日益成为新的社会阶层划分的指标，不同阶层的市民消费的产品也不同。同样，同一类商品的消费也能够促进社会阶层的融合。比如人们通过观看比赛能够达到文化审美、精力宣泄和情感融合的目的，观众们共同支持的对象就成为连接观众情感的纽带；再如大型综合性体育赛事开发的纪念品也会成为这种“情感纽带”的象征符号。由此可见，大型综合性体育赛事不仅可以带来经济利益，还能促进情感交流。

在为赛事服务的过程中增强市民的人际认同和道德意识。有幸被选为举办大型综合性体育赛事的城市，对这座城市的市民而言将是一个极大的荣誉。这个荣誉会激发起全体市民的社会认同。市民知道作为东道主对待客人应该主动热情、彬彬有礼、注意修养、讲究文明，每个市民的一言一行都代表着主办城市的道德修养水平，无形中对市民起到了教育和约束的作用，促使城市凝聚力得到提升。

举办大型综合性体育赛事还是一个国家、一个城市展示新形象、振奋民族精神的好机会。如 1964 年的东京奥运会，日本政府想利用举办这届奥运会的机会重塑战败后的本国形象，就提出了“用一千万人的手美化东京”“振奋全日本民族精神”的口号。全日本上下为办好奥运会都动员起来，这届奥运会办得很成功，也使日本人恢复了民族自信，为以后日本经济飞速发展打下了良好的基础。

第三节　赛事扩大城市影响力

大型综合性体育赛事的举办可以有效提高城市知名度、改善城市形象、展现城市科技实力和提升城市文化软实力，从而推动城市现代化和国际化进程。

一、提高城市知名度

以奥运会为代表的大型综合性体育赛事往往会成为世界关注的热点，举办大型综合性体育赛事等于给举办国做了一个巨大的世界性广告，这是赛事带来的更加深远的旅游效应。对举办城市而言，以奥运会为代表的大型综合性体育赛事则是最有效的城市广告，可以极大地提高城市国际化水平和国际地位，有助于增进国际间、地区间的交流合作，迅速提高城市知名度。历届以举办奥运会而著称的城市，都大大提高了它们在国际上的知名度，如悉尼奥运会、雅典奥运会、北京奥运会的举办大大提高了主办城市及其所在国家的知名度。

二、改善城市形象

大型综合性体育赛事对主办城市的形象塑造和改善作用，是其他节事活动所不能比拟的。以奥运会为例，悉尼的“绿色奥运会”为悉尼乃至澳大利亚塑造了可持续发展的积极形象。澳大利亚旅游委员会认为，悉尼奥运会使澳大利亚的形象塑造向前推进了10年。2000年底，澳大利亚旅游委员会在世界主要的12个旅游市场进行了奥运会对澳大利亚作为度假地国际形象影响的追踪调查，结果显示，有10个被调查市场将澳大利亚视为三大理想目的地之一。2004年雅典奥运会为给世界各地游客留下好印象，树立希腊良好的国际形象，希腊采取了诸多举措，如投入了创纪录的12亿美元来保证奥运会的安全、比赛期间有3000名志愿者为游客服务、一向名声不佳的雅典出租车司机也都接受了礼仪训练等。这些举措也确实起到了改善希腊国际形象的作用。一项对美国、英国、德国、西班牙和法国公民进行的调查显示，奥运会的举办使希腊国际形象不断提升。

三、展现城市科技实力

大型综合性体育赛事是城市综合实力的体现，尤其是科技实力展现的舞台。

1. 2019年第七届武汉世界军人运动会与现代科技

2019年第七届武汉世界军人运动会科技元素在开幕式、高清视频与直播、智能场馆、智能主播和翻译等方面随处可见。

例如，军运会开幕式采用全三维立体式舞台，整个舞台首次大面积使用投影技术，并与灯光效果、LED显示技术实现完美结合，在视觉上呈现立体多维效果，完成360度全景式、立体式空间表演。在文艺演出中，观众可以看到“凭空出现”的演员和装置。再如，布设在体育场馆的高清摄像头通过5G网络，将现场画面实时回传，同时应用VR技术，观众不在现场，也能身临其境地观看比赛；运用呐喊无回声、座椅后面吹凉风、空气灯光智能控制等技术创新打造智慧比赛场馆。又如，让语言“无国界”的智能翻译机、能讲多国语言的“虚拟主播”等人工智能技术，为军运会赛场增添了浓郁的高科技色彩，这些“翻译官”让沟通更加便捷。

2. 2020年第32届东京奥运会与前沿科技

2020年第32届东京奥运会以提供“最顶级的临场感、传递最大的感动”为口号，将8K标准、3D影像、语音识别、大数据、人工智能、物联网、机器人、生物认证等高新技术、新标准应用其中。此外，东京奥运会还将氢能源运用到选手村、巴士、会场，将垃圾回收再利用新技术在环境保护、绿色经济方面予以推广应用；同时引入新技术，应对奥运会期间可能出现的台风、暴雨等极端天气，以及火灾、恐怖袭击、黑客攻击等突发事件。

四、提升城市文化软实力

体育赛事具有融合文化的功能，它能将城市的历史文化、地域文化与先进的外来文化相融合，既能增强城市文化吸引力，又能提升城市文化辐射力。

大型综合性体育赛事因其具有吸引全球传媒的威力，使其成为世界舆论关注的焦点。它搭建起主办城市与国内外其他城市之间的文化交流互动平台，打开了向世界展示城市形象的窗口，给世界一个认知、感受、交流、发展的机会，让外界感受到主办城市历史文化底蕴、城市风貌、风土人情、文化观念等，扩大了举办城市的知名度和国际影响力，有效提升了城市文化软实力。如1988年汉城奥运会，让韩国经济、文化迅速腾飞，一跃成为“亚洲四小龙”之一；1992年奥运会使巴塞罗那一跃成为欧洲第七大著名城市。

大型综合性体育赛事通过各种媒介的传播、辐射和渲染作用，强化了主办城市文化的辐射力与影响力，刺激并产生了较强的经济效益与社会效益，最终形成了城市文化的核心竞争力和国际影响力。与此同时，主办城市借助举办大型综合性体育赛事，让文化搭台，整合、提升、创新一批区域性、融合性文化品牌，形成纵向深层次、横向多角度的文化辐射格局，这些品牌对提升主办城市文化的辐射力和影响力发挥着重要作用。

第二章
CHAPTER 2
大型综合性体育赛事申办

在评估大型综合性体育赛事对城市发展的功能作用之后，赛事才进入申办阶段。大型综合性体育赛事申办是赛事的启动阶段，它是指一国（城市）为了获得大型体育赛事的举办权而按照赛事所有权方的规定所开展的一系列工作，旨在获得赛事举办权。申办大型综合性体育赛事，是获得赛事举办权过程中的重要一环，既是对举办体育赛事能力的检验，也是对城市综合竞争力的检验。本章首先阐述了大型综合性体育赛事的一般申办程序，随后对申办报告内容进行了解读，提出了申办报告的撰写策略，同时给出了部分大型综合性体育赛事的申办报告案例。

第一节　大型综合性体育赛事申办程序

大型综合性体育赛事申办程序是指在赛事申办过程中一个或一系列连续有规律的行动，这些行动以确定的方式发生或执行，促使特定结果的实现。赛事申办程序在一定程度上规范了各意向申办国（城市）的申办行为，确保了赛事所有权方和申办方双方的权益。

一、大型综合性体育赛事的申办程序

大型综合性体育赛事的申办形式通常可分为三种，即征询申办、购置申办和竞争申办。征询申办，这类赛事的申办通常是在国际体育组织对某一地区已有明确的意向，或者赛事承办方发生了变化的情况下所采取的申办方法。购置申办，这类赛事的申办通常必须通过出资购置申办权，申办权可分为三种形式：一次

性、多次性和长期性。竞争申办是大型综合性体育赛事申办中较为常见的一种方式。以奥运会、亚运会为代表的国际大型综合性体育赛事举办权都是通过激烈竞争而获得的；国务院办公厅于 2001 年初发布了《关于取消全国运动会由北京、上海、广东轮流举办限制的函》，以全运会为代表的国内大型综合性体育赛事申办条件逐渐放宽，竞争程度不断加剧，我国大型综合性体育赛事正式进入了竞争申办时代。

自 1984 年第 23 届洛杉矶奥运会成功举办后，以奥运会为代表的大型综合性体育赛事成为各国激烈竞争的对象。奥运会是全球最大的综合性体育赛事，它的申办涉及的过程与要素是最全面的，奥运会的申办可作为其他赛事申办的重要指南。2003 年，国际奥委会（IOC）发布了奥运会申办程序，主要包括四个阶段：（1）申请阶段。国际奥委会在距离本届奥运会举办年 8 年之时通告各国奥林匹克委员会（NOC），NOC 在此时间段内向国际奥委会报告本国申办城市（只能是一个）。（2）候选阶段。申办方提交申办报告后，国际奥委会根据申办应具备的基本条件对申办方进行考察、审核，撰写、提交考察报告，确定候选城市。（3）确定阶段。确定为候选城市之后，申办方可在全球范围内宣传推广自己，每个申办城市都需进行申办演说，由国际奥委会进行多轮投票，最终产生一个主办城市。（4）协议签订阶段。主办城市确定后，双方签订正式协议，承担具有法律约束力的责任。具体如下。

（一）申请阶段

在奥运会的申办过程中，国际奥委会在奥运会举行的前 8 年即开始招标，并规定明确的截止日期，想要举办奥运会的城市必须在此日期前以正式的书面形式向国际奥委会提出申请。申请报告必须经本国奥委会批准，并由该国政府签署表示支持。国际奥委会只允许一个国家有一个城市申办，如果同一国家有两个以上的城市拟申办，由该国奥委会从中确定一个。以 2022 年冬奥会申办程序为例，国际奥委会于 2013 年 6 月发布了 2022 年冬奥会竞标程序，各国奥委会必须在 2013 年 11 月 14 日之前向国际奥委会提交申请，中国奥委会于 2013 年 11 月 3 日正式致函国际奥委会，提名北京市为 2022 年冬奥会的申办城市。

（二）候选阶段

1. 国际奥委会对申办城市进行初步筛选

在正式进入竞选阶段之前，申办城市需接受 IOC 的问卷咨询，问卷内容包括以下七个方面。

（1）申办动机、概念和公共观念

申办城市需要说明建设新设施的动机以及这些设施在赛后利用的长期策略。另外，还需提供地图，标出拟建和现有的设施。公众对申办赛事的支持率，城市需要提供民意测验并报告结果，特别要求提供反对意见的详细信息。

（2）政治支持

申办城市要求提供政府支持状况的信息、赛事的管理者（如果获胜）。政府、NOC 及权威人士需要提供证明他们支持赛事举办的信件。

（3）财务

每个申办城市都需要提供详细的赛事预算信息，包括政府捐助资金的数量和获取竞选资格后每个阶段的资金花费计划。

（4）比赛地点

申办城市需要提供现有的和计划中的详细比赛地点信息，其中一个最为重要的内容是奥运村和国际新闻中心的特别计划。

（5）生活设施

接待设施状况与接待能力。

（6）交通设施

申办城市要求提供现有的和计划中的交通设施及各类交通工具的信息。其中，计划中的新交通设施要求提供施工进度。

（7）基本状况、后勤及举办经验

这部分要求提供举办时预期的人口数量、气象情况、环境状况及影响、安全责任与资源等。国际奥委会还要求提交近年举办主要国际体育赛事的经验，特别要求列出近十年来十个主要体育赛事的名单。

以上七个主题都由七个问题组成，所有问题要求用英语与法语两种语言回答，且不能超过一页。文件要求非常简洁，并强调事实的重要性。

2. 确定候选城市

国际奥委会在接受各申办城市提交的申办报告后，一般会成立工作小组亲自赴各申办城市进行实地考察，并将考察的结果以书面报告形式发放给每一位委员，作为委员在最后全会表决时的参考依据之一。在对申办报告进行书面评估、组织专家实地考察与评估、召开视频问答会议等环节后，国际奥委会正式发布《评估委员会报告》，该报告是以《战略评估报告》《申办问卷》和《工作组报告》的申办评估为依据，同时也是全会投票产生候选城市的关键依据。《评估委员会报告》确立的标准、呈现的内容十分重要，主要包括以下五个部分内容。

（1）愿景与规划（Vision and Concept）：奥运场馆、奥运村的规划，以及可持续性和遗产；

（2）基金会（The Foundation）：奥运会的基本框架，包括政治和公共支持、财务、营销和法律框架等；

（3）交付（The Delivery）：举办奥运会的注意事项，包括住宿、交通、媒体、安全、医疗服务、体育场馆设施管理、能源等；

（4）残奥会（Paralympic Games）：残奥会举办的各项事宜；

（5）运动员体验（Athlete Experience）：各国运动员的参赛体验等。

（三）确定阶段

在奥运会举办前 7 年召开的国际奥委会全会上进行投票，从候选城市中确定主办城市。在投票中，只要某个申办城市获得半数以上的选票，即被确定为主办城市；如果没有城市在第一轮投票中获得半数以上选票，则采用多轮投票的方法，每一轮淘汰最低票数，直至某个城市获得半数以上选票。以 2022 年北京冬奥会为例，奥斯陆在竞标过程的第二阶段退出，阿拉木图和北京进入投票阶段，第一轮投票北京获得 44 票，阿拉木图获得 40 票，北京获得 2022 年冬奥会举办权。

（四）协议签订阶段

主办城市确定后，国际奥委会与主办城市及所在城市的国家签订书面协议，这个协议被称为《主办城市合同》（Olympic Host Contract）。主办城市一经选出，《主办城市合同》由国际奥委会、主办城市及主办城市所在的国家签署生效，在法律层面上正式确定国际奥委会与举办地的合作关系。合同列举了国际奥委会对主办城市提出的各种要求和约束条款，具有法律约束力。

二、大型综合性体育赛事申办的注意事项

以奥运会为代表的大型综合性体育赛事申办，是一个十分复杂且漫长的过程，申办过程中需要注意以下三个方面。

（一）申办报告与演说

申办报告的内容准备要非常充分，并尽量突出特色以区别于其他竞选城市。例如，悉尼在申办2000年奥运会时就在申办书中强调“绿色”理念，以及对运动员的照顾理念；北京在第二次申办2008年奥运会时，聘请了国际知名公关公司万博宣伟（Weber Shandwick）作为咨询机构，该公司在与国际奥委会沟通时，尽量将城市与政治分开，特别彰显北京与中国发生的巨大社会变化，强调拥有世界上最多人口的国家应有机会承办奥运会这一人类最大的体育盛会。

（二）相关利益群体问题

竞争城市应通过各种途径调查了解相关利益群体的看法，并据此有针对性地宣传赛事举办带来的好处。加拿大多伦多在申办1996年奥运会时，因对相关利益群体看法了解不足，曾遭遇社会公众的抗议和反奥运会示威障碍，最终输给了美国的亚特兰大。

（三）相关知识信息

申办的过程实质是竞争，需要了解申办过程、竞争对手、评估专家等，也要了解国际奥委会各级别的赞助商和供应商，同时借鉴以前申办成功城市的经验。此外，申办团队邀请世界名人加入是通常做法。例如，洛杉矶2024年奥申委邀请了体育界、商界和工会的名人和专家加入，NBA名人堂球员约翰逊被任命为洛杉矶申办2024年奥运会委员会副主席；两届奥运会击剑冠军戴安娜·比安切迪也被任命为罗马2024年奥申委新一任总经理。

三、大型综合性体育赛事申办实例

（一）2022年第24届北京冬奥会申办

2022年冬奥会是中国首次举办的冬季奥运会，也是继2008年北京夏季奥运

会、2014 年南京青奥会后中国第三次举办的奥运赛事。北京将成为奥运历史上第一个举办过夏季奥林匹克运动会和冬季奥林匹克运动会的城市，也是历史上第二个举办冬奥会的首都城市。中国将成为世界上第一个举办过夏季奥运会、冬季奥运会、残奥会、青奥会的国家，实现奥运全满贯。北京奥运会共设有 7 个大项、102 个小项。冰上项目在北京赛区举行，延庆和张家口将承办所有雪上项目。

1. 申办阶段

第一阶段为申办阶段，国际奥委会对每个申办城市举办 2022 年冬季奥运会的潜力进行全面审查。国际奥委会要求申办城市对《申办问卷》进行回答，并将其答案合并为一个文件提交给国际奥委会指定的工作组，该工作组由各个奥林匹克利益相关方的代表组成，如国家奥林匹克委员会、国际奥委会运动员委员会等。该工作组编写了一份详细的风险评估报告，以协助国际奥委会执行委员会选择候选城市。

中国奥委会于 2013 年 11 月 3 日正式致函国际奥委会，提名北京市为 2022 年冬奥会的申办城市。2014 年 1 月，经国务院批准，成立 2022 年冬奥会申办委员会。2014 年 7 月 31 日，北京 2022 年冬季奥林匹克运动会申办委员会官方网站正式开通上线。

2. 候选阶段

第二阶段为候选阶段，包括国际奥委会对申办报告进行书面评估、组织专家实地考察、评估委员会实地评估、召开视频问答会议等环节，国际奥委会通过对这些环节的材料进行整理后正式发布《评估委员会报告》，作为全会投票产生候选城市的关键依据。

2014 年 3 月 12 日，北京冬奥申委正式提交了《对国际奥委会调查问卷的答复》，提出了“纯洁的冰雪，激情的约会”申办愿景，以及“以运动员为中心、可持续发展、节俭办赛”的三大理念，确定“墨舞冬奥”为申办标志。5 月 8 日，北京冬奥申委接受了国际奥委会的视频答询，充分回应了大气污染治理、交通保障等 9 个方面的关切问题。7 月 7 日，国际奥委会执委会决定，北京与奥斯陆、阿拉木图正式成为 2022 年第 24 届冬奥会候选城市，它们进入了竞标过程第二阶段。

国际奥委会要求候选城市回答第二阶段调查问卷，并以候选资格档案（城市奥运会蓝图）的形式向其提交更详细的计划。候选资格档案涉及的领域包括奥运村及其可持续发展、冬奥遗产、基金会、交通、安全、住宿、医疗、媒体、场地、环境、市场营销、残奥会、运动员经验等。

2014 年 7—11 月，国际滑冰联盟、世界冰壶联合会、国际冰球联合会、国际滑雪联合会、国际冬季两项联盟、国际雪车联合会、国际雪橇联合会 7 个单项体育组织对北京和张家口的场馆场地给予了充分肯定，认为场馆场地规划满足冬奥会比赛技术要求，并于 2014 年 12 月前出具了全部认证证书。

国际奥委会评估委员会对候选资格文件和认证证书进行了分析，并于 2015 年 2—3 月对每个城市进行了现场访问，制作了一份报告，提供给所有国际奥委会成员，重点介绍了每个城市项目所带来的挑战和机遇。

2015 年 1 月 6 日，北京冬奥申委在瑞士洛桑向国际奥委会提交 2022 年冬奥会《申办报告》。2015 年 3 月 24—28 日，2022 年冬季奥运会评估委员会访问了北京。2015 年 6 月 9—10 日，国际奥委会在洛桑举行了冬奥会申办技术简报，这次会议使各城市和国际奥委会成员有机会讨论申办技术要素。

3. 确定阶段

第三阶段为确定阶段。2015 年 7 月 31 日，在吉隆坡举行的第 128 届国际奥委会会议中，通过投票确定主办城市。每个候选城市有 45 分钟的演讲时间，随后有 15 分钟的问答时间。在各城市介绍之后，国际奥委会评估委员会主席亚历山大·茹科夫先生在会议上致辞。随后，国际奥委会委员投票决定 2022 年冬奥会的主办城市，国际奥委会主席宣布北京获得 2022 年冬奥会主办权。

4. 协议签订阶段

第四阶段为协议签订阶段。在确定主办城市之后，国际奥委会和主办城市签署书面协议《举办城市合同》，从法律层面确定国际奥委会和主办城市的合作关系。2015 年，国际奥委会主席巴赫与北京冬奥申委主席、北京市市长、中国奥委会主席、国家体育总局局长、张家口市市长，签订了《举办城市合同》，正式将 2022 年冬奥会举办权交予北京。

2022 年第 24 届北京冬奥会申办流程见表 2-1。

表 2-1　2022 年北京冬奥会的申办流程

申办事项	时间点
各国家/地区奥委会通知国际奥委会申办城市名称	2013 年 11 月 14 日
签署《申办城市受理流程》	2013 年 12 月 1 日
2014 年索契冬奥会观察员项目	2014 年 2 月 7—23 日
向国际奥委会提交申请文件和保证书	2014 年 3 月 14 日
国际奥委会及专家对所有答复进行审阅	2014 年 3—6 月
在平昌召开索契 2014 总结会	2014 年 6 月 29 日—7 月 5 日
确定 2022 年冬奥会候选城市	2014 年 7 月 7 日
向国际奥委会提交申办报告及保证书	2015 年 1 月
国际奥委会评估委员会考察	2015 年 2—3 月
国际奥委会评估委员会报告	2015 年 5—6 月
向国际奥委会委员作候选城市陈述	2015 年 5—6 月
2022 年冬奥会主办城市遴选	2015 年 7 月 31 日

［资料来源］根据国际奥委会官方网站、中国奥委会官方网站和 2022 年北京冬奥会和冬残奥会组织委员会网站等相关资料整理。

（二）2022 年第 19 届杭州亚运会申办

2015 年 8 月 17 日，中国奥委会向亚奥理事会正式递交了杭州代表中国申办 2022 年第 19 届亚运会的意向书，也只有杭州唯一一个城市申办了该届亚运会。

2015 年 9 月 16 日，第 34 次亚奥理事会（OCA）代表大会在土库曼斯坦首都阿什哈巴德召开。会议的第一个议题，就是听取杭州申办代表团的陈述。杭州申办代表团的核心成员中国奥委会主席、中国国家体育总局局长刘鹏，杭州市市长张鸿铭，申亚形象大使罗雪娟，阿里巴巴集团总裁金建杭先后进行了陈述。陈述之后，代表团播放了杭州的申亚宣传片。最后，浙江省副省长郑继伟代表浙江省政府做总结陈述，他郑重承诺浙江省政府将举全省之力支持杭州举办 2022 年第 19 届亚运会。经过亚奥理事会代表大会的投票，中国杭州获得 2022 年亚运会主办权，杭州成为中国第三个取得亚运会主办权的城市。

第二节　大型综合性体育赛事申办报告

申办报告是申办赛事的重要法律文件，它本质上是一个非常详细的举办赛事计划。申办报告内容要根据赛事所有权方设置的调查问卷或表格进行编撰，要求内容翔实，装订成册并在指定日期前递交给赛事委员会。赛事所有权方组成评估委员会，对各申办城市提交的赛事申办报告进行评估。

一、大型综合性体育赛事申办报告的内容

申办报告是展现申办城市综合实力、体现申办工作总体情况的最直接表现。大型综合性体育赛事申办的实质内容是交付一份产品计划书，申办报告即为产品计划书。申办报告作为赛事委员会评估的主要文本之一，其评价标准主要包括是否有清晰的愿景规划、能否实现财政平衡、能否实现赛事良好运行、能否为参与者提供美妙的体验、能否留下丰富的遗产，以及能否实现各方的有效参与等。

申办报告的内容可根据赛事所有权方的申办要求有所调整，但申办报告的最大特点是专业性和科学性。一般而言，申办报告的内容包括以下 18 个部分。

（1）国家和城市的特点：申办国家或城市的主要特点；

（2）法律：申办国家或城市必须遵行各单项运动协会的规定，严格按照赛事委员会的要求，确保所做的一切承诺得以实现；

（3）海关入境：申办国家或城市的海关入境情况，以确保赛事举办期间各国参赛运动员能够顺利入境；

（4）环保：申办国家或城市对绿色办赛理念的诠释、如何实现可持续发展；

（5）财政：申办国家或城市对赛事的财政收支情况；

（6）市场开发：申办国家或城市对赛事的市场开发情况；

（7）比赛日程：赛事的比赛日程安排；

（8）体育场馆：举办赛事的体育场馆情况；

（9）残奥会：举办残奥会的具体事宜；

（10）奥运村：地理位置和遗产计划；

（11）医疗卫生：赛事的医疗卫生配置情况；

（12）安全保卫：赛事的安全保卫情况；

（13）住宿：申办国家或城市对赛事相关人员的住宿安排；

（14）交通：申办国家或城市的交通情况；

（15）技术：举办赛事涉及的各种技术问题；

（16）新闻：贯穿整个赛事周期的新闻宣传与报道；

（17）文化：申办国家或城市的文化；

（18）保证书：申办国家或城市领导人和各职能部门签署的支持书或保证书，以确保赛事的顺利举办。

二、撰写申办报告的策略

在以奥运会为代表的大型综合性体育赛事申办过程中，各国申办委员会如何撰写申办报告，超越竞争对手，得到赛事委员会的青睐与认可，是各国不得不考虑的现实问题。

（一）秉承奥林匹克文化本色、办出本国特色

一方面，申办国文化必须与奥林匹克文化一脉相承，发展和丰富奥林匹克运动会文化，体现奥林匹克运动的宗旨，这样才能提高申办成功的可能性。

另一方面，申办国需体现自身特色。如韩国平昌战胜法国的安纳西和德国的慕尼黑，获得2018年冬奥会的举办权，一个人口不到5万的小城何以打动奥委会评委，这主要源自申办过程中体现了韩国特色，充分展现了韩国的文化特征。

（二）明确申办理念

申办理念是申办报告的重要内容，它是评估委员会的重要参考依据。以北京申办2022年冬奥会为例，2014年3月12日，北京冬奥申委向国际奥委会提交了调查问卷答复，其中明确提出了此次冬奥会的申办理念，即“以运动员为中心、可持续发展、节俭办赛”。

（1）以运动员为中心：北京冬奥会以方便运动员为首要目标。运动员是奥林匹克运动的财富，维护运动员利益、确保运动员在奥运会期间的良好体验。以运动员为中心理念有助于运动员更为专注地投入比赛，获得更好的竞技成绩，奉献出更加精彩的比赛。

（2）可持续发展：既满足当代人的需求又不损害其未来需求的发展。将可持续发展思想作为北京冬奥会的申办理念，充分发挥奥林匹克运动对经济、社会、自然环境的促进调节功能，也是新时代下奥林匹克运动发展的新模式。

（3）节俭办赛：冬奥申委坚持科学、严谨、审慎、可行的原则编制冬奥会预算。近年来，不断攀高的奥运会筹办成本对国际奥林匹克运动发展造成一定的负面影响。北京冬奥会提出节俭办赛理念，契合了国际奥委会对未来奥运会发展方针的规划。

第三节　大型综合性体育赛事申办报告案例

一、2008 年第 29 届北京奥运会申办报告

2008 年第 29 届北京奥运会申办报告的撰写工作于 2000 年初开始筹备，并于同年 7 月成立了领导小组，申办工作组绘制出工作计划网络图，既有分工又有进程时间表，直接参与这项工作的人数达到 200 人。申办报告的法文和英文翻译工作由专家组承担，申办报告完稿后，邀请了既熟悉体育又熟悉法文、英文的专家何振梁、魏纪中、楼大鹏、吕圣荣等对法、英译文进行核校，核校之后，申办报告提交至国际奥委会。

申办报告分为三大卷，共 18 个部分，总计 596 页。前 17 个部分包括国家和城市的特点、法律、海关入境、环保、财政、市场开发、比赛日程、体育场馆、残奥会、奥运村、医疗卫生、安全保卫、住宿、交通、技术、新闻、文化。第 18 个部分是保证书，其中有国家主席和国务院总理的支持信，北京市市长及国家体育总局局长、外交部、财政部、海关总署等国家有关部门负责人，以及 70 个宾馆、饭店签名的保证书，还包括 28 个国际单项体育组织的认证书等。

申办报告涉及政治、经济、文化、体育和城市建设等方方面面，是一部实实在在反映北京和中国发展全景的“百科全书”。其资料主要来自国家有关部门，以及北京市各厅、局。按照国际奥委会的要求，对某些领域到 2008 年的规划和目标需要做具体的阐述，更重要的是，要使国际奥委会委员相信规划的可靠性和可行性，如体育场馆和奥运村的建设须说明经费来源、建设工期等。

［注］2008 年第 29 届北京奥运会申办报告（第一卷）见附录 1。

二、2022 年第 24 届北京冬奥会申办报告

2022 年第 24 届北京冬奥会的申办报告共 3 卷 14 个主题，回答了国际奥委会提出的 192 个问题，涉及北京联合张家口申办 2022 年冬奥会的理念、愿景、场景、场馆、赛事组织、安保、媒体运行等内容。

申办报告将底蕴深厚的长城文化、北京奥运遗产的再利用、“大好河山”张家口和迅捷的京张高铁四个中国独特元素应用于其中，体现了 2022 年冬奥会在中国举办的独特性，凸显了奥林匹克文化。申办报告凝聚着申办城市和中国社会

各界的心血和智慧，其所有陈述、说明和承诺都具有法律约束力，都是北京对国际奥委会的正式承诺。申办报告包含 3 卷，中文稿约 11.5 万字，选配图片 170 余张，地图、示意图和规划效果图等图表 80 多张，保证书 154 份，以及电子版地图、表格和财务预算说明等，共 342 页。白色的封面上，左上角是冬奥申委的标志，一条速滑跑道将 3 本册子连成一个整体，简洁之中蕴含着灵动的气息。

第 1 卷介绍了冬奥会申办城市（北京和张家口）的特征及其基础设施。在叙述国家、地区和申办城市特征这一主题时，展现长城内外北京和张家口的长城文化。长城作为古代重要的军事防御工具，对保护中华民族繁衍不息、中华文明的代代相传起了关键作用。长城文化是中华民族的象征，反映了中国人民坚忍不拔、锲而不舍、克服一切困难的决心和毅力。长城文化是中国文化的缩影，显现出中国人民强大的创造力和生命力，也是中国文化不同于其他文明古国之处。在介绍申办城市时，张家口清新的空气、优越的自然条件和优良的雪场设施，可为冬奥会创造一个绿色清新的比赛环境；张家口的泥河湾文化、晋察冀革命文化和乔氏太极文化等特色文化，充分展现了地方独特元素。

第 2 卷介绍了冬奥场馆、奥运村和冬残奥会的具体规划。场馆部分，体现中国充分利用北京奥运遗产，以可持续发展方式办冬奥会的理念。冬奥会冰上项目比赛场地，只需新建一个国家速滑馆。北京奥运遗产——五棵松体育馆、首都体育馆、国家体育馆和国家游泳中心即可满足其他冰上项目对场馆的需求。北京奥运遗产的再利用，不仅使冰上比赛场馆符合国际奥委会的标准，而且与其所倡导的“创造可持续发展的奥运遗产”奥运理念一脉相承。北方独特的冰雪文化融入奥运村，为各地运动员近距离接触中国传统冰雪艺术提供了机会，为他们提供形式多样的冰雪节内容，让他们在轻松愉快的冰雪氛围中度过整个冬奥会。

第 3 卷介绍了冬奥会的后勤保障工作。比如交通方面，突出交通便利的京张高铁，从冰上项目举办地北京到雪上项目举办地延庆和张家口分别只需 20 分钟和 50 分钟。此外，为迎接 2022 年冬奥会，北京开展了一系列文化艺术节，进一步促进了东西方文化交流。2022 年冬奥会将为世界呈现一届独一无二、绚烂缤纷的体育与文化融合盛宴，将中国优秀的传统文化融入奥林匹克文化中，为奥林匹克文化增光添彩。

第三章
CHAPTER 3
大型综合性体育赛事组织机构设置

大型综合性体育赛事申办成功后，承办方一般先成立筹备委员会，负责与相关单位的日常联络，并在组委会成立之前代行其职能；随后，在适宜条件下，承办方在筹备委员会基础上成立组委会，负责赛事组织工作，推进并履行赛事各项具体事务及承诺。不同性质、不同规模的体育赛事，其组委会机构设置及其职能分工各不相同，即使是同一赛事，由于举办地点的差异和发展阶段的演进，其机构设置及其职能分工也会不断发生变化。组委会的机构设置及其职能分工是赛事筹备工作中的基础性工作，也是推动赛事筹备工作高效有序运转的重要工作，有助于推动竞赛组织和市场开发等工作顺利进行。本章首先阐述了大型综合性体育赛事组织机构设置的原则；在此基础上，分析了大型综合性体育赛事组织机构设置模式；考虑到竞赛组织机构是赛事组委会核心部门，随后指出了大型综合性体育赛事竞赛组织机构设置模式。

第一节　机构设置的原则

办赛目标和赛事所处宏观环境是影响大型综合性体育赛事机构设置的主要因素。一方面，承办方办赛的主要目标是推动赛事顺利进行、促进体育发展和提高当地的知名度与影响力等，但由于赛事类型、承办方经济社会发展水平的差异，承办方办赛的目标也存在差异；另一方面，不同国家（地区）、同一国家（地区）在不同阶段的政治体制、经济体制、职能部门运转体系、社会文化背景等宏观环境存在差异，这些因素都是组委会在设置机构时需要考虑的。因此，结合各类大型综合性体育赛事实践，组委会机构设置应遵循以下基本原则。

一、目标导向原则

该原则要求赛事主办方和承办方首先明确举办赛事的主要目标，而后依据办赛目标来设置组委会机构，确定机构职能分工。一般而言，确保赛事圆满顺利进行是办赛的首要目标，组委会机构设置应满足赛事所需，如竞赛（体育）部、大型活动部（开闭幕式）、新闻宣传部、后勤保障部、信息技术部、人力资源部、市场开发部、财务部等为大型综合性体育赛事组委会一般必备的机构设置。此外，由于办赛目标、宏观环境等的差异，部分大型综合性体育赛事组委会根据实际需要，设置特色机构，如北京 2022 年冬奥会和冬残奥会部分项目将在延庆和张家口两地举行，为此冬奥组委会下设了延庆运行中心和张家口运行中心。

二、功能完备原则

大型综合性体育赛事是一项巨大的、系统的工程，它的涉及面广，既包括赛事核心部分竞赛组织，也涵盖为之提供各类服务保障的组织，如赛事所需各类物资的运输，以及运动员、相关工作人员等的通行需要交通保障，这就需要设置交通服务保障部。北京 2022 年冬奥会组委会便下设了物流部和交通部。因此，赛事组委会应根据赛事所需设置功能完备的机构，以保证赛事的顺利进行。

三、统一领导原则

大型综合性体育赛事是一项综合性较强的事务活动，牵一发而动全身。统一领导原则实行首长负责制，正职领导副职，一级管一级，有利于形成指挥高效、运行顺畅、反应灵敏、整体联动的组织运行体系。如北京 2022 年冬奥会组委会设置了主席、执行主席、执行副主席、副主席、专职副主席、秘书长、副秘书长等职位，形成了冬奥会组委会领导组织架构。

四、动态调整原则

大型综合性体育赛事组织机构设置是循序渐进的，不是一步到位的，赛事筹办的不同阶段有相应的组织机构，这也是实现赛事成本控制和阶段目标的需要。大型综合性体育赛事组织机构设置应遵循动态调整原则，根据赛事所处的阶段和综合运营成本，动态调整赛事的组织机构设置。如北京 2008 年奥运会组委会成立时设立了体育部，场馆管理部相关工作人员则集中在体育部办公，确保竞赛组织筹备工作的整体推进。再如，2019年第七届武汉世界军人运动会赛时成立了联合指挥部，联合指挥部下设办公室、竞赛与场馆运行部、大型活动部、外事与接待部、宣传工作部、安全保卫部、交通运输部、食品医疗部、赛会服务部和军运村村委会10个机构。

五、分工协作原则

该原则包括两个层面的内涵，即专业上的分工和分工基础上的协作。专业上的分工是指组委会应根据赛事及相关活动事务的特点设置分工明确的机构，即能够清晰识别每个机构的主要职能，且职能有明显的差异，不会混淆。如市场开发部的主要职能是负责赛事招商赞助、特许经营、门票销售及其他商业资源开发等；财务部的主要职能是对赛事收入与支出等财务的管理，两个机构职能具有明显差异。为此，北京2022年冬奥组委便将原先的“财务和市场开发部”新组建为“财务部”和“市场开发部”两个部门。

分工基础上的协作是指组委会下设机构在明确职能分工的基础上建立协作关系，这主要考虑到各机构职能的发挥需要其他机构配合协调。如市场开发部招商获得的收入需要财务部门的核实与确认，而赞助商权益回报需要场馆、宣传等部门的配合，竞赛部的赛事组织需要信息技术、场馆、后勤等部门的配合。

第二节　机构设置及职能

按照组织机构的复杂程度和集权化程度，体育赛事组织机构通常分为单一型组织机构、职能型组织机构、矩阵型组织机构等类型。单一型组织机构的特点是，所有的决策权都掌握在管理者手中，灵活度大，权责明确，适用于小型体育赛事。职能型组织机构是将组织按照职能分成各个部分，有利于降低风险并推行专业化。矩阵型组织机构是成立相互独立的组委会来负责各个地点的体育赛事，对于一次多地点赛事更为适合。其中，职能型组织机构因其具有专业化分工特点，以及与其他部门职能和责权明晰等优点，被大型综合性体育赛事广泛采用。

一、组织机构设置

根据大型综合性体育赛事筹备组织的惯例，各类大型综合性体育赛事一般由赛事产权方主办，申办方承办。赛事申办成功后，承办方一般会先成立赛事筹备委员会，负责与相关单位沟通联系，并在组委会成立之前代行其职能。如 2015 年 12 月，国务院办公厅同意陕西省承办 2021 年第十四届全国运动会；2016 年 9 月，第十四届全国运动会陕西省筹备委员会挂牌成立，赛事筹备委员会前期成立了 5 个机构，分别是办公室、组织人事部、场馆建设部、财务部和审计监察部。随后，承办单位在筹备委员会基础上，成立了组委会，负责赛事组织工作。2020 年 9 月第十四届全国运动会组委会在西安成立。

按照职能划分，大型综合性体育赛事组织机构职能部门的设置一般涵盖了赛事运行的全部工作（图 3-1）。执行委员会（以下简称“执委会”）是组委会的具体执行机构，部分大型综合性体育赛事设置了执委会，如 2019 年第七届武汉世界军人运动会和 2021 年世界大学生运动会均设置了执委会；也有大型综合性体育赛事未设置执委会，如 2022 年第 24 届北京冬奥会、2022 年第 19 届杭州亚运会均未设置执委会，而是由组委会直接负责具体执行。

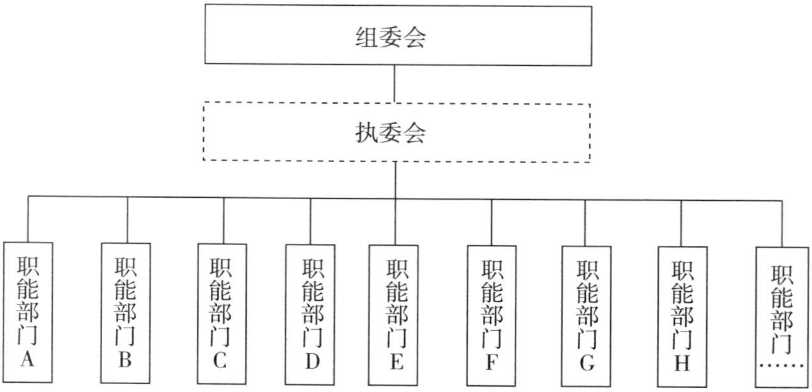

图 3-1　大型综合性体育赛事组织机构设置

［资料来源］根据相关资料整理。

二、组织机构设置实例

（一）2022 年第 24 届北京冬奥会和冬残奥会组委会组织机构设置及其职能

1. 组委会机构设置

2015 年 12 月 15 日，2022 年第 24 届北京冬奥会和冬残奥会组委会成立。组委会为独立事业法人，为承办冬奥会和冬残奥会的组织机构。组委会负责组织、协调冬奥会和冬残奥会全部筹备和举办工作，组委会共设置 23 个职能部门和 4 个中心（图 3-2）。

图 3-2　2022 年第 24 届北京冬奥会和冬残奥会组委会机构设置

［资料来源］2022 年第 24 届北京冬奥会官方网站。

2. 机构职能

秘书行政部：负责组委会内部的行政管理，与政府部门、各赛区的协调联络工作等。

总体策划部：负责冬奥会和冬残奥会总体工作计划的编制、调整和项目管理工作，为组委会提供决策服务，负责组织、协调组委会风险管理工作等。

对外联络部：负责与国际奥委会、各国家和地区奥委会等的联络和协调工作，并提供相关服务等。

体育部：负责冬奥会和冬残奥会竞赛项目的组织与实施工作。

新闻宣传部：负责新闻发布、记者接待和社会宣传工作，负责组委会网站内容建设和冬奥会相关教育工作等。

规划建设部：负责规划和建设冬奥会和冬残奥会场馆。

市场开发部：负责冬奥会和冬残奥会招商赞助、特许产品开发及赞助商权益回报等，负责国际奥委会的市场开发计划在中国奥委会辖区的实施等。

人力资源部：负责组委会机构设置和工作人员的招募、培训及各项管理工作。

监察审计部：系冬奥会和冬残奥会监督委员会的办事机构，负责对组委会资金、物资的使用管理进行监督，对工作人员履行职责、廉洁自律情况进行监督等。

财务部：负责编制和管理组委会总预算、年度预算和会计核算工作，实施冬奥会和冬残奥会财务风险管理等。

技术部：负责为冬奥会和冬残奥会提供竞赛成绩、信息、通信及其他必要的技术服务和保障。

法律事务部：负责组委会合同和法律事务管理及冬奥会和冬残奥会相关知识产权保护工作等。

运动会服务部：负责冬奥会和冬残奥会住宿、交通、注册、餐饮、观众服务和冬奥运村运行工作等。

文化活动部：负责冬奥会青年营和各项仪式活动，以及冬奥会文化活动的组织和实施工作，负责冬奥会和冬残奥会形象与景观的设计和管理工作等。

物流部：负责组织制订冬奥会和冬残奥会及相关活动总体物资需求计划，所需各类物资的采购、仓储、配送、追踪、管理、回收和处置等。

残奥会部：负责协调制订冬残奥会筹备工作规划、工作方案，协调、督促各部门冬残奥会筹备工作的进展和落实，与国际冬残奥委会、国际单项残疾人体育联合会和国内残疾人组织的沟通、联络和协调，对各项冬残奥会专项特殊工作提出指导性意见，协助冬残奥会相关的各项培训、推广、宣传工作等。

媒体运行部：负责主新闻中心、国际广播电视中心和场馆媒体中心的规划和运行工作，为注册媒体人员提供工作设施和各项服务等。

场馆管理部：筹备阶段，负责牵头管理、统筹协调各竞赛场馆和非竞赛场馆的场馆化推进工作；赛事举办期间，协助主运行中心负责各场馆团队的管理运行工作，协调各部门完成场馆从冬奥会到冬残奥会期间场馆运行协调工作等。

安保部：负责冬奥会和冬残奥会期间的安全保卫及维护公共秩序工作等。

交通部：负责冬奥会和冬残奥会交通服务和交通运行管理工作等。

开闭幕式工作部：组织、实施 2022 年北京冬奥会和冬残奥会的开闭幕式。

奥运村部：负责奥运村的筹备工作，制订和实施奥运村项目服务标准、运行政策及总体计划，协调各相关部门承担奥运村项目的筹备和运行工作，指导京外分村的工作等。

志愿者部：负责志愿者招募、培训及各项管理工作等。

注册中心：负责冬奥会和冬残奥会相关工作人员的注册工作等。

票务中心：负责冬奥会和冬残奥会开、闭幕式和体育比赛的票务运行工作，包括门票印制、销售、配送及赛时场馆票务运行工作等。

延庆运行中心：负责延庆赛区组织工作，与组委会各部门的协调工作等。

张家口运行中心：负责张家口赛区组织工作，与组委会各部门的协调工作等。

（二）2019 年第七届武汉世界军人运动会组委会组织机构设置及其职能

1. 组委会机构设置

2017 年 1 月 5 日，第七届武汉世界军人运动会组委会成立，组委会下设执委会。军运会执委会为独立事业法人，为承办军运会的组织机构。军运会执委会在组委会领导下，负责组织、协调军运会全部筹备和举办工作，执委会共设置 13 个部门、1 个办公室和 1 个中心，见图 3-3。

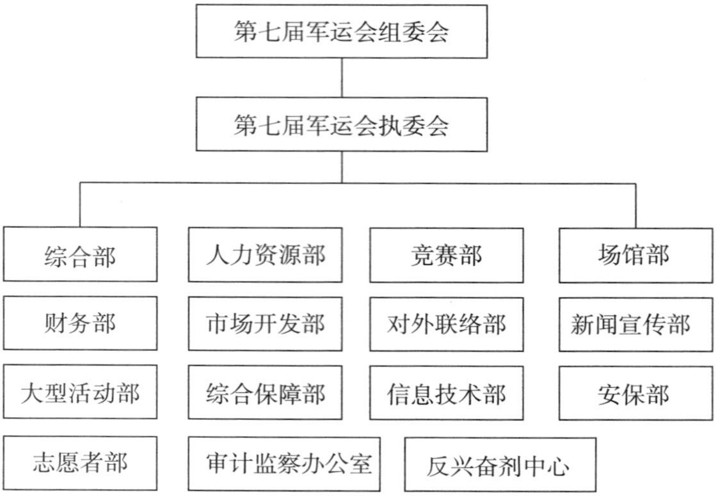

图 3-3　2019 年第七届武汉世界军人运动会组委会机构设置

［资料来源］根据 2019 年第七届武汉世界军人运动会档案资料整理。

2. 机构职能

综合部：负责制订及实施执委会总体工作计划；执委会日常工作的统筹、协调、督办、后勤保障、资料档案的收集与整理；与国际军体、军方、省委、省政府、市委、市政府联系；国内领导、嘉宾的接待；军运会有关法律事务工作等。

人力资源部：负责执委会机构和岗位设置、编制管理、组织文化建设及人员配置、培训、管理、安置等工作；承担人员调配、招聘、培训、奖惩、任免、考核、薪酬、福利、社保、档案管理等职责；承担绩效考评和人员监督管理相关职责；军运会党群等工作。

竞赛部：组织实施军运会各项竞赛工作；配合组建单项竞委会，督促指导其开展筹备工作和竞赛组织工作；各项目竞赛场地设备及器材的计划编制、购置、安装和检查验收；与国际军体及其单项竞赛委员会的联络和接待工作；参加竞赛人员的注册联络工作；各竞赛项目裁判、技术官员和技术代表的需求编制及培训选拔工作；指导检查场馆运行工作；制订颁奖工作方案，指导检查各竞委会的颁奖工作；协助指导检查场馆建设工作；完成国际军体联交办的其他各项与竞赛工作相关的工作等。

场馆部：负责编制军运会场馆设施及配套保障规划；规划、统筹、协调、督办军运会场馆建设；对新建和改造场馆进行检查、验收，并指导场馆单位进行整改；协助竞赛部检查场馆试运行效果，并督促场馆建设单位进行完善。

财务部：制订军运会财务管理制度；财务预决算的编制和执行工作；财、物的收支和使用管理工作，做好会计核算和资金调配工作；会同有关部门负责军运会的设备、器材的政府采购和相关购置工作；军运会结束后，会同有关部门做好物资、资产的清理和处置工作。

市场开发部：制订并实施军运会资源开发总体方案；负责军运会的赞助招商、特许经营、门票销售、社会捐助、电视及网络转播权，以及其他商业资源开发等经营业务；完成执委会下达的筹资任务等。

对外联络部：负责与国际军体、国际军体成员国及国际客户的联系交流，并提供相关服务；军运会外事工作；管理军运会礼宾事务；提供语言服务及培训工作。

新闻宣传部（媒体运行部）：制订军运会新闻报道计划，组织实施重大活动的报道；军运会新闻的发布与管理；组织会徽、吉祥物、会歌、宣传画、主题口号的征集、评选工作；制订社会宣传活动方案并组织实施；军运会官方网站的筹建与网络媒体的管理；军运会会刊的编辑和出版；军运会舆情监管与处置等工作；军运会主新闻中心的筹集和运行管理；国内外记者的注册联络和接待工作；指导各场馆媒体中心的筹建与运行；军运会开、闭幕式和各单项赛事的电视转播工作的组织实施；军运会赛事新闻服务；配合宣传部组织好广播电视网络媒体等新闻宣传、公益广告宣传工作；配合市场开发部做好军运会电视、音像制品的摄制、发行、赞助回报等工作。

大型活动部：负责开、闭幕式的策划、排练和实施；做好开、闭幕式相关产品、版权的管理工作；火炬传递活动的组织实施；组织开展军运会系列群众文体活动；军事体育文化的教育与推广等工作。

综合保障部：负责军运会基础设施、环境保护、住宿、清洁与垃圾处理、食物与饮料、医疗与反兴奋剂、交通、物流、赛事服务等各项服务与保障工作；军运村开发和管理，指导建设单位按照国际军体联的要求做好规划、选址、设计和建设工作，并按期交付使用；赛时军运村的运行，做好各项保障工作。

信息技术部：负责制订军运会信息系统总体规划；基础网络、中心机房、数据和注册中心、指挥运行中心、新闻中心、各比赛场馆网络建设中的技术协调与组织管理工作；技术保障服务的规划和运行，组织技术系统的实施；军运会官方网站的建设指导及技术支持；赛时有线及无线通信相关服务的监督管理，负责通信指挥调度系统的正常运行等工作。

安保部：负责制订并组织实施军运会安全保卫总体方案，以及开、闭幕式和场馆、驻地安全保卫、交通、餐卫、消防、突发安全事务处置等具体方案；赛时和筹备工作期间各项重大活动的安全保卫等工作。

志愿者部：负责军运会志愿者的招募、培训、调配、表彰和管理工作；协助、配合执委会相关部门开展各项社会宣传工作；负责重大活动、重要比赛项目场馆文明观赛的引导等工作。

审计监察办公室：负责军运会内部监察审计等相关工作。

反兴奋剂中心：负责制订军运会反兴奋剂有关制度规范；兴奋剂检测设备、药剂、制剂的需求编制，协助财务部组织采购；兴奋剂的具体检测及检测结果的使用工作；协助反兴奋剂有关项目建设的检查验收工作；协助人力资源部做好有关专业人才引进工作；完成与反兴奋剂检测有关的其他工作。

第三节　竞赛组织机构

竞赛是体育赛事的核心，竞赛组织机构是赛事组委会核心部门。各类大型综合性体育赛事运行实践表明，赛事组委会通常根据赛事实际需求建立竞赛委员会或竞赛部（体育部）等竞赛组织机构来具体负责竞赛组织与实施。

一、竞赛组织机构设置模式

根据大型综合性体育赛事竞赛组织的目标、任务和内容，竞赛组织运行团队由国家体育总局、地方政府、地方体育局等人员共同组成，竞赛组织机构通常内设器材、场地、信息技术、成绩统计、颁奖、体育展示等部门，部分体育赛事根据实际需要调整、新设一些内设机构。

大型综合性体育赛事均设置了负责竞赛组织的机构，但其功能设置和内设机构稍有差别。功能设置方面，如竞赛场馆是竞赛组织的重要组成部分，2022 年第 24 届北京冬奥会和冬残奥会体育部并没有竞赛场馆管理职责，而是由冬奥会组委会下设场馆管理部来具体负责竞赛场馆管理；再如，赛事器材也是竞赛组织不可或缺的部分，2022 年第 19 届杭州亚运会组委会在设立竞赛部负责竞赛组织的同时，也设置了赛事器材部来负责竞赛器材的采购、维护与管理等。

内设机构方面，如 2022 年第 24 届北京冬奥会和冬残奥会体育部单独设置了综合处和体育规划处，综合处主要负责与冬奥组委各部的综合协调及体育部内部综合工作，体育规划处主要负责体育竞赛、保障等体育事务的规划工作，而2019年第七届武汉世界军人运动会竞赛部则将编制制定处与综合处合并为一个部门来负责相关工作；再如，2019年第七届武汉世界军人运动会竞赛部下设体育外联处，负责颁奖仪式，而2022年第24届北京冬奥会和冬残奥会组委会体育部则没有该项职责，颁奖仪式由文化活动部负责。

二、竞赛组织机构设置实例

（一）2022年第24届北京冬奥会和冬残奥会竞赛组织机构及其职能

1. 机构设置

2022年第24届北京冬奥会和冬残奥会竞赛项目的组织与实施工作由体育部负责，体育部内设综合处、体育规划处、国际单项体育组织联络处、竞赛处、体育信息处、冬残奥会处等部门（图3-4）。

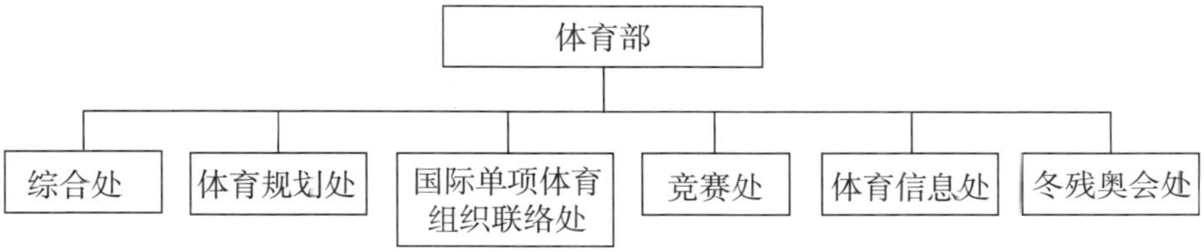

图3-4　2022年第24届北京冬奥会和冬残奥会组委会体育部内设机构

［资料来源］根据2022年第24届北京冬奥会组委会相关资料整理。

2. 机构职能

体育部是2022年第24届北京冬奥组委负责体育竞赛组织工作的主管部门，其主要职能如下。

（1）负责冬奥组委就竞赛事务与国际奥委会、国际残奥委会、国际单项体育组织和其他相关机构之间的沟通、联络、协调工作；

（2）负责项目委员会（含冬残奥项目委员会）的组建、协调联络和竞赛工作；

（3）负责制订并实施有关竞赛事务的各项工作计划和组织方案；

（4）负责各项目竞赛专业技术人员、裁判员和竞赛辅助人员的选拔、培养工作，协助做好技术代表、技术官员的服务保障工作；

（5）负责编印、出版项目说明手册、技术手册、竞赛指南等相关竞赛资料；

（6）协助做好国家或地区运动员资格审查工作，并提供竞赛相关服务；

（7）参与协调竞赛相关器材、设备和技术系统的需求、安装、调试、设计等工作；

（8）负责提出场馆、设施（含临时）相关的奥运使用功能和技术标准，并负责审查和验收；

（9）在冬残奥会协调部成立之前，代行冬残奥会筹办协调工作，承担协调小组日常工作和冬残奥会竞赛组织工作。

综合处：负责本部与冬奥组委各部及本部各处室的综合协调工作；负责部门内部的人事管理、会议管理、文件管理、制度管理、档案管理、印鉴管理、财务管理、固定资产管理；负责本部外事、宣传、信息、大事记、保密和信访等工作；负责本部总体工作计划及年度、季度、月度工作计划的编制和项目管理工作；负责决策事项的督查落实工作；负责本部安全、保卫工作；负责本部行政后勤等服务工作；协助党支部、工会、妇联等组织开展工作。

体育规划处：负责编制体育总体规划与体育战略规划；负责体育竞赛、保障等体育事务的规划工作；负责与气象部门等委外相关部门的联系与沟通；负责与国内单项体育组织的联系；负责冬奥组委竞赛协调小组的日常工作；负责汇总、编写体育部分工作进展报告中文稿。

国际单项体育组织联络处：负责与国际单项体育组织的联络工作；负责编写体育部分工作对外的进展报告；负责接待来访的单项体育组织成员。

竞赛处：负责竞赛的组织与管理，协调联络各项目委员会的竞赛工作；负责测试赛规划、组织方案及协调组织运行工作；负责冬奥会竞赛日程方案，编制细化竞赛日程；负责竞赛组织及保障人员、竞赛志愿者的培训工作；负责冬奥会赛时竞赛管理服务；协助协调落实兴奋剂检测工作。

体育信息处：负责汇总、编写、出版冬奥会和冬残奥会技术手册、竞赛指南等；负责汇总、编写、出版冬奥会和冬残奥会训练指南等；负责竞赛信息服务人员培训工作；负责冬奥运村、新闻中心竞赛信息服务工作，协调各竞赛信息分中心工作；向冬奥组委信息中心等部门提供相关竞赛信息。

冬残奥会处：负责对残疾人冬奥会竞赛组织的规划工作；负责冬残奥会的竞赛组织工作；负责联络有关残疾人组织；负责协调残疾人冬奥会的特殊服务工

作；协助落实冬残奥会参赛人员的医学分级和报名工作；负责冬残奥会所需竞赛组织及保障人员的培训工作；在冬残奥会协调部成立之前，承担冬残奥会筹备协调小组日常工作。

（二）2019年第七届武汉世界军人运动会竞赛组织机构设置及其职能

1. 机构设置

2019年第七届武汉世界军人运动会竞赛项目的组织与实施工作由竞赛部负责，竞赛部内设标准制定处（综合处）、竞赛组织服务处（竞赛信息技术处）、体育外联处（颁奖仪式处）等部门，见图3-5。

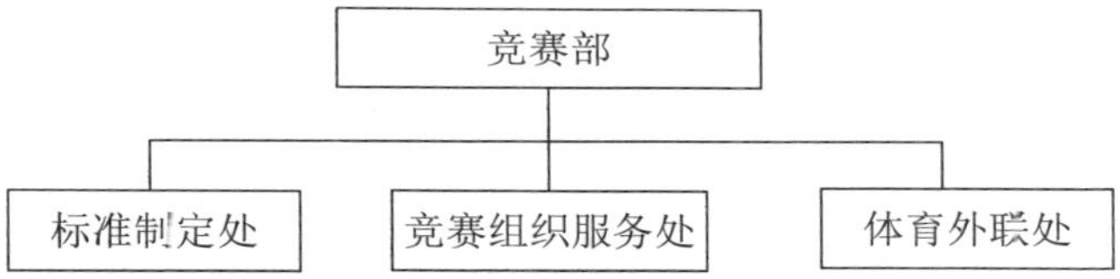

图3-5　2019年第七届武汉世界军人运动会执委会竞赛部内设机构

［资料来源］根据2019年第七届武汉世界军人运动会档案资料整理。

2. 机构职能

标准制定处（综合处）：配合组建单项竞赛委员会，督察指导其开展筹备工作和竞赛组织工作；负责指导检查场馆建设、运行工作；负责军运会赛事组织、竞赛项目裁判规则、技术标准的设计和规范的制度化、体系化建设工作；负责部门内部运转协调和日常管理工作。

竞赛组织服务处（竞赛信息技术处）：制订竞赛工作计划、方案和流程；编排竞赛日程和秩序册、项目设置；负责单项赛事的组织服务工作；负责参赛运动员报名、注册和资格审查；选拔培训技术代表和技术官员、裁判员；组织试运转和测试赛；负责编制竞赛器材和设备采购需求计划，协助财务部组织采购；负责竞赛器材的管理、使用和维护。

体育外联处（颁奖仪式处）：负责与国际军体联及其单项委员会的联络；完成国际军体联交办的其他各项与竞赛活动相关的工作；协助开展竞赛项目专业志愿者培训；负责竞赛信息统计和发布；制订颁奖工作方案，指导检查各竞委会的颁奖工作。

第四章
CHAPTER 4
大型综合性体育赛事竞赛组织

竞赛的组织运行工作，是每一个体育赛事的核心，它是衡量赛事举办是否成功的重要标准之一，体育赛事的各项工作都必须围绕竞赛组织来做。竞赛组织既是赛事其他专项工作存在与运行的基础，又是其他专项工作提供支持与服务的对象，如竞赛组织是市场开发权益回报实现的平台，市场开发则为竞赛组织提供财力、物力和技术服务支持，保障赛事顺利运营。一般而言，大型综合性体育赛事组委会下设竞赛部（或体育部），通过制订竞赛制度和体育场馆建设、运行规范标准，明确竞赛组织流程、环节和内容，推进竞赛组织与实施，实现竞赛工作圆满顺利完成。本章首先对大型综合性体育赛事竞赛组织的基础性工作——竞赛制度和场馆标准进行概述，随后按照竞赛组织流程对赛事组织工作进行归纳总结。

第一节　竞赛制度

竞赛制度是根据竞赛目标和计划制订的关于竞赛组织与实施的一系列规定，它是竞赛组织的依据和基础。从大型综合性体育赛事运行实践来看，竞赛制度通常包括竞赛规程、竞赛秩序手册、竞赛规则等技术制度和竞赛工作计划、方案、流程及场馆运行管理、器材管理等管理制度两个方面。

一、竞赛技术制度

1. 竞赛规程

竞赛规程是体育竞赛管理的纲领性文件，是竞赛管理工作的最高权威和指导，是竞赛组织者和参赛者都应遵守的法规。大型综合性体育赛事的竞赛规程包括竞赛总规程和单项竞赛规程。竞赛规程一般由主办单位制订，并下发各参赛单位及承办单位征求意见，完善后由主办单位公布。

大型综合性体育赛事竞赛规程的主要内容包括以下几个方面。

（1）竞赛名称；

（2）竞赛日期和地点；

（3）竞赛项目；

（4）参加单位；

（5）运动员的参赛资格；

（6）参加办法；

（7）竞赛办法；

（8）兴奋剂检查、血液检查、性别检查等；

（9）录取名次和奖励办法；

（10）比赛成绩公布；

（11）报名和报到；

（12）技术官员和仲裁委员会；

（13）未尽事宜和规程解释权。

［注］2021 年第十四届陕西全运会竞赛规程总则见附录 2。

2. 竞赛秩序册

竞赛秩序册是竞赛组织工作的管理文件，是对竞赛项目进行总体编排后，保证竞赛秩序、实施竞赛计划的重要文件。大型综合性体育赛事在各单项竞赛秩序册的编制基础上汇编总秩序册。竞赛秩序册一般由承办单位的竞赛部门负责编制，由主办单位进行审定。

大型综合性体育赛事竞赛秩序册的主要内容包括以下几个方面。

（1）比赛名称；

（2）竞赛日期和地点；

（3）主办单位；

（4）承办单位；

（5）竞赛组织机构图；

（6）竞赛规程和补充规定；

（7）组委会、各部门人员名单；
（8）竞委会和仲裁委员会组成、裁判员组成名单；
（9）参赛单位、运动员名单及号码；
（10）竞赛总日程表；
（11）单项竞赛日程表；
（12）竞赛相关活动日程表；
（13）竞赛分组；
（14）竞赛场馆分布示意图；
（15）赛事世界纪录、赛会纪录。

3. 竞赛规则

竞赛规则是对竞赛工作技术规范的约定，是对竞赛场地、器材条件的规定，是运动员竞赛行为的规范和裁判执法的依据。竞赛规则与竞赛规程共同构成对竞赛工作全过程的控制。

二、竞赛管理制度

竞赛管理制度是竞赛部（或体育部）为实现竞赛组织目标而设立的内部运行流程规范及其相关管理制度，如竞赛工作计划、方案、流程等。它是竞赛部门正常运行的基础性制度文件，也是竞赛部门工作人员相关工作的基本指引。

大型综合性体育赛事竞赛管理制度的内容包括但不限于以下几个方面。

（1）各部门（处室）工作职能、人员配备及其职责分工；
（2）赛事总体计划和运行方案、关键事件时间节点与安排；
（3）赛前年度、月度工作计划和赛时日度工作方案；
（4）比赛场地及器材使用流程、管理方案；
（5）应急预案清单及各项计划、方案；
（6）裁判员、竞赛管理人员培训计划与方案；
（7）兴奋剂检查工作方案；
（8）测试赛工作计划和方案；
（9）竞赛信息采集和传递流程；
（10）竞赛成绩发布办法；
（11）项目颁奖和体育展示工作方案；

（12）本部门财务管理制度。

第二节　场馆标准

场馆是举办体育赛事的基础和重要硬件保障。赛事承办方按照主办方的要求，一般通过新建、维修或改造体育场馆为赛事提供必要的硬件设施，包括满足竞赛要求的场馆，以及附属建筑、场所和区域等。场馆建设完成后，还需对场馆建设质量进行检查验收，组织测试赛与相关活动，以保证场馆的正常使用。场馆建设是否能如期、按标准、保质完成，决定了体育赛事能否按时、顺利、安全进行。表 4-1 是部分大型综合性体育赛事场馆基本情况。

表 4-1　大型综合性体育赛事场馆基本情况

赛事名称	赛事场馆
2019 年第七届武汉世界军人运动会	共 35 座场馆；其中，新建 18 座（含临建 5 座），改造 17 座
2020 年第 32 届东京奥运会	共 41 座场馆
2021 年第十四届陕西全运会	共 54 座场馆；其中，西安市 22 座，其他地区 32 座；新建 25 座，改造 16 座，已有符合要求 13 座
2022 年第 31 届成都大运会	共 49 座场馆；其中，新建 13 座，改造 36 座
2022 年第 24 届北京冬奥会	共 25 座场馆；其中，北京赛区 12 座，延庆赛区 5 座，张家口赛区 8 座

［资料来源］各赛事官方网站和中国奥委会官方网站；军运会资料根据赛事档案资料整理。

一、场馆建设标准

场馆建设工作一般由赛事组委会场馆建设部与承办方职能部门共同协商制订总体规划，明确赛事场馆及设施的使用功能和技术标准。场馆建设既要兼顾举办城市的整体建设规划，与举办地经济、社会、文化、环境等相协调，还要最大限度地利用既有场馆资源，通过改造、维修等方式实现场馆利用最大化。大型综合性体育赛事场馆有严格的体育工艺要求，主办方对每个竞赛项目场馆都有相应的技术要求规范，除基本功能要求之外，对场馆绿色节能、智能互联等方面也会提出一系列技术标准。

本书以2022年第19届杭州亚运会场馆建设为例，阐述大型综合性体育赛事场馆建设标准及流程规范。

1. 杭州亚运场馆建设理念和原则

（1）建设理念

一是坚持绿色环保。倡导绿色亚运及可持续利用的场馆设计、建设理念，综合采用绿色节能建筑新技术，在建造工艺方面做到绿色、低碳、环保，落实最高标准的环保要求。

二是强化智能应用。充分体现杭州信息经济、智慧应用的发展思路，利用云计算、大数据等信息产业优势，以"互联网+"推进智慧场馆设计、建设和运行，全面提升场馆智能化、自动化、精细化水平。

三是倡导节俭办赛。充分利用现有和在建场馆，整合资源，做到"该花的钱一分不少，不该花的钱一分不花"，确保节俭办赛。

四是体现文明要求。运用独具特色的人文创意，将"大国风范、江南特色、杭州韵味"融入场馆设计、建设的每个细节，体现先进文化发展方向，讲好"中国故事"，传播杭州文化，展现杭州的独特韵味和别样风采。

（2）建设原则

一是突出重点，合理布局。根据《主办城市合同》关于亚运会场馆建设的相关要求，结合杭州市体育场馆设施建设的实际，以杭州奥体中心主要场馆、亚运村及新建场馆为重点，合理布局全市亚运会场馆及设施建设。

二是科学规划，分类实施。按照"新建项目抓前期、续建项目抓进度、改建项目抓评估"的要求，分类推进场馆及设施建设。

三是坚持标准，整体推进。以功能实现为前提、品质提升为方向、质量安全为保障，坚持最高标准、实现最优品质。充分利用亚运会契机，整体推动杭州市体育场馆及设施建设，并同步推进场馆及设施周边环境建设，以最美的城市形象迎接亚运盛会。

四是着眼长远，系统谋划。着眼赛时运行和赛后利用的有机统一，系统谋划场馆及设施项目，确保与城市总体规划相适应，与全市经济社会发展相协调。引进专业运营团队，保证场馆赛时正常运作，并充分发挥其赛后应有的社会效益和经济效益。适度超前考虑群众健身需求，推动城市功能布局完善与产业发展的融合，留下丰富的杭州亚运遗产，彰显独特的杭州亚运文化。

2. 杭州亚运会场馆设计规范标准

亚运会场馆及设施设计包括建筑设计、运行设计。场馆建设部负责技术标准审核工作的组织、协调，制订出台技术标准并协调处理技术标准贯彻落实过程中的问题，组委会其他部门根据各自需求提出和审核场馆及设施设计建设的要求等。建筑设计重点考虑具体竞赛项目对场馆及设施的要求，运行设计旨在对场馆及设施进行功能区域划分和流线设计。运行设计应与建筑设计同步完成。

为使场馆及设施建设符合亚运要求，杭州亚组委同时组织编制场馆及设施建设的亚运要求等相关技术标准，用于指导亚运会场馆及设施体育工艺专项的规划、设计、建设、改造、验收等工作。按照竞赛项目要求，对场馆及设施建设提出通用技术标准及具体要求。

（1）场馆及设施建筑设计

第一步，审查程序。场馆及设施项目工程可行性研究报告、建筑方案设计、初步设计在报政府职能部门审批前，由场馆及设施责任单位先报亚组委审核，由亚组委明确相关要求。亚组委相关工作部根据与市相关职能部门建立的工作机制，参与政府职能部门、场馆及设施责任单位组织的对各阶段设计文件的审查，对设计文件是否采纳其审查意见进行复核。

第二步，审查实施。采取技术总咨询服务单位审查与技术审查咨询专家组审查相结合的方式，对场馆及设施建筑设计进行符合性审查。审查内容为项目建议书、工程可行性研究报告、建筑方案设计、初步设计、施工图设计和相关规划、专题研究等前期技术文件，重点审查核对建筑设计是否符合体育工艺、场馆及设施功能分区、功能用房分配、流线组织等方面要求和规范，以及场馆及设施空间和设施设备是否满足亚运会赛事要求。

对场馆及设施进行改建、改造提升的，应首先确定改建、改造提升范围，一般由场馆及设施责任单位提供原图纸，必要时委托专业机构进行结构安全和体育专项等内容的检测、确定场地材料、场地照明、扩声系统、大屏幕、弱电系统等是否符合要求和规范，由设计单位根据以上资料提出改建、改造提升的建筑设计，经亚组委审核后，进入技术审核程序。

（2）运行设计

场馆及设施运行设计应以建筑设计为基础，对赛时运行所需的空间、人车流线及临时设施进行合理规划、设计和安排，形成具有实际操作指导作用的运行方案，是运行工作的重要指导文件。场馆及设施责任单位应按照亚组委编制的场馆及设施运行设计导则开展运行设计工作，保证运行设计图纸的规范和准确。亚组委将根据运行设计导则对运行设计进行符合性审查。

场馆及设施运行设计分成初步运行设计和详细运行设计两个阶段开展。初步运行设计是指根据场馆及设施的平面布置编制初步运行方案，以方便核查初步设计，对初步设计中不符合运行的部分提出修改方案。初步运行设计在场馆及设施初步设计阶段进行。详细运行设计是指根据场馆及设施初步设计编制具体的运行方案，以方便核查施工图设计，对施工图设计中不符合运行的部分提出修改方案。详细运行设计在施工图设计阶段进行。

3. 杭州亚运会场馆验收流程及标准

亚运会场馆及设施验收包括完工初验与移交测试、专项验收、竣工验收，以及体育赛事功能验收。

第一步，完工初验与移交测试。完工初验由场馆及设施责任单位统筹组织，会同勘察、设计、施工、监理等单位和业主、运营团队共同实施。完工初验手续已办理完成、具备移交测试基本条件后，由场馆及设施责任单位会同施工单位、运行团队组织移交测试，将场馆及设施移交业主（产权）单位。移交时，场馆及设施责任单位要编制移交清单，召开移交现场办公会，核对移交清单，签署移交协议。移交后，场馆及设施运行团队要及时进场办公，对场馆及设施进行测试，其他专项验收和竣工验收等手续由场馆及设施责任单位继续办理。

第二步，专项验收。亚运会场馆及设施专项验收包括规划、消防、卫生防疫、电梯、燃气、档案、人防、安防、防雷、建筑节能、体育设施验收等。专项验收由施工单位先行按照相关要求组织自检验收，经驻地监理单位预验收和场馆及设施责任单位验收合格后，向政府职能部门申请备案验收后组织专项验收。

第三步，竣工验收。专项验收合格后，由场馆及设施责任单位或业主单位组织竣工验收，对各项竣工档案资料进行整理移交归档，并按规定做好建筑工程竣工验收备案工作。

第四步，体育赛事功能验收。亚运会场馆需开展体育赛事功能验收，内容包括与竞赛组织相关的场地系统（含规划尺寸、布置、构造、材质）、照明系统、扩声系统、显示屏（含体育展示、计时计分设施）、弱电技术系统（含信息、智能化系统）、体育设备设施系统六个方面。体育赛事功能验收由场馆责任单位向亚组委场馆建设部提出验收申请，并附场馆体育功能检测报告。亚组委场馆建设部应委托专业机构对检测报告进行审核。亚组委竞赛部牵头，会同亚组委各工作部、运行团队等部门对场馆进行现场验收。

二、场馆管理标准

场馆建设完成移交赛事组委会后，一般由场馆责任单位具体负责场馆运行管理工作，既包括赛前场馆的日常运行管理、测试赛运行，也包括赛时场馆运行管理、面向公众的场馆运行管理服务等。

场馆日常运行管理主要是场馆各类场地设施、信息系统及灯、光、水、电、气、热等的日常运行维护，保证场馆正常运行。组织测试赛是检验场馆硬件设施和组委会各项准备的一项重要工作，是为尽早发现场馆运行存在的问题并及时进行整改完善。赛时场馆运行管理主要是为保证赛事的正常运行。面向公众的场馆运行管理服务包括外围群众引导、安检协查、门票查验、公共广播、无障碍服务、专用通道、观众看台管理、安保服务等。

第三节　赛事组织

竞赛组织是赛事的核心，竞赛管理部门所有工作均是围绕确保竞赛组织顺利进行而展开的。赛前，竞赛管理部门通过制订竞赛工作计划、日程安排、准备竞赛器材场地、开展运动员报名、注册和资格审查、选拔技术官员、组织测试赛等工作推进赛事如期顺利进行；赛时，竞赛管理部门通过制订每日工作计划，具体负责组织比赛、兴奋剂检测、仲裁、成绩统计与公布、颁奖与展示等工作。

一、赛前组织

1. 制订竞赛日程

竞赛日程是每日赛事的时间安排。大型综合性体育赛事竞赛日程的安排首先要以运动员为核心，要将运动员取得好的成绩作为基准，同时既要兼顾竞赛时间和空间的分布，使整个奖牌日程分布合理，也要兼顾各地区、各利益相关方如转播商的权益，尽量协调使各方达到平衡。大型综合性体育赛事日程的确定是一个动态的过程，一般由赛事承办方初步制订出整体竞赛日程和单元竞赛日程，随后提交至主办方审核确定。由于要考虑到各方面的因素，竞赛日程变化较为频繁，甚至赛前一天都还会出现竞赛时间调整的情况。为方便工作，通常对每一阶段发布的竞赛日程进行编号，如 1.0 版本、2.0 版本等，每一个版本之间的差异可能很大。2020 年第 32 届东京奥运会竞赛日程安排见表 4-2。

表 4-2　2020 年东京奥运会竞赛日程安排

	7月											8月							
	21 三	22 四	23 五	24 六	25 日	26 一	27 二	28 三	29 四	30 五	31 六	1 日	2 一	3 二	4 三	5 四	6 五	7 六	8 日
开闭幕式			●																●
乒乓球				●	●	★	●	●	★	★		●	●	●	●	★	★		
羽毛球				●	●	●	●	●	●	★	★	★	★						
足球	●	●		●	●		●	●		●	●		●	●		★	★	★	
篮球					●	●	●	●	●	●	●	●	●	●	●	●	●	★	★
三人篮球				●	●	●	●	★											
排球				●	●	●	●	●	●	●	●	●	●	●	●	●	●	★	★
沙滩排球				●	●	●	●	●	●	●	●	●	●	●	●	●	★	★	
高尔夫									●	●	●	★			●	●	●	★	
网球				●	●	●	●	●	●	★	★	★							
棒垒球	●	●		●	●	●	★	●	●	●	●	●	●	●	●	●		★	
曲棍球				●	●	●	●	●	●	●	●	●	●	●	●	★	★		
手球				●	●	●	●	●	●	●	●	●	●	●	●	●	●	★	★
橄榄球						●	●	★	●	●	★								
水球				●	●	●	●	●	●	●	●	●	●	●	●	●	●	★	★
游泳				●	★	★	★	★	★	★	★	★							
跳水					★	★	★	★		●	●	★	●	★	●	★	●	★	

续表

	7月											8月							
	21 三	22 四	23 五	24 六	25 日	26 一	27 二	28 三	29 四	30 五	31 六	1 日	2 一	3 二	4 三	5 四	6 五	7 六	8 日
马拉松游泳															★	★			
花样游泳													●	●	★		●	★	
摔跤												●	★	★	★	★	★	★	
跆拳道				★	★	★	★												
柔道				★	★	★	★	★	★	★	★								
拳击				●	●	●	●	●	●	●	★	★		★	★	★	★	★	★
空手道																★	★	★	
击剑				★	★	★	★	★	★	★	★	★							
公路自行车				★	★			★											
场地自行车													★	★	★	★	★	★	★
山地自行车						★	★												
田径										★	★	★	★	★	★	★	★	★	★
铁人三项						★	★				★								
现代五项																●	★	★	
竞技体操				●	●	★	★	★	★			★	★	★					
艺术体操																	●	★	★
蹦床										★	★								
赛艇			●	●	●			★	★	★									
帆船					●	●	●	●	●	●	★	★		★	★				
激流回旋					●	★	★	●	★	★									
皮划艇静水													●	★	●	★	●	★	

续表

	7月											8月							
	21 三	22 四	23 五	24 六	25 日	26 一	27 二	28 三	29 四	30 五	31 六	1 日	2 一	3 二	4 三	5 四	6 五	7 六	8 日
滑板					★	★									★	★			
攀岩														●	●	★	★		
自由式小轮车											●	★							
小轮车竞速									●	★									
射击		●	●	★	★	★	★	●	★	★	★	●	★						
射箭			●	★	★	★	●	●	●	★	★								
举重				★	★	★	★	★			★	★	★	★	★				
马术			●	●	●		★	★	●	●	●	●	★	●	★	●	●	★	
冲浪					●	●	★												

［资料来源］2020 年第 32 届东京奥运会官方网站，●、★分别表示竞赛日、金牌日。

2. 准备竞赛场地、设备、器材

场地、设备与器材是竞赛组织的基础性物质条件。场地包括竞赛场地、训练场地、备用场地及非竞赛场地等。各类场地设施必须符合相关竞赛技术标准和管理规范。场馆的功能性设备包括比赛显示及控制系统，计时计分及比赛成绩处理系统，现场录像采集及回放系统，网络与通信系统，消防、温控、风控、安保等集成系统。设备器材的准备包括制订其规格、数量、品牌、型号等方案，以及备用设备器材计划，制订设备器材使用、保管和分配方案，检查和维护设备器材以保证其良好运转。

3. 运动员报名与注册

运动员报名与注册是竞赛工作的基础性工作。根据竞赛规程和报名工作的条件要求等，制订报名表格，要求参赛国家（地区）在规定时间内提交报名申请，竞赛管理部与相关部门共同对提交报名的运动员进行资格审核，资格审核通过后，即为运动员注册。注册是赛事对运动员取得参赛权的认定和标志，是制证的依据。

4. 选拔技术官员

技术官员包括仲裁委员会、裁判员和辅助裁判员，是竞赛活动中的执法队伍与监督队伍，其工作是赛事顺利进行的重要保证。大型综合性体育赛事技术官员一般由主办方或单项体育赛事协会选拔指派，如奥运会的裁判、技术官员、技术代表是由各国际单项运动协会负责选拔和指派的。

5. 组织测试赛

赛前，赛事组委会一般会按照竞赛规程和日程安排，对新建、改建的场馆或没有举办过此类赛事的项目组织测试赛。大型综合性体育赛事一般会对全部或大部分项目进行测试赛，以检验场馆硬件设施和组委会各项准备工作。测试赛一般包括单项测试赛和综合测试赛。单项测试赛是以每项赛事为独立单元组织的赛事，一般由单项竞委会组织；综合测试赛是对不同场馆同时举办的多项赛事进行整体组织的赛事，一般由组委会统一领导，相关各方广泛参与，同时对赛事的运行进行指挥和调度。

大型综合性体育赛事组织测试赛主要有六个方面的目标。（1）检验场馆设施，对竞赛场地和辅助设施、技术系统及相关基础设施、场馆运行保障设施和无障碍设施进行全面测试、检验和优化；（2）锻炼运行团队，以检验场馆运行团队综合能力为主，测试竞赛组织团队、各类专业保障团队的实战能力；（3）摸清办赛规律，包括检验服务标准、服务流程及服务保障方案，测试场馆及场馆设施保障系统的运行计划和应急预案；（4）磨合工作机制，包括健全场馆团队多业务领域运行的协调机制，夯实专业系统保障团队的工作机制，完善与赞助商、合同商等方面的合作机制；（5）落实属地保障，即以测试场馆运行与城市运行结合为着力点，促进场馆建设、场馆运行和城市运行无缝衔接；（6）测试运行指挥，统筹组织对运行指挥体系的整体测试，检验指挥体系和综合应急能力。

2019 年第七届武汉世界军人运动会测试赛主要工作内容

一、测试内容

（一）参加测试的场馆包括本竞赛项目竞赛场馆、热身场馆和训练场馆及其附属功能用房。

（二）参加测试的器材包括本竞赛项目所有设施、设备、器材。

（三）参加测试的人员包括本竞赛项目裁判员、辅助裁判员、工作人员和志愿者等所有人员。

（四）所有应用于本竞赛项目的方案、流程、办法、应急预案等。

（五）执委会各部门和项目竞赛委员会的各项保障工作。

二、测试时间

军运会测试赛分为三个阶段。

（一）第一阶段：2018 年 6—12 月。执委会竞赛部起草测试赛工作方案，在广泛征求意见后，经执委会审批同意，制订下达测试赛计划。

（二）第二阶段：2019 年 1—8 月。开展测试赛赛前培训和动员，做好测试赛各项准备工作（1—2 月）；安排单个竞赛项目测试赛 3~5 个（3—7 月）；举行多项目联合测试赛 1 个（8 月）。

（三）第三阶段：2019 年 9 月。举行多轮整体联调联试。竞赛部、信息技术部牵头，各项目竞赛委员会组织运行，其他部门共同参与，全方位检测竞赛组织和服务保障工作。

三、测试赛评估

（一）执委会相关部门会同各项目竞赛委员会组成测试赛联合评估组，针对每个项目测试赛的场馆、器材、人员配备、环境、运行等方面工作进行评估。

（二）针对测试赛出现的问题进行评估，并研究解决方案。

（三）评估意见及改进建议由各项目竞赛委员会限期整改，并由执委会各部门负责检查验收。

四、测试赛工作流程

（一）测试赛前 2 个半月，下发竞赛规程。

（二）测试赛前 2 个月，完成测试赛工作方案和经费预算并报执委会审定，执委会财务部拨付测试赛经费；项目竞赛委员会各工作机构人员全部到位；完成“场馆每日竞赛工作流程表和场馆每日运行时间表（须包括赛前 5~7 天至赛后 3 天的内容）”和应急预案；做好辅助裁判员的培训准备工作。

（三）测试赛前 1 个半月，项目竞赛委员会进入场馆办公，场馆进入封闭期；下发竞赛补充通知。

（四）测试赛前 1 个月，各项器材进场安装并进行检查验收；制订完成测试赛总体工作方案和各部门测试赛工作方案。

（五）测试赛前2周，完成志愿者的通用培训和专项培训工作；完成各种流程和预案的演练工作。

（六）测试赛前3~4天，接待技术官员报到，并熟悉场地器材。

（七）测试赛前2天，接待各运动队报到，并接待各运动队训练。

（八）测试赛正式开始。

（九）测试赛结束后1天，技术官员、运动队离会。

（十）测试赛结束后2天，召开测试赛评估会议、由评估组公布评估意见并提出整改建议工作。

（十一）测试赛结束后1个月，项目竞赛委员会积极整改，执委会检查验收。

［资料来源］2019年武汉第七届世界军人运动会档案资料。

二、赛时组织

赛时竞赛组织工作主要包括组织比赛、兴奋剂检测、仲裁、成绩统计与公布、体育展示与颁奖等。

1. 组织比赛

组织比赛是整个竞赛工作的核心环节。竞赛总规程是竞赛组织的根本遵循，规定了赛事的赛程、比赛资格、名次录取与奖励等。比赛的直接参与者包括运动员、裁判员、教练员、技术官员及其他辅助人员等。大型综合性体育赛事比赛组织工作一般包括运动员报名、资格审查、抽签或编排、检录、正式比赛（预赛、复赛、决赛或小组赛、半决赛、决赛等）。

2. 兴奋剂检测

反兴奋剂的目的是保护体育运动参加者的身心健康，维护体育竞赛的公平竞争。国家体育总局2015年开始施行的《反兴奋剂管理办法》指出，兴奋剂是指年度《兴奋剂目录》所列的禁用物质和禁用方法，兴奋剂违规包括以下情形。

（1）检测结果呈阳性；

（2）使用或者企图使用兴奋剂；

（3）逃避、拒绝或者未能完成样本采集；

（4）违反行踪信息管理规定；

（5）篡改或者企图篡改兴奋剂管制环节；

（6）持有禁用物质或者禁用方法；

（7）从事或者企图从事兴奋剂交易；

（8）对运动员施用或者企图施用兴奋剂；

（9）组织使用兴奋剂；

（10）使用兴奋剂违规人员从事运动员辅助工作；

（11）其他法律法规或者国家体育总局的规范性文件明确将其规定为兴奋剂违规的行为。

兴奋剂检查包括赛前检查、赛外检查和赛内检查，主要工作内容包括制订检查要求和处罚方案，购置相关设备、器材等，样品收集、传送、检测、结果管理、监督与处罚等。

3. 仲裁

体育仲裁是体育活动中发生纠纷的双方当事人，自愿将纠纷事项交由体育仲裁机构进行裁决，各方自动履行裁决义务的解决体育纠纷方式，是根据仲裁法规和体育法规建立起来的一项制度。国际体育仲裁法院（CAS），是一个专门为解决体育纠纷而设立的国际性仲裁机构，总部位于瑞士洛桑，在纽约和悉尼设有分院，该仲裁院的仲裁员都是高水平的法学家，在国际体育界得到很高的认同。

大型综合性体育赛事一般设立仲裁委员会，仲裁委员会由专长于仲裁和体育法律的人员组成，仲裁委员会根据竞赛规则，受理有关争议并作出有约束力的裁决。

4. 成绩统计与公布

成绩统计与公布是竞赛组织工作的重要组成部分，是宣布体育赛事最终成绩的一项专业性较强的工作。成绩统计与公布工作主要包括成绩统计，成绩超、创、平纪录，成绩查询与公布等。大型综合性体育赛事由于赛事项目众多，受关注度较高，必须建立快捷准确的成绩信息系统，在比赛现场、指挥中心、新闻中心，以及各代表团住处等都应建立成绩查询与公示终端。

成绩统计与公布的一般工作流程如下。

（1）竞赛管理部门制订各类竞赛成绩表，报赛事组委会审批；

（2）每场比赛结束后，成绩公告由裁判长（或竞赛规则规定的其他技术官员）签字确认，由竞赛管理部门核对公布；

（3）创纪录的由竞赛管理部门报赛事组委会后，按赛事或国际单项组织有关规定程序进行申报；

（4）比赛成绩册由竞赛管理部门编印分发。

5. 体育展示与颁奖

体育展示与颁奖是大型综合性体育赛事的重要组成部分，通过运用音频、视频和表演等元素营造赛场文化氛围，举办表彰运动员所获成绩的庆祝仪式，展现主办方地域文化与赛事文化。音频元素包括总开场音乐（体育展示标志音乐）、运动员入场音乐、裁判员和运动员介绍音乐、信息通报音乐、提示音音乐、颁奖仪式系列音乐、比赛结束音乐、观众退场音乐等。视频元素指在所有竞赛场馆的现场大屏幕播放的视频内容，以及在记分屏幕上显示的动画、图标和文字的设计内容。表演元素指在比赛开场、退场和间歇期，为烘托赛场气氛进行的文化体育表演。

体育展示与颁奖工作包括制订具体实施方案和颁奖仪式规则、程序、统计奖品及颁奖辅助用品种类及数量、设计各类音视频、布置颁奖环境、制订颁奖嘉宾邀请方案等。

体育展示和颁奖的一般工作流程如下。

（1）竞赛管理部门制订体育展示与颁奖工作方案，报赛事组委会批准；

（2）竞赛管理部门负责组织实施颁奖人员的选拔和培训使用；

（3）竞赛管理部门负责制订奖牌、奖杯、吉祥物或证书的设计，报赛事组委会批准后，再行制作、分发；

（4）竞赛管理部门负责制订颁奖仪式规则、程序及组织实施；

（5）竞赛管理部门负责制订嘉宾邀请方案，邀请嘉宾为获奖运动员颁奖；

（6）按照颁奖仪式规则和流程，升获奖运动员所在国家国旗，奏其所在国家国歌。

第七届世界军人运动会颁奖仪式流程与播放脚本		
（个人或团体项目——两位嘉宾）		
时间	播放词	备注
颁奖开始	提示音	颁奖音乐 01
颁奖开始	女士们先生们，第七届世界军人运动会__________（比赛项目名称）项目颁奖仪式现在开始	静帧画面
颁奖开始	停顿 3 秒	
颁奖开始	有请获奖运动员（代表队）、颁奖嘉宾入场	静帧画面
颁奖开始	入场音乐	颁奖音乐 02 渐入
颁奖开始	出席本场颁奖仪式的嘉宾是：__________ 例：来自坦桑尼亚的国际军体军运会事务副主管，×××上校； 例：来自中国的游泳项目竞赛委员会主任×××女士 （中文播报嘉宾的国家、职务、姓名、军衔、先生/女士依次排列）	颁奖嘉宾站定后开始播报，同时入场音乐减弱
颁奖中	颁奖音乐	介绍颁奖嘉宾，播报结束后，颁奖音乐 03 起
颁奖中	获得铜牌的是__________ 例：×××中尉，来自中国空军 （中文播报按运动员的姓名、军衔、国家、军种依次排列）	若获奖运动员曾获 CISM 世界军事运动会或奥运会奖牌，又或打破、追平 CISM 纪录，则需增加播报
颁奖中	有请颁奖嘉宾为获得铜牌的运动员颁发奖牌	静帧画面/直播画面
颁奖中	有请颁奖嘉宾为获得铜牌的运动员赠送吉祥物	静帧画面/直播画面
颁奖中	获得银牌的是__________ 例：×××少校，来自中国海军 （中文播报按运动员的姓名、军衔、国家、军种依次排列）	若获奖运动员曾获 CISM 世界军事运动会或奥运会奖牌，又或打破、追平 CISM 纪录，则需增加播报
颁奖中	有请颁奖嘉宾为获得银牌的运动员颁发奖牌	静帧画面/直播画面
颁奖中	有请颁奖嘉宾为获得银牌的运动员赠送吉祥物	静帧画面/直播画面

续表

第七届世界军人运动会颁奖仪式流程与播放脚本		
颁奖中	获得金牌的是＿＿＿＿＿ 例：×××中校，来自中国陆军（曾获×××赛事×牌，并打破了国际军体×××项目纪录） （中文播报按运动员的姓名、军衔、国家、军种依次排列）	若获奖运动员曾获CISM世界军事运动会或奥运会奖牌，又或打破、追平CISM纪录，则需增加播报
颁奖中	有请颁奖嘉宾为获得金牌的运动员颁发奖牌	静帧画面/直播画面
颁奖中	有请颁奖嘉宾为获得金牌的运动员赠送吉祥物	静帧画面/直播画面
颁奖中		嘉宾归位站定后颁奖音乐03减弱至静音
颁奖中	女士们先生们，请起立，升国旗，奏＿＿＿＿＿（金牌获得者国家）国歌	静帧画面/直播画面
颁奖中	请坐下	静帧画面/直播画面
颁奖中	停顿1秒	
颁奖中	让我们以热烈的掌声向获奖运动员表示祝贺	静帧画面/直播画面
颁奖结束	退场音乐	颁奖音乐04
颁奖结束	有请颁奖嘉宾与获奖运动员合影留念	两位嘉宾上场站在运动员两侧/静帧画面/直播画面
颁奖结束	再次感谢颁奖嘉宾	静帧画面/直播画面
颁奖结束	再次祝贺获奖运动员	静帧画面/直播画面
颁奖结束	＿＿＿＿＿（比赛项目名称）项目颁奖仪式到此结束	待颁奖嘉宾和运动员退场后播报

第七届世界军人运动会颁奖仪式流程与播放脚本		
（大集体项目——六位嘉宾）		
时间	播放词	备注
颁奖开始	提示音	颁奖音乐01
颁奖开始	女士们先生们，第七届世界军人运动会＿＿＿＿＿（比赛项目名称）项目颁奖仪式现在开始	静帧画面
颁奖开始	停顿3秒	
颁奖开始	有请获奖运动员（代表队）、颁奖嘉宾入场	静帧画面
颁奖开始	入场音乐	颁奖音乐02渐入

续表

第七届世界军人运动会颁奖仪式流程与播放脚本		
颁奖开始	出席本场颁奖仪式的嘉宾是：__________ ×××（国家）的×××（职务），×××（姓名）+×××（军衔或先生、女士）； ×××（国家）的×××（职务），×××（姓名）+×××（军衔或先生、女士）； ×××（国家）的×××（职务），×××（姓名）+×××（军衔或先生、女士）； ×××（国家）的×××（职务），×××（姓名）+×××（军衔或先生、女士）； ×××（国家）的×××（职务），×××（姓名）+×××（军衔或先生、女士）； ×××（国家）的×××（职务），×××（姓名）+×××（军衔或先生、女士）； 例：来自坦桑尼亚的国际军体军运会事务副主管，约瑟夫·巴卡利上校； 例：来自中国的游泳项目竞赛委员会主任周继红女士 （中文播报嘉宾的国家、职务、姓名、军衔、先生/女士依次排列）	颁奖嘉宾站定后开始播报，同时入场音乐减弱
颁奖中	颁奖音乐	介绍颁奖嘉宾，播报结束后，颁奖音乐03起
颁奖中	获得铜牌的是__________队	
颁奖中	有请颁奖嘉宾为获得铜牌的代表队颁发奖牌	颁奖嘉宾5颁发铜牌（颁完后嘉宾返回）
颁奖中	有请颁奖嘉宾为获得铜牌的代表队赠送吉祥物	颁奖嘉宾6赠送吉祥物（颁完后嘉宾返回）
颁奖中	获得银牌的是__________队	
颁奖中	有请颁奖嘉宾为获得银牌的代表队颁发奖牌	颁奖嘉宾3颁发银牌（颁完后嘉宾返回）
颁奖中	有请颁奖嘉宾为获得银牌的代表队赠送吉祥物	颁奖嘉宾4赠送吉祥物（颁完后嘉宾返回）
颁奖中	获得金牌的是__________队	
颁奖中	有请颁奖嘉宾为获得金牌的代表队颁发奖牌	颁奖嘉宾1颁发金牌（颁完后嘉宾返回）
颁奖中	有请颁奖嘉宾为获得金牌的代表队赠送吉祥物	颁奖嘉宾2赠送吉祥物（颁完后嘉宾返回）

续表

第七届世界军人运动会颁奖仪式流程与播放脚本		
颁奖中		嘉宾归位站定后颁奖音乐03减弱至静音
颁奖中	女士们先生们，请起立，升国旗，奏__________（金牌获得者国家）国歌	静帧画面/直播画面
颁奖中	请坐下	静帧画面/直播画面
颁奖中	停顿1秒	
颁奖中	让我们以热烈的掌声向获奖运动员表示祝贺	静帧画面/直播画面
颁奖结束	退场音乐	颁奖音乐04
颁奖结束	有请颁奖嘉宾与获奖运动员合影留念	六位嘉宾上场站在运动员两侧/静帧画面/直播画面
颁奖结束	再次感谢颁奖嘉宾	静帧画面/直播画面
颁奖结束	再次祝贺获奖运动员	静帧画面/直播画面
颁奖结束	__________（比赛项目名称）项目颁奖仪式到此结束	待颁奖嘉宾和运动员退场后播报

［资料来源］2019年第七届武汉世界军人运动会档案资料。

第四节　风险管理

大型综合性体育赛事因参与人数众多、涉及范围广、影响因素复杂多变，不可避免与无法预知的风险可能随时暴发。而风险一旦暴发，带来的损失往往是无法估量的，不仅会影响赛事的成功举办，导致直接的经济利益受损，甚至还可能造成严重的社会与政治事件。竞赛组织过程中，需要通过科学有效的风险识别与评估，准确分析风险来源，制订相应的应对措施，保证赛事的顺利运行。依据风险管理过程理论，大型综合性体育赛事风险管理主要包括风险识别、风险评估和风险应对三个环节。

一、风险识别

风险识别是体育赛事风险管理的基础和重要组成部分，是风险主体对所面临的风险和潜在风险辨别、分析的过程。体育赛事风险具有复杂性、多变性等特征，在风险识别过程中，应注重风险识别的全面性、准确性和重要程度。在对客观存在的、尚未发生的潜在风险因素进行识别时，只有进行系统的调查分析、综合分类，才能将这些风险因素及其特点尽可能全面、准确地识别出来。体育赛事举办过程中，能引起风险的因素有很多，风险引发的后果严重程度也不尽相同，如若对每种风险因素都不加区分，不分重要程度，则会加大风险管理工作量，影响赛事顺利举办，因此风险识别也要区分风险的重要程度。

1. 大型综合性体育赛事风险识别方法

大型综合性体育赛事风险识别方法通常有三种：历史经验判断法、风险核对表法和工作分解结构法。

历史经验判断法：历史经验是确定赛事风险的一项重要参考方法，过往同类赛事举办过程中所积累的数据、资料、经验、教训和工作团队成员的个人知识与判断，都是风险识别的重要参考依据。此外，将赛事风险管理专家和各部门负责人聚集起来，通过头脑风暴，列出赛事可能出现的所有风险及其应对措施。

风险核对表法：风险识别是关于未来风险事件的预测。如果把以往人们经历过的风险事件及其来源一一列举，整合成一张风险核对表，这样就有利于赛事管理者开阔思路，易于识别赛事有哪些潜在风险。风险核对表一般包括赛事资源、赛事工作人员技能、赛事组织管理者和以往同类赛事成功或失败原因分析等。

工作分解结构法：风险识别目标之一是减少赛事组织管理过程中的不确定性，要达到此目标，不仅需要从整体上把握赛事，还需要明确赛事各个组成部分的性质，以及各部分之间的关系等。根据这种关系，将赛事的组织管理工作分解成多个易于管理和掌控的小单元，分析每个单元可能存在的风险并制订相应的应对措施。这种方法根据赛事的特点分解成一个一个的小单元，有利于赛事组织者更加清晰直观地看到整个赛事组织过程中存在的风险。

2. 大型综合性体育赛事风险种类划分

依据发生学原理，以体育赛事风险产生的原因为分类标准，可将大型综合性体育赛事风险种类划分为 3 个层次 27 个方面，见表 4-3。

表 4-3　大型综合性体育赛事风险种类

一级指标	二级指标	三级指标
自然环境风险	灾害类风险	自然灾害 事故灾难
	环境风险	气候条件与环境污染
社会环境风险	社会风险	公共卫生事件 社会安全事件
	政治风险	政治抵制和破坏行为 示威游行 种族宗教
	经济风险	经济危机 融资预算风险 赛事营销风险
赛事组织管理风险	管理风险	风险管理及应急计划不当 缺乏管理培训计划、应急演练
	相关利益群体风险	管理人员 工作人员及志愿者 运动员 教练员 裁判员 现场观众
	赛事相关工作风险	场馆设施风险 交通设施风险 赛程安排风险 兴奋剂事件
	技术类风险	应急指挥中心 电子信息技术中心 安全管理中心 生化武器检测设施

［资料来源］任天平．我国大型体育赛事风险识别指标体系初探［J］．西安体育学院学报，2015，32（4）：441-447.

赛事举办地的自然环境风险包括灾害类风险和环境风险。自然灾害如地震、海啸等；事故灾难如大范围人员踩踏伤亡等；环境风险主要表现为赛事举办期间的气象条件无法满足赛事顺利举办的需要，如大气污染、噪声污染等。

赛事举办地的社会环境风险包括社会风险、政治风险和经济风险。社会风险主要包括公共卫生事件和社会安全事件，如2020年东京奥运会受到新冠疫情的影响；政治风险包括政治抵制和破坏行为、示威游行、种族宗教等，如1984年洛杉矶奥运会受到以苏联为首的16个国家（地区）抵制，2012年伦敦奥运会受到伦敦大批民众游行示威；经济风险包括经济危机、融资预算风险和赛事营销风险，如2012年伦敦奥运会由于未能获得足够的社会支持，英国政府动用总额为20亿英镑的应急资金保证奥运场馆的顺利建设，再如阿迪达斯是2008年北京奥运会的赞助商，李宁作为开幕式最后一棒的火炬手，通过飞天点燃奥运圣火实现了伏击营销。

赛事举办地的赛事组织管理风险包括管理风险、相关利益群体风险、赛事相关工作风险和技术类风险。管理风险主要包括风险管理及应急计划不当、缺乏管理培训计划和应急演练；相关利益群体风险主要是与赛事相关的人群风险，如管理人员的过世、疏忽风险、工作人员岗位职责落实不到位风险、运动员死亡、残疾风险、教练员、裁判员声誉风险、现场观众冲突风险等；赛事相关工作风险主要包括场馆设施建设不合理与维保不及时带来的事故风险、赛事交通风险、赛程安排不合理或备用方案缺乏带来的风险、兴奋剂管理风险等；技术类风险主要包括缺乏应急指挥中心或指挥中心设施设备缺乏、决策体系不健全等带来的风险、电子信息技术及其设施不配套、备用方案不完善、信息传递不完整、不及时等带来的风险、安全监测设施设备不完善和安全风险处置流程不合理带来的风险、生化武器检测技术落后或未经充分验证使用带来的风险等。

二、风险评估

大型综合性体育赛事风险评估是通过定性、定量或两者相结合的方式估计和评价各类风险发生的概率、风险后果的严重程度及风险影响范围的大小等，它是赛事风险识别与风险应对之间的联系纽带，是决策的基础。风险评估有助于赛事组织管理者客观、准确地认识赛事风险，并制订完备有效的应急计划，保障赛事顺利举办。

1. 风险评估目标

大型综合性体育赛事风险评估的指标主要包括风险发生的可能性、风险后果的危害性、风险预测的把握性、风险发生的时间段、对风险的承受能力、风险可换取的收益等。体育赛事风险评估的目的主要有三个方面：一是对赛事的各项风险进行比较和评价，确定风险的重要程度；二是进一步量化已识别风险的发生概率和后果，减少风险发生概率和后果评估中的不确定性，必要时根据赛事进展重新分析风险发生的概率和可能的后果；三是分析不同风险之间相互转化的条件，研究如何更好地控制和预防风险。

2. 风险评估原则

大型综合性体育赛事风险评估过程应遵循以下原则：一是标准性原则，赛事风险评估模型的设计和具体实施应根据国内外相关的标准进行；二是整体性原则，从多角度、多层次对赛事进行评估，以保证评估的全面性；三是准确性原则，赛事风险评估的依据要充分，结果要翔实、准确，以保证赛事风险应对的有效性。

3. 风险评估方法

风险评估方法主要有定性方法、定量方法，以及两者相结合的方法。定性方法主要是赛事组织管理者、相关工作人员、风险管理专家等采用头脑风暴方式来评估赛事可能出现的风险及后果；定量方法主要是通过对可能出现的各类风险进行打分，进而确定风险出现的概率和产生后果的大小等，定量方法可以更加直观地将赛事面临的各类风险进行排序，有助于决策者进行决策。定性与定量相结合的方法就是邀请相关专家、赛事组织管理人员、工作人员等根据赛事风险等级量化表对赛事可能面临的风险进行打分，计算出赛事面临的各类风险值并进行排序。本书依据大型综合性体育赛事风险评估指标，选择三个最重要的指标，即风险发生概率、危害程度和验测能力，给出了一种赛事风险等级量化表，见表4-4。风险值为发生概率、危害程度、验测能力三项指标之积，风险值越高表明赛事面临的风险越大，赛事组织管理者应高度重视。

表 4-4　赛事风险等级量化表

发生概率（P）	危害程度（S）	验测能力（D）	等级	赋分
几乎可以确定	>1/2	可终止比赛，无预兆	绝对不可能	10
概率极高	1/3	可终止比赛，有预兆	几乎不可能	9
高，可重复	1/8	对比赛有极其严重影响	可能性极小	8
较高	1/20	对比赛有严重影响	非常低	7
中等	1/80	对比赛有一般程度影响	低	6
较低	1/400	对比赛影响较小	中等	5
偶尔发生	1/2000	对比赛影响极小	中等偏高	4
低	1/15000	对比赛影响微小	高	3
较低	1/150000	对比赛影响极微小	非常高	2
不可能发生	1/500000	没有不良后果	几乎可以确定	1

注：发生概率、危害程度、验测能力分别分为 10 级，每一级对应一个等级及赋分值。如某类风险的发生概率为极高，危害程度为 1/8，验测能力为对比赛有严重影响，则发生概率、危害程度、验测能力等级分别为几乎不可能、可能性极小、非常低，分别赋予 9 分、8 分和 7 分，则该风险值为 9×8×7＝504 分。

［资料来源］霍德利．体育赛事风险的识别与评估［J］．沈阳体育学院学报，2010，29（6）：58-61.

三、风险应对

大型综合性体育赛事风险应对是指对赛事风险提出处理意见和办法。在对赛事进行风险识别、评估后，根据赛事的要求，决定采取什么样的措施以达到减少风险事件发生的概率和降低损失程度的目的。

第一，制订风险应对预案。将风险评估值从大到小排序，同时将每个风险点分解成一系列的元素，重点对风险评估值较高的风险点元素进行风险分析，以保证重大风险点不会被遗漏或疏忽，随后针对每一个风险点元素制订相应的应对措施。例如，2008 年北京奥运会组委会将赛事风险划分为 8 类事件，共 4000 多种危险源，并进行了详细分析和计算机仿真模拟，提出了比较精确的应急预案。比如在失火的情况下，有多少人需要疏散、需要多大的通道、烟雾扩散的时间是多久、人群疏散需要多长时间、如何救助受伤者、需要投入多少救援人员、是否需要直升机协助等。第二，建立应急反应程序。应急反应程序是面对风险时，对风险进行处理的一般程序和流程，图 4-1 是一般情况下的突发事件应急管理流程。

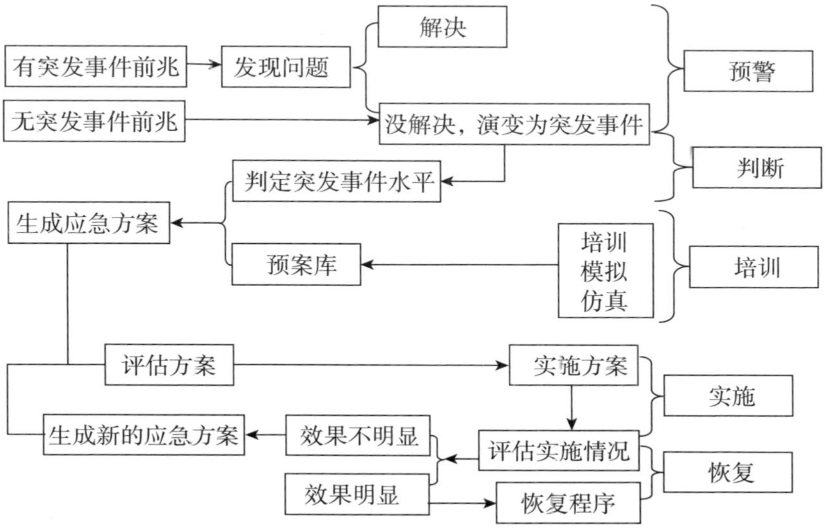

图 4-1　大型综合性体育赛事突发事件应急管理流程

［资料来源］翁建锋，高慧林，关多红．大型体育赛事安全风险评估及应对策略［J］．首都体育学院学报，2010，22（5）：18-22.

1. 2020 年东京奥运会新冠疫情防控与应对

从 2020 年 9 月开始，日本政府及东京奥运会组委会将应对新冠疫情列为特别议程。2021 年 2 月，东京奥运会组委会发布了第一版《疫情应对措施手册》，4 月发布了第二版，6 月发布了第三版，东京奥运会赛事期间执行第三版《疫情应对措施手册》。

东京奥运会疫情防控与应对的主要思路是构筑防疫“泡泡”，将运动员等参会者封闭于奥运相关场所，隔绝病毒传播至奥运会赛场的可能性，总体思路见图 4-2。防疫“泡泡”的对象主要有三类人群：一是运动员及教练员、裁判等比赛参与者；二是会场工作人员、媒体记者等赛事相关人员；三是现场观赛者（后因日本国内疫情压力而取消）。防疫“泡泡”封闭保护的场景主要有三类：一是海外入境（海关）或国内参赛（国内交通）；二是奥运村及酒店、练习场、比赛场等会场；三是相关人群在前两种场景中的移动过程（交通）。

防疫“泡泡”将赛事的主要场景保护起来，无论是从海外入境还是日本国内的参赛者或赛事相关人员，都要提前进行健康观察和核酸检测，并在入境时进行体温和唾液抗原检查。通过检查后，相关人员在参赛期间活动范围将严格限制在“泡泡”中，与外界隔离，除了需要在酒店完成 3 天隔离外，入境 14 天内的活动范围只限于赛场、训练场和住宿场所。

赛事期间，赛事相关人员每天定时进行抗原检查，一旦发现出现疑似的情况，将在大赛内医疗机构进行隔离和再次检测，阳性确诊病例将转移至外部指定疗养机构（酒店）或医疗机构隔离疗养。确诊者出现症状前 2 日与其在 1 米距离内持续接触 15 分钟的人员，视为密切接触者，将由专家咨询小组对其健康情况和 PCR 检查结果进行判断，以决定是否允许其继续参赛，或者进行隔离观察。

防疫“泡泡”

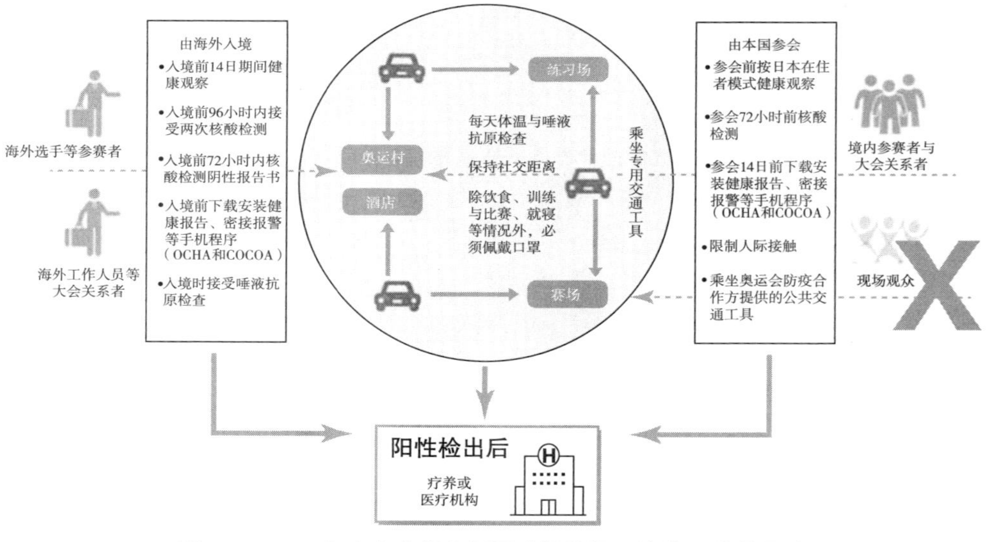

图 4-2　2020 年东京奥运会新冠疫情防控“泡泡”总体思路

［资料来源］李玲飞．如何有效构筑防疫“泡泡”：东京奥运会新冠疫情应对的经验与教训［EB/OL］［2021-08-19］．https://www.163.com/dy/article/GHQ1OCA20519D88G.html.

东京奥运会疫情防控与应对措施有效保障了赛事举办期间的安全，没有出现与奥运会相关联的大规模传染。东京奥运会期间，参赛相关人员超过 4 万，从 7 月 1 日到奥运会闭幕，相关确诊人数仅有 436 名，其中绝大多数是承包商雇员（三分之二左右）及其他工作人员。居住在奥运村的运动员和代表团成员确诊仅 32 人

（含2名残奥会运动员及代表团官员）。且在发现阳性确诊病例后，东京奥运会组委会组织相关部门迅速采取措施，病毒传播被迅速控制在个人或者很小范围内，密切接触者没有阳性病例出现，奥运村内也没有出现聚集性传染。

2. 2021年第十四届陕西全运会新冠疫情防控与应对

2021年第十四届陕西全运会是新冠疫情暴发以来，国内举办的规模最大的体育赛事，是北京冬奥会的实战预演。疫情防控是成功举办陕西全运会的重要前提。陕西全运会主要通过三类措施来构建系统完备的疫情防控与应对体系。

一是提出涉赛相关人员疫情防控的基本要求。所有适龄人员（根据国家政策随时调整）在抵陕、参赛、观赛前14天完成新冠疫苗全员接种；所有涉赛人员提供抵陕或开赛前48小时内核酸检测证明，观众提供观赛前72小时内核酸检测证明，入场观赛时随身携带；连续14天健康监测正常；提交健康承诺书。

二是利用信息化手段实现远端疫情防控。陕西全运会组委会开发建设了“十四运会和残特奥会疫情防控管理系统”，该系统于2021年7月5日上线运行，微信小程序“陕西全运通平台”（图4-3）同步发布。通过管理系统，主要实现十四运会和残特奥会所有涉赛、观赛人员疫情防控信息的注册、审核、健康管理、行程轨迹（疫情中高风险地区旅居史）查询、扫码、数据分析、密接排查等功能，利用信息化手段，最大限度减少人工现场核验，实现系统自动核验、远端防控、进入比赛场馆无感通行。

2021年第十四届陕西全运会疫情管理系统（全运通平台）运行流程与主要功能

1. 注册

所有涉赛、观赛人员，均需至少在抵陕或开赛前14天实名注册“陕西全运通平台”。

2. 健康打卡

所有的涉赛、观赛人员，在抵陕或开赛前14天完成系统实名注册后，每天应登录小程序页面，在“健康打卡”处进行个人体温监测、健康打卡，连续的健康打卡才能保证个人疫情信息的正常。

3. 上传疫苗接种证明和核酸检测报告

若系统无法自动获取个人疫苗接种和核酸检测信息，则需要个人提前上传本人疫苗接种证明和核酸检测证明。新冠疫苗要求为适龄人员抵陕或开赛前14天完成新冠疫苗全员接种，核酸检测要求为所有观赛人员抵陕或开赛前上传个人72小时内的核酸检测阴性证明。上传完成系统会进行审核，完成上传和审核才可以顺利进场观赛。

4. 随行码功能

带小孩的观众及不会使用智能手机的观众可以使用系统“随行码”功能，由同行人员进行注册和信息上报。

在进场观赛前，所有的涉赛、观赛人员，应保证个人核酸检测、疫苗接种、防疫健康信息、中高风险地区打卡4项全部完成，并生成绿色个人电子全运码，才可以顺利进场。

图4–3　陕西全运通微信小程序

三是做好参赛涉赛人员封闭式管理。在比赛场馆内，根据赛事特点和运动类型，将比赛场馆划分为封闭管理区域和非封闭管理区域，封闭管理区域只允许运动员、技术官员等必要人员入内。非封闭管理区域为观众、服务人员活动区域，观众按票就座，服务人员在指定区域活动。同时在场馆制订各类人员流线，划分区域、避免出现交叉。在全运村和定点接待酒店，入住人员和服务人员在赛事期间进行封闭式管理，不能私自外出，外出采取团进团出、专车接送、直达场馆等措施，确保涉赛人员安全。

此外，陕西全运会还构建了赛事的医疗保障体系。赛事医疗保障体系由全运村、比赛场馆、接待酒店医疗服务网点、急救转运机构和定点医院等部分构成。医疗服务网点包括全运村的运动员村医疗服务中心、技术官员村医疗站、媒体村医疗站等，提供 24 小时内、外科等常规诊疗及急救服务；比赛场馆的运动员医务室和观众医务室，根据现场观众人数等设置观众席、运动员区等多个医疗服务点；接待酒店内设医务室，24 小时提供常见病多发病诊治和转诊。急救转运体系包括各市 120 急救中心和直升机紧急医学救援机构，120 急救中心承担从比赛现场、接待酒店或全运村到定点医院的患者转运任务，直升机承担部分距离城区较远、比赛线路较长户外赛事的现场保障，以及各地重症患者向西安紧急转运的任务。定点医院主要以全省各三级综合医院为主体，共确定定点医院 95 家，承担比赛现场、接待酒店、全运村等的现场保障任务，同时承担着后方收治患者的职责。

［注］2021 年第十四届陕西全运会票务工作新冠疫情防控与应对见附录 3。

3. 2022 年第 24 届北京冬奥会新冠疫情防控与应对

面对新冠肺炎疫情蔓延的不确定性，北京冬奥组委与国际奥委会建立了会商工作机制，与各利益相关方密切沟通，本着对运动员、对奥林匹克大家庭等所有利益相关方生命健康高度负责的态度，把疫情防控放在首位，发布了《北京冬奥会防疫手册》，以实现安全如期办赛的目标。北京冬奥会疫情防控应对措施主要有以下几个方面：

一是疫苗接种政策。执行严格的疫苗接种政策。北京 2022 年冬奥会和冬残奥会参赛运动员疫苗接种“应接尽接”；其他人员执行“二选一”政策，即来华前 14 天完成全程疫苗接种者，入境后直接进入闭环管理；未接种或未完成全程接种的，入境后进行 21 天集中隔离观察。世界卫生组织或相关国际组织认可，以及相关国家/地区官方批准的所有疫苗均被承认。

二是赛时闭环管理政策。从 2022 年 1 月 23 日至冬残奥会结束，实施闭环管理，以确保冬奥会的安全举办。闭环管理涵盖抵离、交通、住宿、餐饮、竞赛、开闭幕式等所有涉冬奥场所。在闭环内，参与者将只能在冬奥会场地间活动，参加与本人训练、比赛和工作等有关活动。闭环内将使用冬奥会专用交通系统。

三是观众政策。北京冬奥会不面向境外观众售票，仅面向境内符合疫情防控相关要求的观众售票。境内观众需要遵守疫情防控要求。

四是住宿政策。除运动员和部分随队官员入住冬奥村外，所有注册人员均入住北京冬奥组委签约饭店，遵守北京冬奥会疫情防控要求。

五是核酸检测。所有进入闭环内的境内外冬奥会参与人员和工作人员均进行每日核酸检测。此外，北京冬奥组委还为无法独立预订赛前或赛时航班的冬奥会各利益相关方提供帮助。

第五章
CHAPTER 5

大型综合性体育赛事信息管理

当前，信息化已成为大型综合性体育赛事发展的重要特征，它影响着赛事市场开发各种权益回报的效果。体育赛事信息化是指通过物联网、云计算、大数据等新一代信息技术，构建数字化、网络化、智能化的赛事服务体系。信息化建设与管理能够显著提高大型综合性体育赛事组织管理效率、提升赛事服务水平，既是大型综合性体育赛事顺利举办的重要保障，也是体现赛会科技含量和举办水平的重要标志。本章在分析信息化与体育赛事内在关系的基础上，提出大型综合性体育赛事信息化建设的基本原则、总体框架与主要内容，指出大型综合性体育赛事信息化管理的具体内容。

第一节　信息化与赛事

信息化已成为当前大型综合性体育赛事发展的主要趋势。近年来，以大数据、云计算、人工智能、区块链、5G 等为代表的新兴技术在奥运会、亚运会、全运会等大型综合性体育赛事中得到推广应用，为赛事带来全新体验，详见表 5-1。

表 5-1　奥运会中的信息科技应用

年份	举办城市	夏季奥运会采用的新技术	年份	举办城市	冬季奥运会采用的新技术
1912	斯德哥尔摩	电子计时器和终点摄影	1948	圣莫里茨	基于光电管技术的摄影机辅助裁判
1936	柏林	第一次电视转播和电影记录	1960	斯阔谷	计算机统计、公布比赛成绩

续表

年份	举办城市	夏季奥运会采用的新技术	年份	举办城市	冬季奥运会采用的新技术
1964	东京	通信卫星转播，电子计算机和电子计时器协助裁判	1994	利勒哈默尔	电子计算机技术设计雪橇
1972	慕尼黑	光电测距、自动测试显示	2002	盐湖城	红外光束、无线应答器
1984	洛杉矶	大型电子信息服务系统	2006	都灵	高清晰数字技术采集和传输
1992	巴塞罗那	全能运动操作系统、首次高清晰度电视转播	2010	温哥华	场馆和赛事导航信息系统
1996	亚特兰大	计算机辅助竞赛组织	2014	索契	4G、无人机拍摄奥运赛事
2008	北京	数码灯、数字多媒体技术			
2012	伦敦	量子水上运动计时器、3D 数码分析系统	2018	平昌	机器人火炬手、5G、自动驾驶技术、专用平板电脑、智能腕带
2016	里约热内卢	4K 高分辨率的摄像转播显示技术、手机 APP 用于赛事服务			
2020	东京	场馆人脸识别、AI 裁判及智能评分系统、AR、VR 及 3D 全息投影、5G、无人驾驶汽车、云计算	2022	北京	人工智能、5G、8K、AI、云医疗、VR、无人机、绝导体超材料保暖技术

［资料来源］1912—2018 年数据：汪海波．奥运会上的科技运用：历届回顾和 2022 年展望［J］．北方工业大学学报，2017，29（1）：87-91.

2020 年数据：搜狐网．东京奥运会黑科技大汇总［EB/OL］．https://www.sohu.com/a/482582817_121124373.

2022 年数据：新华网．更快，更暖，更绚——高新科技将让北京冬奥更加精彩［EB/OL］．http://www.xinhuanet.com/world/2020-09/09/c_1126473197.htm.

一、信息化在大型综合性体育赛事中的作用

大型综合性体育赛事信息化主要是依托赛事的场馆设施、赛事规模、运动项目、参与人数、保障服务等内容和需求，通过 5G、人工智能、物联网、4K/8K

等新一代信息技术，为竞赛、指挥、媒体和公众提供无处不在、全程全时的“一站式”综合信息服务，实现对大型综合性体育赛事赛前筹备、赛时建设运行、赛后转型的智慧化管理，保障赛事高效、有序、科学、顺畅地举办。

1. 为竞赛服务

在报名报项、竞赛编排、裁判工作辅助、成绩采集、现场成绩处理、赛事管理等方面为竞赛服务，保障比赛顺利进行。

2. 为指挥服务

针对场馆分散、信息密集度高的特点，提供各系统状态监控、汇集各方面信息，对指挥决策工作提供技术支持平台，确保赛事期间各方面工作有序进行。

3. 为媒体服务

为现场媒体、电视媒体等各类媒体赛事报道保驾护航。

4. 为公众服务

通过现场大屏成绩显示、电视字幕成绩显示、官方网站成绩报道等不同方式向现场观众、电视观众、互联网观众等提供及时、全面的赛事信息发布服务。

二、科技迸发带来全新赛事体验

（一）前沿体育科技

1. 第五代移动通信技术

随着5G商用的开展，未来将加速推动在高清视频、自动驾驶、智慧物流等领域的融合创新应用，真正推动数字创新从“互联网+”到“智能+”。5G可以很好地支撑无人车自动接泊、赛事4K/8K高清视频直播、VR/AR智能观赛、无人机物资配送等应用。

2. 云计算和大数据

云计算、大数据的融合发展为赛事带来全新体验。云计算可以提升大数据的使用价值，满足大数据的大容量、高速率、安全存储的要求，同时也可以提升赛事大数据分析理解能力和数据挖掘能力，进一步提升赛事指挥水平。

3. 场馆边缘计算（VEC）

场馆边缘计算是在场馆部署边缘计算服务器，为场馆内用户提供各种增强式服务能力。通过 VEC 的部署，一方面可有效减轻观众终端的处理负担，用户使用手机等终端产品享受更加专业级的质量服务，另一方面还可以显著降低数据传输处理延时，有效提高 VR/AR 等增强型服务的呈现能力。

4. 区块链技术

区块链是分布式数据存储、点对点传输、共识机制、加密算法等计算机技术的新型应用模式，具有去中心化存储、信任共享、加密安全三个技术特征。区域块技术可应用于食品溯源和物流运送等赛事场景中，保障运动员食品及物资的安全性。

5. 定位导航技术

北斗卫星导航是我国自主建设、独立运行的卫星导航系统，是继 GPS、GLONASS 之后第三个成熟的卫星导航系统。北斗技术具有导航与通信紧密结合、高可靠性、厘米级定位等独有特色技术。北斗导航技术可服务于车辆定位导航、户外赛事人员及物资定位等。

6. 4K/8K 高清视频

4K/8K 高清视频已经广泛用于各大国际赛事及展会，并且在军工、医疗、应急服务等方面均有涉及。通过 5G 技术与 4K/8K 视频的融合，将快速补齐传输速度的短板，可为赛事提供 4K/8K 高清视频直播服务、安防监控服务等，在提升观赛体验的同时，更好地保障场馆安全。

7. Wi-Fi6

和上一代 WiFi 技术标准相比，WiFi6 的数据传输速度提高了四成，能够支持增强和虚拟现实（AR/VR）所需的高带宽数据传输要求，扩大网络容量。在赛事场馆内，可采用 WiFi6 作为高带宽的承载网络，给智慧观赛（AR/VR）提供高速率低延时的技术支撑，为观众带来更震撼的观赛体验。

（二）智慧场馆

从国内外综合性体育场馆信息化建设的成功经验来看，智慧场馆信息化以场地信息化工程为基础，以极致的观赛体验、优质的赛事服务及智能的场馆运营为核心，实现场馆信息化、智能化、数字化三大目标。

1. 智能辅助裁判

智能辅助评分。体操、跳水等主观评分项目引入智能辅助裁判系统，基于裁判的评价要求建立评分体系，在赛时做出辅助裁判。

智能辅助计时。结合“5G+北斗高精度导航卫星系统”可实现户外运动赛事（如竞走、马拉松、公路自行车等项目）的自动计时记分和运动轨迹记录。

比赛动态信息显示。利用“AR+边缘计算技术”在场馆内向观众实时提供个性化比赛动态信息，如运动员实时排名、职业生涯、比赛规则、进程等各种信息。

2. 智能辅助比赛

户外赛事，如竞走、马拉松和公路自行车等项目中可通过 AR 眼镜呈现比赛道路导航、运动员生理数据等，便于运动员掌握比赛信息并调整自身的比赛节奏。

3. BIM 综合应用

场馆 BIM 三维视图。通过 BIM 模型实现场馆内空间的三维查看，统筹管理场馆各功能房间的分配、使用状态和设备情况。通过模型与门禁、设备设施、场地使用、智能停车等系统的联动，三维显示场馆室内外区域分布、各房间的温湿度、二氧化碳浓度、空调启停、照明、功能用房使用情况，以及赛事工作人员动态分布等情况。

场馆 BIM 三维流线设计。基于 BIM 三维模型，进行精准的场馆运营流线设计，对运动员、贵宾、工作人员、观众作业流线规划、动态仿真，实现设计、规划、实施的全过程可视化模拟，确保场馆运营各类流线无交叉，为赛事有序运行打下扎实基础。

4. 智能定位

基于 5G、WiFi、声波定位等最新定位技术，在主体育场、运动员村等重要场馆建设场馆定位系统，对场馆内的关键设施进行定位，同时利用“办赛移动客户端”对工作人员和志愿者进行定位管理，赛事指挥管理者通过智能定位实现对工作人员、志愿者的工作状况进行远程点检，实时监控各类人员的岗位就绪状态。同时，场馆室内定位系统与“服务移动客户端”的整合应用，可以让观众通过室内导航快速找到场馆出入口、纪念品售卖点、卫生间等，实现对可租赁物品的跟踪定位，如 VR/AR 眼镜、儿童推车等。构建基于室内定位的电子围栏，用于运动器材堆放管理，对于超出范围的人、物进行监控和温馨提醒。

（三）智能观赛

1. VR/AR 沉浸式观赛

VR/AR 是近眼现实、感知交互、渲染处理、网络传输和内容制作等新一代信息技术相互融合的产物。

通过“5G+VR”技术实现 360°沉浸式体验直播。场内由媒体或运营商架设 360°全景摄像机，场内外观众可通过轻量化的 VR 和 5G 高速率低延时网络实现沉浸式的赛事观看。基于高速网络实现赛场的 VR 直播与点播，为现场观众及家庭用户提供类现场的沉浸式观赛体验，每位观众都将得到第一排 VIP 的视角享受。通过“5G+8K+VR”进行录制播出，现场观众可以通过手机、PC 及 VR 头显等多种方式体验观看，尤其是 VR 头显用户可以体验沉浸式观看。

2. 超高清视频

（1）4K/8K 直播/点播

当前视频技术正经历从高清向超清（UHD）的演进。4K 超高清、8K 超高清的画面分辨率分别为高清的 4 倍和 16 倍。5G 是超高清视频的理想载体，能够满足 4K/8K 超高清视频的传输需求。

8K 高清摄像机拍摄实时画面，经 5G 基站、核心网及传输省干专线，直接回传到赛事现场 8K 高清显示屏，呈现 8K 高清画质。

（2）全景无人机媒体

5G 技术的高带宽、低延时、高容量、低功耗等优势，能为无人机的自主飞行、超视距远控制、大数据传输、集群控制等提供高分辨率视频传送。

搭载 5G 通信技术模组的无人机可实现基于 5G 网络传输叠加无人机全景 4K 高清视频的现场直播。在无人机上配置 4K 高清镜头、广角高清镜头、360°VR 摄像机，利用无人机部署低空机位或规划路线进行跟随拍摄，通过图像处理和分发，实现空中视角远程现场直播。

3. 多角度观赛

360°自由视点。特定目标 360°（旋转角度拍摄摄像机配置）随意看，针对一个目标点进行全方位观看。通过拖动屏幕实现拍摄物体的全息视角，比如通过拖动旋转观看运动员的正面、侧面。

高清伸缩观看。用户通过对播放窗口进行简单的缩放操作，可自由地对视频局部进行放大或缩小，实时追踪画面细节。

运动员视角追踪。通过安装在运动员身上的传感器、高清摄像头和通信模块，将比赛数据通过 5G 网络实时传送，观众通过设备以运动员第一视角观看比赛。

三、大型综合性体育赛事信息化应用实例

（一）2022 年第 24 届北京冬奥会信息化应用

1. 科技辅助训练

北京冬奥会备战期间，许多高科技手段被应用于运动员训练的各个环节，在人工智能、大数据和物联网技术的帮助下，竞技体育的“训练—科技助力—保障”的新模式已经形成，并成为冬季项目补齐短板、实现跨越式发展的关键因素。例如，在我国自主开发的风洞实验辅助训练系统中，借助风洞模拟技术，不仅可以进行实验研究，还能够开展冰雪项目辅助训练；通过全景 VR 滑雪模拟器，构建数字化虚拟训练场地环境，为高山滑雪和单板滑雪运动员提供不同地形和雪地条件的模拟，运动员在室内就能够以真实的滑雪速度和重力体验完成训练，提高比赛适应能力；多种不同动作捕捉技术被广泛应用于运动员的技术动作采集与分析，为运动员精细打磨技术动作提供有效助力。

2. 赛事直播与转播

北京冬奥会采用了“5G+8K”的直播技术，观众可以随时随地收看高清转播，并可通过移动终端的社交软件将精彩画面实时地与亲友分享。同时，北京冬奥会也实现了“5G+VR”转播，通过 VR 技术带来的 360°观赛视角，观众可以自由旋转视角观看比赛，实现身临其境的现场感。在 VR 中，观众不仅可以看到完全真实的比赛场景，甚至可以达到超越现实的体验。在观赛过程中，针对用户的

喜好，通过对场馆环境及运动目标的识别，叠加多种数字化信息，实现个性化观赛体验，达到更好的观赛效果。

3. 抵离信息系统

抵离信息系统是北京冬奥会信息管理工作的重要组成部分。抵离信息系统建立在大数据、云计算等信息技术基础上，以多系统无缝衔接、数据共享等手段，收集、管理和使用包括运动员及随队官员、奥林匹克大家庭成员和贵宾、国际单项体育联合会、媒体、转播商、市场合作伙伴等约 3.2 万名奥运会客户群及随行物品的抵离信息，在“两机场、三赛区”之间进行统筹协调运行，抵离服务质量关乎奥运会利益相关方对北京冬奥会的第一印象。

赛时，抵离信息系统为各奥运保障单位和业务领域提供数据服务，提高保障服务质量和运行水平。赛后，抵离信息系统被用于民航系统重大航空运输任务保障工作。

4. 气象数据中心与预报服务系统

北京冬奥气象信息网络及业务系统建设是冬奥气象工作最基础的支撑，包括冬奥气象服务支撑环境、多维度预报预警模块、现场气象服务平台、公众气象服务网站、专项服务系统等七个方面。北京冬奥会建成了三维、秒级、多要素的冬奥气象监测网络和分钟级、百米级的预报服务系统，实现了对北京冬奥组委专用信息系统所需的高质量、高频率气象实况数据传输，为不同外部冬奥客户群体提供了赛场、赛道、转场交通通道及其他关键区域时间上精确到分钟级、空间上精确到百米级的气象监测、预报、预警产品及专项服务产品，为公众提供了权威、统一、个性化的冬奥气象信息服务。

在京冀两地气象数据支撑环境的基础上，北京冬奥会建立了高速、安全的冬奥气象数据主中心和备份中心，数据实时同步。以冬奥气象数据主中心（北京）为主，汇聚国家级、京冀两地的探测、预报、服务产品等，通过网络专线为冬奥组委提供气象数据及产品。依托现有网络及冬奥赛区网络，建设了一套高速、稳定、安全的冬奥气象信息网络。

此外，北京冬奥会还建立了冬奥多维度预报预警模块，实现了对各赛区场馆定点定量化预报、智能化订正、智能化风险预警的完整支撑；建立了现场服务应用系统，为保障人员开展气象信息可视化分析、专家会商联动，以及气象服务产品的快速制作和发布提供支撑；搭建了国家、省市统一的冬奥气象服务网站。

（二）2022 年第 19 届杭州亚运会信息化应用

杭州亚运会对智能信息化有非常高的需求，其中以建设智能指挥、智能安防、智能安检、智能生活、智能表演、智能场馆、智能语言服务、智能出行、智能观赛九大领域和创新技术应用展示等关键技术问题为重点。

如智能安检领域中，通过引入人工智能分析、大数据等技术，能够缩短安检时间，提升观赛体验。

智能生活领域中，根据运动员和随队官员、注册媒体、技术官员、裁判员的主要生活需求，设计了食、住、购、娱、康五个应用场景的功能需求。吃饭时，实时获取不同群体对应的餐厅位置、用餐流量、每日菜单信息和推荐菜谱等；住宿时，提供机器人管家、无感式楼层指引等服务；购物时，亚运村内所有消费支付场景实现无感支付（人脸或芯片技术）。

智能表演领域中，将裸眼 3D、全息成像、VR、5G、大数据、AI 等前沿技术应用到开闭幕式、文化展演等大型活动中，给观众留下印象深刻、令人难忘的视觉体验。

智能出行领域中，通过车路协同技术，将道路信息提供给出行者，使其实时了解和掌握城市道路交通情况，保障赛事交通安全畅通，提升参赛和观赛的出行效率。

智能观赛领域中，应用 AR、VR、8K 技术，提供沉浸式观赛体验、多视角观赛选择、赛事相关信息辅助选择。

（三）2019 年第七届武汉世界军人运动会信息化应用

军运会不仅带来了一场精彩赛事，更给世界带来了一场科技盛会，在此届军运会上，高科技元素随处可见。

武汉已建成并开通 3700 多个 5G 基站，实现了军运会 35 处场馆设施和重点区域全覆盖，军运会国际广播电视中心（IBC）采用了当前广播电视行业最尖端转播技术，5G 网络提供的千兆接入速率及毫秒级的网络时延，带来全新的参赛、观赛体验。例如，“4K+5G”直播制作覆盖开闭幕式和田径赛场、海军五项的多片赛场，游泳项目进行 8K 演示性拍摄，远程直播技术用于军事五项和羽毛球的转播制作，语音识别和人脸识别的人工智能检索技术，用于更高速有效地查找素材，海军五项竞赛使用“5G+VR”技术，制作实时超高清 360°画面。在军运村 5G 营业厅，军运村 AR 沙盘、5G 360°全景直播、5G VR 互动游戏等 5G 黑科技吸引了不少国内外运动员前来体验，通过虚拟现实技术，就可以模拟进入各种不同的场景。在武汉军运会主媒体中心 5G 传播创新实验室展区，可参与第七届世界军人运动会官方游戏《兵兵突击》，玩家可操控军运会吉祥物“兵兵”开展趣味闯关挑战，在线体验军运会比赛项目。

第二节　信息化建设

大型综合性体育赛事以竞赛服务为核心，重点聚焦赛事的竞赛组织、指挥协调、新闻宣传、公众服务和赛后运营，其信息化建设是以搭建“技术先进、架构合理、经济实用、安全可靠”的信息化应用为总体框架，通过智慧的手段构建全方位精细可视、全流程精确管控、管理规范、标准统一的管理体系，重点建设基础网络、通信服务系统、竞赛信息系统、指挥管理系统、场馆（所）信息化系统、网络和信息安全，以及通用设施设备、运行服务管理等内容。

一、建设原则

1. 统筹规划，充分利旧

大型综合性体育赛事信息化建设涉及的工作领域广、参与建设的相关单位多，必须在建设之初就做好顶层规划，以确保各部门、各业主单位的信息化建设工作在赛事信息服务总体框架下科学、有序推进。同时，应充分利用城市已有的基础设施及智慧化平台，以临时设施为主、固定设施为辅，在以保护环境为前提的原则下，力争在体现办赛水准和城市特色的同时，实现节俭办赛。

2. 成熟可靠，自主可控

根据办赛目标，基础网络、竞赛信息和指挥管理采用目前国际成熟技术，重要设施、网络、信息安全体系和核心应用系统采用自主可控的技术、设备和软硬件进行建设，确保万无一失又精彩纷呈。

3. 竞赛为主，提高效率

坚持把服务竞赛作为信息化建设的根本目的，所有信息化建设工作必须以竞赛为中心，所有资源必须优先保障竞赛需要，在此基础上通过信息化建设提高赛事综合管理效率和服务水平。

4. 建管并重，效益第一

通过多种渠道、采用多种方式全面加强信息化建设中的风险管理、成本管理、服务管理和标准化管理，利用信息技术最大限度发挥赛事的政治效益、经济效益和社会效益。

5. 先进实用，灵活扩展

综合采用云计算、大数据、物联网等新一代信息技术，创新赛事竞赛组织、指挥协调、新闻宣传、公众服务等。赛事网络、基础设施、应用系统采用的技术和方案，应做到与赛事业务紧密结合，适应多种运行环境，并充分考虑赛后运营阶段可能出现的环境和需求变化。系统网络架构设计应做到灵活有弹性，以便于根据实际网络吞吐量和业务需求进行动态扩展，保证提供足够大的负载和大规模用户的并发访问。

二、总体框架

将大数据、物联网、移动互联网、人工智能等前沿信息技术充分融合，以智慧综合管控为手段，以竞赛服务、赛事管理、智慧场馆为重点，积极搭建“技术先进、架构合理、经济实用、安全可靠”的信息化基础架构（图 5-1），构建全方位精细可视、全流程精确管控的一流指挥管理体系，提供高速泛在、全程全时的一流信息服务，推动赛事综合管理效率和服务水平显著提升。

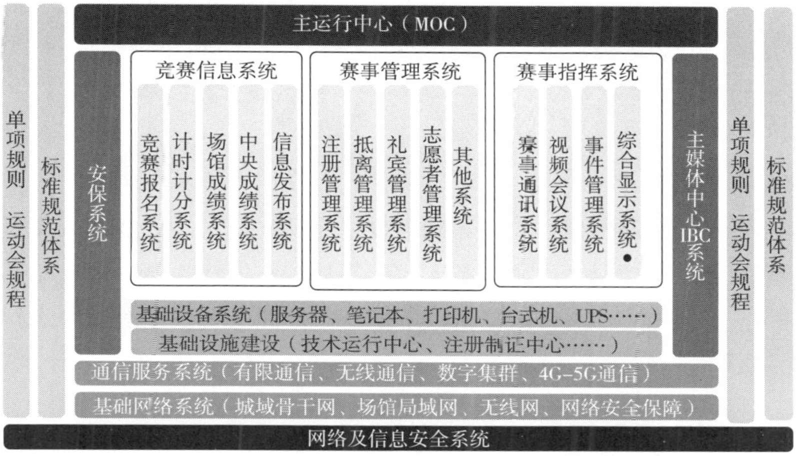

图 5-1　大型综合性体育赛事信息化基础架构

大型综合性赛事信息化建设以竞赛为核心，采用一体化架构，统筹建设，避免重复建设、无序建设，集中搭建集成应用环境，实现竞赛信息采集、处理、发布及进程控制，利用安全可靠的有线专网搭建竞赛信息系统。结合赛事筹备、组织、接待等管理工作需要，建设赛事管理和赛事支持系统，打造高效的赛事管理平台，为参会人员的赛、住、行全流程提供标准统一、流程规范的最优服务。

云：按照多种模式统一搭建绿色集约、弹性扩展的云计算中心，为竞赛信息提供统一规范、开放兼容的公共计算和存储环境。

网：构建有线（竞赛专网、管理专网、转播专网、互联网）和无线（Wi-Fi、5G）网络。

应用：建设竞赛信息系统、赛事管理系统、赛事指挥系统，为赛事管理、行政办公、公众服务和智慧化体验提供有力支撑。

中心：建设主运行中心系统（MOC），实现智能决策、智能调度和综合管理。

三、主要建设内容

大型综合性体育赛事信息化建设涉及范围广，是一项需要各部门广泛参与、协同联动的系统工程，具有技术领域多、参与部门多、管理主体多、工作交叉多、潜在矛盾多等显著特点。考虑到信息化建设的高度复杂性，一般将大型综合性体育赛事信息化建设划分为基础网络系统、通信服务系统、主运行中心、赛事信息系统、赛事管理系统、赛事指挥系统、基础设备设施系统和网络及信息安全系统八个方面内容，通过八大内容建设构建赛事信息化运行体系，为整个赛事提供全面信息化服务。

（一）基础网络系统

基础网络系统是信息化系统的基础平台、提供数据交换的基础条件。赛事信息化系统将利用现有的网络资源，结合赛事的具体要求，为赛事信息化系统的运行搭建一个先进、高速、高效的整体技术平台，保证各子系统的安全运行。基础网络系统主要包括如下部分。

1. 骨干网络

“Ⅰ类应用”是赛事信息化系统对比赛支持的应用，其实时性和安全性要求也较高，需要建设一张赛事专用的有线网络系统（简称 AGIS 专网）来承载这类应用，可采用 MPLS VPN 技术为各类应用系统和信息建立不同的逻辑域隔离的 VPN 网络。

“Ⅱ类应用”关系到赛事组委会组织管理功能，是承载内部办公信息系统的网络基础平台。组委会 ADMIN 专网是赛事服务与管理信息系统的基础，应部署一张高可靠性的、高带宽的专用网络。

“Ⅲ类应用”需要与外界 Internet 建立直接连接，应部署一张可访问外部互联网连接的有线网络，由于可能会受到来自 Internet 的网络攻击，需要在互联网出口部署安全防护设备。

2. 无线网络

无线网络包含场馆 Wi-Fi、5G 无线网等。

Wi-Fi 网络服务于场馆内赛事专用智能终端设备的无线接入，主要满足场馆及室外看台部分工作人员 Wi-Fi 接入需求。各类终端均能方便接入，并提供多用户高速率接入能力，同时保障网络稳定和安全性。

5G 无线网络满足场地参赛选手及所有观众语音及数据流量需求。实现相关场馆、酒店、保障路线 5G 网络覆盖无盲区。

3. 场馆综合（临时）布线

综合布线系统利用现有综合布线资源，实现各专网在场地的部署，满足 AGIS 专网、ADMIN 专网、互联网在各功能用房的接入。场馆机房需根据场馆规模部署接入路由器和交换机，并实现与上层汇聚设备的光纤连接。

场馆临时布线系统是在赛事前夕或举办期综合布线规划时的不明需求和在筹备过程中有变化的需求进行临时布线，在场馆原有固定综合布线系统的基础上进行补充和升级。

（二）通信服务系统

通信服务系统由语音通信系统、公众通信保障及无线电保障三部分构成。

语音通信系统是指通过语音并借助传输媒介进行沟通的系统，常见的有固话通话、手机通话等。赛事筹办过程中，还需要通过广播的方式向特定群体通知相关消息，因此短信平台服务作为语音通信系统的增值服务，也被列入该系统中。

公众通信保障服务应能保障参与赛事的公众，包括观看开闭幕式，参加火炬传递、倒计时等大型文化活动，以及观看比赛等期间，基本的手机语音、移动数据传输等通信服务。

无线电保障用以对赛时使用的无线电频率进行登记，并妥善制订保障管理方案，确保赛时无线设备的使用。

（三）主运行中心

主运行中心（MOC）以竞赛信息系统、赛事管理系统、赛事指挥系统等为支撑，通过标准化接口整合智慧城市的现有应用系统，实现赛事整体运行情况的监管与一体化展示，全方位保障赛事的日常运行管理。

（四）竞赛信息系统

竞赛信息系统是赛事信息化系统的核心组成部分，是一个整合硬件平台、网络通信平台、数据库平台、工具平台、应用软件平台等各类资源，形成一个分工协作、有机统一的高效、完整、开放、先进的竞赛信息处理系统。它担负着赛事准备与运行期间的运动员竞赛报名、比赛现场计时记分、成绩处理、信息发布与查询等多项任务，是确保赛事各项工作高效、顺利运行的技术服务与保障系统。竞赛信息系统一般包括如下部分。

1. 竞赛报名系统

规划、组织和利用必要的资源、系统、程序和方法，获取、登记并核对所有申请参与赛事的代表团人员的个人资料和报名数据，鉴别和确认其参加资格，处理运动员的报名报项信息。

2. 场馆成绩系统

分散在各比赛现场并直接为各项目的竞赛管理和现场比赛服务，包括计时记分系统、成绩处理系统、评论员系统、电视字幕系统。

3. 竞赛视频系统

建立安全、高效的竞赛视频服务，根据比赛项目、比赛场馆和比赛类型的不同，为运动员、教练员、裁判员等提供更加直观的竞赛视频信息和比赛进程，包括竞赛监控系统、仲裁录像系统、竞赛闭路系统、视频直播系统。

4. 中央成绩系统

收集所有场馆成绩系统的竞赛信息（主要是成绩信息），并经过一定的加工处理，对外提供综合赛事信息服务，每一个场馆成绩系统都需要按照中央成绩系统的信息收集与数据交换要求，及时向中央成绩系统提供所需要的信息，包括综合成绩处理、数据通信平台、规范和协议等功能。

5. 信息发布系统

完成广泛的、多格式的、多用户的信息生成和派发工作，为官方网站等订阅者提供统一、规范的数据源，同时也是赛事成员、媒体、公众等获得竞赛信息的主要渠道，包括内部竞赛核查系统、官网竞赛信息发布系统、移动竞赛信息发布系统、信息发布接口等子系统。

（五）赛事管理系统

赛事管理系统采用可靠、先进的技术手段，确保满足赛时运行管理的确切需求。根据赛事的需求灵活配置各管理子系统，一般包括如下内容。

1. 注册管理系统

负责所有参会人员和来宾的注册工作，包括运动员、工作人员、志愿者、媒体，以及其他参加赛事的人员。

2. 抵离管理系统

为赛事所有参会人员提供高效率、高质量的抵离接待服务，保证人员和随身行李或器材出入境顺畅和快捷。

3. 礼宾管理系统

给所有来宾在赛事期间提供准确和适当的服务，确保来宾可以得到符合贵宾身份的高规格的支持和服务。

4. 交通管理系统

赛事期间，保障将所需人员和资源准确、准时、安全地送达目的地。

5. 志愿者管理系统

管理志愿者信息，使志愿者高效地参与赛事的服务工作，以保障赛事顺利举行。

6. 医疗管理系统

对赛事期间相关的医疗事件信息进行收集与跟踪，对医疗处理结果进行登记与报告，为参会人员的健康与安全提供保障；同时对兴奋剂事件进行管理。

7. 制服管理系统

收集制服需求信息，进行分类汇总，生成对应的采购订单，对各供应商供货时间进行把控，对库存进行管理，并依据领用单对制服进行发放。

（六）赛事指挥系统

赛事指挥系统包括赛事通信系统、视频会议系统、事件管理系统和综合显示系统。

1. 赛事通信系统

将指挥、调度、会议、通信等整合到统一的平台，实现领导及各业务处室的管理人员对各业务情况进行掌控，以便针对情况及时发布指令。

2. 视频会议系统

直接服务于竞赛、信息技术指挥工作的通信服务系统，是会议信息交流、应急事务处理、竞赛指挥和组织工作协调的技术支持平台。

3. 事件管理系统

对赛时运行管理信息的收集和处理，包括对事件的筛选、报告、汇总、分析、决策和反馈等。

4. 综合显示系统

综合显示系统是展现在信息技术控制中心电视墙上的末端展示系统。通过接收竞赛信息系统的竞赛数据、视频数据，同时收集基础网络平台的状态监控数据和赛时出现的各种事件及问题的跟踪状态数据，在信息技术控制中心进行动态展示以实现数据可视化。

（七）基础设施设备系统

基础设施设备服务保障系统包括基础设备系统、基础设施建设等，为其他信息技术应用系统提供技术服务和保障。

1. 基础设备系统

包含服务器、计算机、外围设备、操作系统数据库软件等通用设备，以及公共显示屏租用、竞赛对讲设备租用等。

2. 基础设施建设

包含云计算中心、信息技术控制中心（ITCC）、集成测试实验室的建设。

（八）网络及信息安全系统

网络及信息安全系统的首要任务是识别赛事信息化系统及当前信息网络中面临的主要安全威胁及风险，在此基础上进行安全分区设定，选用各类安防策略手段，分别在业务应用层、云平台层、资源接入层、网络通信层、终端接入层进行安全保障，并确保赛事信息安全和基础网络畅通。

第三节　信息化指挥与控制

信息化指挥与控制是大型综合性体育赛事信息化管理的重要环节，它直接决定着赛事信息化建设是否成功、赛事能否顺利举办。大型综合性体育赛事信息化指挥与控制体系包括管理层、运行层和操作层三个层面。管理层是指主运行中心（MOC）；运行层是由具有管理指挥职能的专项运行中心组成，如信息技术控制中心和相关委办局成立的指挥中心；操作层包括竞赛场馆、非竞赛场馆和服务场所等。大型综合性体育赛事信息化指挥与控制流程主要包括情况上报阶段管理流程、决策阶段指挥流程、下达指令阶段指挥流程、指令执行阶段指挥流程、与外部机构的协调流程、各国代表团的协调流程、与城市运行管理的协调流程等。

一、指挥控制中心

（一）主运行中心

MOC 以竞赛信息系统、赛事管理系统、赛事指挥系统等为支撑，通过标准化接口整合现有智慧城市的应用系统，形成无缝对接、数据展示的指挥管理体系，确保赛事指挥管理工作全方位精细可视、全流程精确管控。

MOC 实现运动会整体运行情况的监管与一体化展示，支持通过大屏多维度展示场馆、赛事的各类监测信息，实现监测监控服务，全方位保障赛事的日常运行管理。可利用主运行中心大屏幕作为信息发布展示的终端，展示赛事相关信息、场馆情况信息、安保态势信息等；也可和信息发布系统进行结合，作为全方位的预警信息展示发布平台。MOC 系统能通过设置数据的优先级，对系统内部的数据传输、媒体显示等进行优先传输和优先显示。当紧急事件发生时，可通过媒体中断实现对显示屏播放内容的完全控制。

（二）信息技术控制中心

信息技术控制中心是赛事期间信息技术部的主要办公决策场所，是技术监控系统的核心设施，所有信息技术方面的信息都将汇聚于此。

信息技术控制中心包括指挥大厅、网管中心、配套会议室、配套休息室等。指挥大厅必须具备灯光、音响设施、视频会议配套设备、多台大屏幕显示设备、控制台等基本条件。指挥大厅为职责部门、主要供应商提供各自的工作台，重要的技术系统提供专用显示屏幕，全天候显示其系统状态。

二、运行服务管理

运行服务管理主要指在集成测试、测试赛、联合技术演练和赛事运行等阶段提供相应的运行服务保障，以确保赛事顺利进行。运行服务管理工作主要包括在项目的各个阶段对项目的范围、时间、成本、质量、风险和采购进行相应的控制，以及在各过程合理调配人力资源和设备，以实现更好的服务保障，确保赛事信息化系统顺畅。

（一）集成测试服务

信息系统的集成测试是保障信息系统能够在比赛期间提供不间断现场服务的重要工程环节，也是整个信息系统工程延续最长时间的工程过程，同时还是体现技术部对工程掌控能力的重要检验。为寻求成本与效率的平衡，集成测试的管理将贯彻“目标管理、滚动测试、标准不倒、质量第一”的管理思路。“目标管理”是确定在每个阶段的完成目标，完成的时间可以由工程单位灵活掌握；“滚动测试”是为降低测试成本，各项目将分期分批进入集成测试实验室进行测试，进入集成测试实验室的测试重点是检验结果；“标准不倒”是在测试前要建好测试的标准和案例，在测试大纲的前提下进行测试；“质量第一”是各项目需要按照经过最新的竞赛规则与规程编制应用软件，同时要按照符合性测试期间竞赛专家提出的意见修订软件，保证应用软件的质量和到比赛现场的符合性。

在集成测试之前，需要根据集成测试的特点，编写出可执行的集成测试总体规划方案，同时也要制订出各阶段的执行计划和测试大纲，让各工程单位都有章可循、有法可依、有计划可执行，这样才能够实现管理的科学性和合理性。

集成测试的工作主要在集成测试实验中进行，参加集成测试的各方包括信息技术部业务处室的管理人员、工程监理、测试单位工作人员、建设单位工作人员等，同时还需要邀请相应项目的技术代表或竞赛主任，代表竞赛组织方对系统进行确认，测试通过后各方共同签字确认。

（二）测试赛和技术演练服务

1. 测试赛

测试赛是指单项现场成绩处理系统在正式运行使用前参加的全国或地区性的单项比赛。组委会竞赛部门提前制订测试赛计划，信息技术部在接到测试赛计划后安排相应的测试赛工作。就信息技术部来讲，得到测试赛计划是很重要的。

测试赛规程有些项目与赛事能够保持一致，有些项目则与赛事单项规程不完全一致，因此参加测试赛之前要逐一了解测试赛的比赛规程，在深入了解的基础上形成各项目的参加测试赛方案。规程一样的项目全部参加测试赛并提供现场技术支持与服务；规程不一样的项目则参加项目测试（按照赛事的规程进行现场处理），但不提供现场服务，商量由长期跟随项目的团队提供现场服务。参加测试赛是积累比赛经验、测试系统功能、熟悉工作流程和工作环境的过程。要求现场成绩的技术团队积极配合竞赛组织者的工作，共同完成好赛事信息系统的建设。

比赛前，在深入调研测试赛赛程赛制的基础上，要做出测试赛的规划方案和计划，将该计划提交组委会竞赛部门和工程实施团队，以利于测试赛的组织与管理。测试赛的管理将努力实现四个落实，即“摸底落实、计划落实、人员落实、服务落实”。

2. 技术演练服务

（1）第一次联调——网络联调

第一次联调，即网络联调，调测主要是以连通性为主，要求网络项目承建单位调通从枢纽工程到各场馆工作地点桌面的专网信息点和公网信息点。在联调测试之前需要由网络项目承建单位做出严密可执行的网络联调规划方案，提交技术部进行审核，在得到信息技术部批复后，由网络项目承建单位执行。该项联调方案需要提前一个月提交审批。

网络联调是以网络工程为核心进行网络系统的连通调试，全方位调试骨干网、本地网、场馆网与各特定信息点的网络连通情况，并测试网络性能，特别是网络系统的可靠性和安全性。网络联调期间，应用与服务系统不参加调试工作。

网络联调结束后，要写出网络联调的报告，在报告中需要有网络联调的实际结果数据。同时要马上进入网络系统的整改工作，尽快完善网络的不理想死角和未完工部分，为下一步全系统性能联调奠定基础。

（2）第二次联调——系统性能联调

系统性能联调应在集成测试实验室环境下的技术演练结束和网络联调整改完成以后进行，系统性能联调是以信息技术部为核心进行的系统联调。在联调的一个月前，要完成系统性能联调的可执行计划方案，并让所有参加联调的各领域人员都知道自己的职责和任务，要进行人员的组织和调派、设备的运输安装、现场条件的准备、工作关系的建立、调测计划的细化等各项工作。系统性能联调是网络和应用系统的联合调试，系统技术内容广泛、工作协调量大。联调将有两个轮回，第一天将根据计划进行联调，第二天将进行总结和整改，修正第一天需要修正的内容，第三天进行修正后的联调。

系统性能联调以竞赛信息系统为核心，各单项现场成绩处理系统按计划上传有代表性项目的模拟编排结果和比赛成绩，模拟要求覆盖竞赛全过程。综合成绩处理系统模拟成绩汇总和统计奖牌。综合成绩处理系统打印全部上传文件和统计结果，各单项现场成绩处理系统打印全部比赛用表并统一汇总后，将结果上报信息技术部。

系统性能联调是信息技术部组织的大型调测活动，需要各系统在联调后做出联调报告，信息技术部据此做出本次联调的测试报告提交组委会存档。通常情况下，系统性能联调涵盖了信息系统建设的全部内容，各系统在联调中发现的问题各自消化解决；在发生严重问题满足不了竞赛需要的情况下，信息技术部认为有必要进行再次联调时，应尽快修正问题并及时组织再次联调。

（3）第三次联调——系统合练

合练是以组委会为主体组织的演练，信息系统的合练是配合大会的计划，实现竞赛部要求，信息技术部及相关部门配合进行的试运转。合练必须在网络全部连通、各种计算机设备和计时记分设备到位，并在信息系统联调成功的基础上进行。系统合练将在组委会的统一安排下进行，各单项竞委会在比赛场馆组织按竞赛规程进行部分项目的模拟比赛。计时记分系统和现场成绩处理系统配合竞赛的组织与管理进行工作，同时熟悉竞赛现场的工作流程，为参加正式比赛打下运行基础。

（4）赛事运行保障服务

赛事运行保障阶段则是从赛事开幕到闭幕期间的全系统实际运行阶段。在此阶段，各供应商团队都应在技术部的管理下，构建自己的运行管理架构。在各场馆开赛前一个月，各供应商团队应提前做好设备、人员、工作流程的服务计划。人员根据计划进驻场馆团队后，应在场馆信息技术负责人的带领下，各自进入自己的工作岗位，熟悉工作环境，为赛时系统的运行做好充足准备。除场馆团队外，各供应商还需组成管理和应急团队，赛时在信息技术控制中心及配套的办公区域工作，汇总各单项运行情况，处理应急事件并及时向信息技术部反馈。

第六章
CHAPTER 6

大型综合性体育赛事志愿者管理

大型综合性体育赛事成功举办需要大量的志愿者参与赛事服务工作，志愿者可为赛事提供大量的人力资源、高质量的服务，有助于降低办赛成本。大型综合性体育赛事志愿者的有效管理，是发挥志愿者作用的前提。根据志愿者管理过程，本章将大型综合性体育赛事志愿者管理分为招募、培训和使用三个方面。

第一节　志愿者招募

赛事志愿者招募是开展志愿服务的前提条件，大型综合性体育赛事志愿者招募工作主要包括确定招募选拔流程、招募对象、招募数量、招募方式、选拔方式、选拔时间等方面。

一、志愿者招募基本流程

首先，制订志愿者招募方案和计划。根据实际需求，确定赛事所需的志愿者岗位、任职条件和具体要求，具体包括志愿者数量规模、人员结构、技能需求、服务领域、分布位置、来源单位等。

其次，广泛宣传并发布招募信息。在志愿者招募信息发布的过程中，要充分利用包括新媒体在内的各类媒体平台进行宣传。与此同时，重点对赛事基本情况、赛事志愿者的服务领域、基本条件、权利义务、招募方式、相关待遇和保障措施等进行宣传介绍。此外，还需提供多样化的报名注册途径。

最后，招募选拔，完成志愿者录用。志愿者报名结束后，组委会结合报名情况，进行资格筛查、笔试、面试、情景模拟等环节，选出符合条件的申请人。待招募选拔结束后，要及时把录用信息告知申请者，并签订志愿服务承诺书。

针对通用型志愿者选拔，重点做好报名志愿者的志愿服务经历、基本知识测试、心理素质测试等基础性选拔，利用面试、笔试和情境模拟等方式，进行实战能力和应变能力等综合素质考察，选拔出符合要求的优质志愿者。

针对专业志愿者的选拔，需要在笔试和面试阶段制订相应专业的测试方案，便于为赛事储备合格的专业志愿者。筛选结束后，将申请人与相应需求岗位进行人岗配对，把合适的志愿者落实到各个岗位，进行初步调配。

大型综合性体育赛事志愿者招募基本流程如图 6-1 所示。

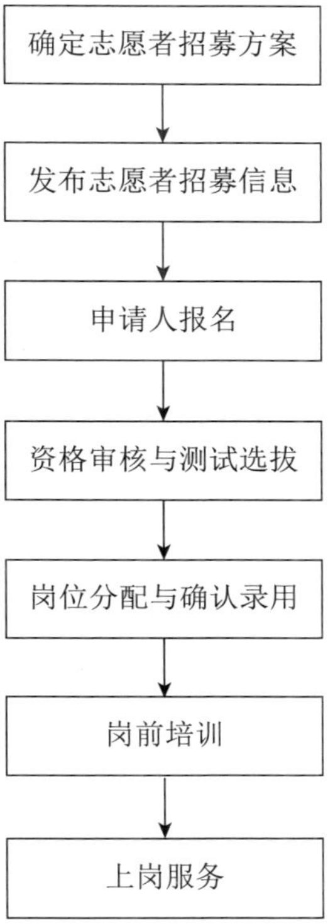

图 6-1　大型综合性体育赛事志愿者招募基本流程

[资料来源] 中体产业内部资料。

二、确定志愿者招募对象

志愿者服务岗位的划分是志愿者招募对象确定的重要依据，应根据不同岗位需求，制订有针对性的志愿者管理计划，明确具体的招募对象。如 2022 年第 24 届北京冬奥会志愿者服务类别包括对外联络服务、竞赛运行服务、媒体运行与转播服务、场馆运行服务、市场开发服务、人力资源服务、技术运行服务、文化展示服务、赛会综合服务、安保服务、交通服务等。

此外，在确定志愿者招募对象时，还需考虑志愿者的来源特点，重点将高校学生作为赛事志愿者的招募对象，研究制订有针对性的工作计划及招募工作方案，提高招募工作效果，为后续志愿者管理工作开展创造良好的条件。

三、确定志愿者招募数量

确定合理的志愿者招募数量是大型综合性体育赛事志愿者项目实施过程中的重点和难点。志愿者数量过多容易造成机构臃肿、人员冗余、效率低下，以及成本过高等不利影响；志愿者数量过少又会造成志愿者工作强度增加、服务质量下降等，影响赛事的顺利举办。此外，确定志愿者数量还要充分考虑志愿者的流失问题。志愿者招募数量确定的准则包括三个方面：一是借鉴往届同类赛事志愿者招募数量；二是汇总赛事各部门人员志愿者需求计划；三是适当增加机动志愿者的数量。历届奥运会志愿者招募的数量见表 6-1。

表 6-1　1998 年以来奥运会志愿者人数

夏季奥运会			冬季奥运会		
年份	举办地	志愿者人数	年份	举办地	志愿者人数
1988	汉城	27221	1988	卡尔加里	9498
1992	巴塞罗那	34548	1992	阿尔贝维尔	60422
1996	亚特兰大	60422	1994	利勒哈默尔	9054
2000	悉尼	46967	1998	长野	32579
2004	雅典	60000	2002	盐湖城	26000
2008	北京	100000	2006	都灵	27000
2012	伦敦	70000	2010	温哥华	25000
2016	里约热内卢	70000	2014	索契	25000
2021	东京	80000	2018	平昌	17300
			2022	北京	39000

［资料来源］国际奥委会官方网站，各届奥运会官方报告、网站。

四、确定志愿者招募选拔方式

（一）招募方式的确定

当前，大型综合性体育赛事招募方式一般包括公开性的社会招募、集中性的组织招募、社会组织招募、定向招募四种。多数大型综合性体育赛事的志愿者招募工作采用以某一种招募方式为主，其他几种招募方式并用的灵活方式，以确保志愿者数量、质量及与岗位的匹配度。

1. 公开性的社会招募

此招募方式充分运用现有的新媒体平台、电视、报纸、宣传栏等传播媒介进行宣传，在全社会广泛开展志愿者招募工作。其优点是辐射范围广、成本低，能够有效满足不同人群参与志愿服务的需要，对志愿服务氛围的营造和良好社会风气的形成具有重要推动作用。缺点是招募周期长、针对性不足，招募到具备专业技能的志愿者概率小。

2. 集中性的组织招募

集中性的组织招募通常借助举办城市政府的公信力，发挥群团组织的动员优势，既能吸引组织体制内部（如高校共青团组织）的成员，又可吸引组织体制外的社会公众，确保了招募工作的效率与质量。

3. 社会组织招募

社会组织招募能够动员已经存在于国家、本地甚至家庭层面的社会团体参与志愿服务。

4. 定向招募

定向招募是指由赛事主办方联合或者委托相关单位，根据招募的基本条件和志愿者需求部门提出的具体需求，按照规定的程序，有针对性地招募一些有特殊技能的志愿者上岗。其优点是风险较小，更有利于招到符合赛事需要的志愿者。缺点是容易导致摊派，志愿者只是被动地完成任务，其参与动机无法实现。

（二）选拔方式的确定

一般而言，大型综合性体育赛事志愿者选拔的流程包括资格审查、初试、复试等。选拔的方法可以为笔试、面试、问卷测试、电话测试等。

1. 资格审查

主要是对志愿者申请人是否符合项目要求进行初选。资格审查的内容包括申请人基本信息的真实性，以及所需技能的具备情况等。

2. 笔试

以书面笔试的形式对志愿者进行测试，测试内容既包括对申请人的智商、情商及心理等方面的测试，又有关于赛事基本情况、志愿服务内容、相关技巧技能的测试等。

3. 面试

为提高面试的可信度，一般设计结构化的面试程序，对申请人进行全面、公平的评价。

4. 绩效模拟测试

主要是针对部分具有特殊技能要求的岗位，模拟实际岗位工作中的真实环境，对志愿者申请人进行仿真测试，以申请人的测试情况作为选拔依据之一。绩效模拟测试一般有工作抽样法和测评中心法等。

5. 综合评价

组委会工作人员和用人部门要对最终合格的申请人进行综合评价，最终确定录用人选。

五、确定志愿者招募时间

合理确定志愿者招募时间，是志愿者项目取得成功的有效保障。志愿者项目规划结束后，要根据赛事的举办日期，适时启动志愿者招募。

招募选拔时间的长短、早晚都非常重要。选拔时间过长，不仅效率低，也会增加成本；选拔时间过短，不仅志愿者考核不充分，工作质量也得不到保证。选拔时间过早，容易出现志愿者因漫长等待而热情降低；选拔时间过晚，会影响到志愿者的培训及后续工作的开展，给赛事带来不利影响。从实践经验和惯例来看，大型综合性体育赛事志愿者招募选拔一般在赛事举办前一年或更长的时间。

［注］2022 年第 24 届北京冬奥会赛会志愿者招募公告见附录 4。

第二节　志愿者培训

志愿者培训是志愿者上岗服务前的必要环节。大型综合性体育赛事志愿者培训包括明确培训目标、设置适宜的培训内容、开展培训考核评估等环节。

一、培训流程

大型综合性体育赛事志愿者培训流程包括培训需求分析、制订培训计划、培训计划的实施、培训评估与反馈四个环节（图 6-2）。

（一）培训需求分析

大型综合性体育赛事志愿者培训工作需要进行需求分析，明确志愿者所应该具备的基本知识、技能等素质，进而明确志愿者的职责。与此同时，要做好志愿者培训的成本预算、培训周期计划等。

（二）制订培训计划

根据前期调研的培训需求，以及赛事对志愿服务的具体要求，培训主办方需要制订详细的培训计划。培训计划须注意三个方面内容：一是要注重培训的普遍性，培训是面向所有的志愿者，因此制订的内容要适用于所有志愿者；二是培训的实效性，确保制订的培训内容能够被志愿者接受，志愿者能够学懂弄通所学习的内容；三是培训的系统性，培训计划要体现一定的标准化，将多个培训目标有机结合，实现统一培训的目的。

（三）培训计划的实施

培训计划的实施是培训工作的关键环节，要根据培训计划内容，落实志愿者的培训时间、培训场地、培训师资等工作。在实际操作过程中，培训主办方也可建立多级培训管理体系，在直接开展志愿者培训的同时也可授权其他多个部门同时开展培训。

（四）培训评估与反馈

培训评估主要包括过程和效果两个方面。过程评估重点考察培训全过程是否按照规定进行；效果评估主要考察培训是否达成目标。

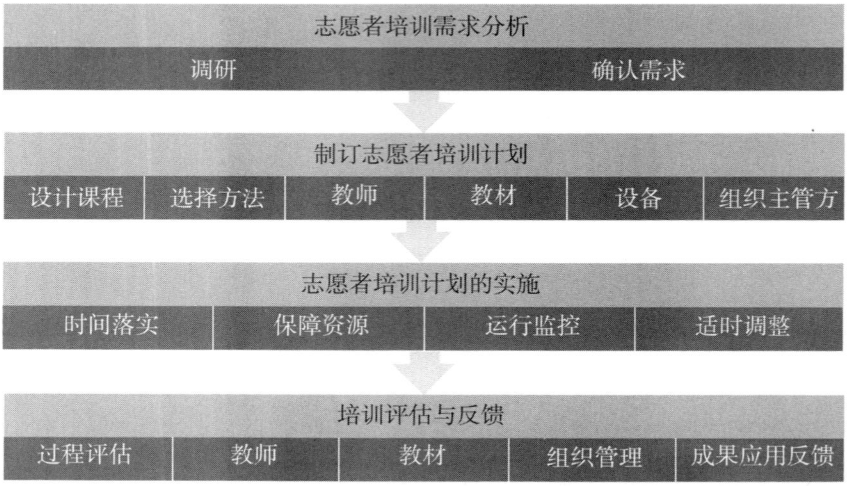

图 6-2　大型综合性体育赛事志愿者培训流程

［资料来源］张娜．大型体育赛事志愿服务项目管理研究［D］．北京：中国矿业大学，2020.

二、培训目标

志愿者培训是指为志愿者传授其完成工作所需的知识、技能、能力和态度的过程。志愿者培训面向所有参加赛事服务的志愿者，其目的是建设一支本领过硬、素质高超的志愿者队伍，为赛事提供充足的人力资源供给，并向赛事提供优质的志愿服务，凸显出赛事人文等方面的核心理念。同时，培养一批能够担当重任的骨干志愿者和志愿者管理人员，确保赛事志愿服务工作的质量。

三、培训方法

（一）引导式培训

引导式培训的核心思想是以赛事对每位志愿者能力需求为核心，使志愿者的服务水平和质量向符合或超过赛事要求标准的培训。引导式培训让志愿者在心理上做好志愿服务工作的准备，对志愿者自身的服务内容和服务方式有所预期，帮助志愿者完善志愿服务的目标。

（二）差别式培训

参与赛事志愿服务的志愿者由于成长环境、家庭状况、学习氛围及个人素质的不同，在参与动机、兴趣爱好、性格特征等方面各有不同，实行差别式培训，有助于发挥每位志愿者自身的专长，发掘每位志愿者自身的潜能，从而为赛事挑选出合适的人才。

1. 按动机不同设计培训内容

由于参加动机不同，志愿者会采取不同的方式方法去解决问题。通常情况下，志愿者会对自己有意愿参加的工作表现出很大的兴趣，对于其他工作则可能会消极懈怠，动机没有得到满足的志愿者可能会在中途退出服务。

2. 按兴趣不同设计培训内容

不同的兴趣在不同志愿者身上会发生不同的作用。对于基层服务工作感兴趣的志愿者，培训时应当按照他们的兴趣，注重他们基层服务意识的培养；对沟通感兴趣的志愿者，培训时应当注意他们在社会交往、沟通方面知识的学习；对管理感兴趣的志愿者，培训时应当注重他们的组织能力和管理能力的培训。

（三）综合性培训

综合性培训适合于那些在完成本职工作之外还有强烈服务愿望的志愿者人群，其目的在于加强志愿者的特殊才能和综合技能。

四、培训对象和内容

大型综合性体育赛事志愿者一般可分为通用型、专业型和骨干型三类。通用型志愿者是指不需要特定的服务技能就可以胜任岗位的志愿者，这类志愿者在整个项目志愿者中人数居多。专业型志愿者主要是服务一些有特殊服务要求的岗位，如颁奖礼仪服务、医疗志愿服务等。骨干型志愿者主要是根据工作任务和性质，结合志愿者日常表现、业务能力和综合素质，推荐产生，他们在完成自身岗位任务的同时，还要参与整个志愿服务团队的建设和管理工作。根据培训对象的不同，相应的志愿者培训有具体的分类，三者培训的侧重点也有所不同。

（一）通用型志愿者

通用型志愿者培训的侧重点是对其进行志愿服务基础知识和基本技能的培训，如应急常识、心理疏导、抗压能力、素质拓展、团队精神、礼仪常识等。此外，培训内容还包括赛事及举办地基本情况，如该项赛事的历史沿革、主办方、参赛规模等内容的普及，举办地城市人文、历史、名胜等信息介绍，让志愿者从整体上了解所服务赛事的重要性和影响力，提升责任感和使命感。

（二）专业型志愿者

专业型志愿者培训的侧重点是为其提供专业知识，进行系统、专业的学习及培训。根据岗位需要，专业型志愿者的培训往往包括场馆培训，使其掌握与其相应服务场馆的比赛知识、场馆及周边的布局、内部设施及有关功能、场馆管理规章制度、观众服务要领等。此外，还需开展测试演练，包括医疗救护、应急处置、测试赛运行等相关演练，提升志愿者实际服务中的适应性和操作水平。

（三）骨干型志愿者

骨干型志愿者多采取相对集中的方式开展培训，如以“训练营”封闭实训、实践演练等方式开展，培训内容要体现骨干志愿者的特点，重点对志愿者沟通技巧、志愿者管理、心理调适等方面进行培训。

大型综合性体育赛事所有的志愿者都应进行岗位培训。岗位培训的主要内容是岗位的基本情况、团队情况及工作汇报机制、岗位职责、工作任务、业务流程、标准规范、服务要求、专用技术工具的使用，以及紧急情况处理措施等。

五、培训考核评估

志愿者考核评估是衡量培训工作是否有效的重要途径。考核评估一般包括出勤率、通用知识和专用知识测试、岗位技能测试等方面。对志愿者的通用知识、专业知识和岗位技能的了解掌握程度进行严格、全面的测试，从而确保每个岗位上的志愿者都能快速地融入团队、了解业务知识、掌握本职岗位技能。此外，志愿者考核持证上岗制度，是有效保证志愿者培训效果的一种考核方式。

六、志愿者培训案例

（一）2008 年第 29 届北京奥运会志愿者培训

1. 志愿者培训内容

2008 年第 29 届北京奥运会志愿者培训工作包括通用培训、专业培训、场馆培训和岗位培训四个方面。

（1）通用培训。赛会志愿者都要进行通用培训，赛会志愿者不仅需要具备赛会志愿服务所必需的知识和技能，而且还需具备较强的服务意识、服务精神、服务能力和较高的综合人文素养。

（2）专业培训。专业培训的重点对象是被用人部门确认录用的专业志愿者，根据志愿者服务岗位的专业要求，开展相关专业知识和技能的培训。专业培训的形式以面授为主，以必要的实践活动和其他培训形式为补充。

（3）场馆培训。场馆培训的对象是被分配到各场馆的志愿者。其培训内容主要包括场馆功能、场馆内比赛相关知识、内部设施、组织结构、工作团队、规章制度、行为规范等方面。培训场地主要是所服务的场馆现场。

（4）岗位培训。岗位培训的对象是被分配到相关岗位的志愿者，这类志愿者原则上已完成通用培训和专业培训。通过培训岗位细则、工作任务、业务流程，使定岗的志愿者熟练掌握岗位基本情况、工作任务、业务流程。此类培训的方式主要是面授及岗位实践。

2. 志愿者培训形式

（1）面授。面授的对象主要有两类：一是由委托机构招募的目标志愿者群体；二是经公开招募并通过申请审核的在京志愿者候选人。根据培训目标和客观实际，面授将培训内容划分为若干个精品课程，组织师资力量，依托高校和专业培训机构组织开展定点培训。

（2）远程教育。主要包括网络培训、传统媒体培训和函授培训。

（3）集中强化培训。此类培训主要针对关键岗位志愿者。关键岗位志愿者的培训内容除与其他志愿者一致的内容外，还须进行学习营和训练营的强化培训。学习营以集中学习交流的形式为主，训练营以军训、素质拓展等方式进行，通过正规化的艰苦训练，锻炼一支能打硬仗的志愿者核心团队。

（4）实践培训。一般包括公益实践、实战演练和培训交流。

公益实践。按照《北京奥运会志愿者项目公益实践运行计划》，组织志愿者开展内容丰富的公益实践活动，这既是培训志愿者的重要形式，也是考核志愿者的重要内容。

实战演练。组织志愿者服务测试赛、世界青年田径锦标赛等大型赛事，体验赛事运行和志愿服务的真实情境，查找问题、改进措施，在培训中补足差距。

培训交流。组织志愿者开展以志愿服务为主题的论坛、交流营、知识竞赛等活动，把培训内容融入到培训对象喜闻乐见的各类活动中，促进工作交流，培养团队精神，逐步营造有中国特色的志愿者文化氛围。

（5）测试评估。测试评估是志愿者培训的重要组成部分。通过对志愿者素质的测评，既要实现对志愿者的科学筛选，又要实现对志愿者培训效果的科学评估，从而对志愿者培训工作进行监控，及时调整改进措施，确保培训的预期目标。

（二）2014 年第 22 届索契冬奥会志愿者培训

索契冬奥会志愿者远程培训系统于 2013 年 10 月开通，每名志愿者至少接受 36 小时的培训，培训系统分为四个部分："My Games"（我的奥运）、"My Skills"（我的技能）、"My Jobs"（我的工作）、"My Venue"（我的场馆）。

志愿者必须通过前一阶段的模块测试方可进入到下一阶段培训，培训材料设有英语与俄语两种语言，包括影像资料和 PPT 等。培训系统是根据志愿者岗位与职责的不同进行有针对性的培训。每部分具体内容如图 6-3 所示。

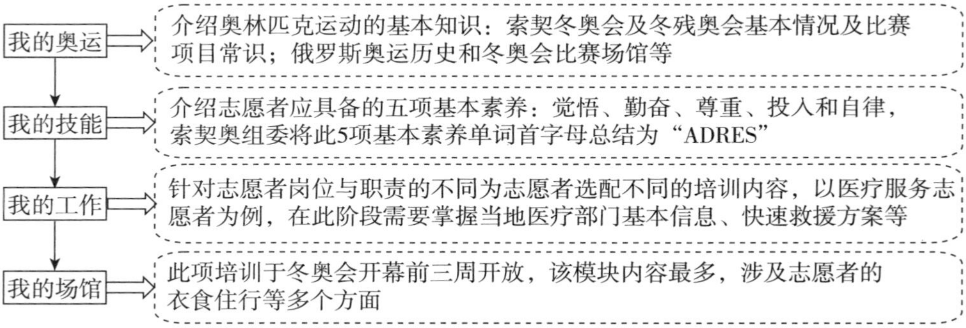

图 6-3　2014 第 22 届索契冬奥会志愿者培训内容

［资料来源］王瑞丰．北京 2022 年冬奥会志愿者遴选与培训路径研究［D］．北京：首都体育学院，2020.

第三节　志愿者使用

志愿者使用是指根据赛事需求及志愿者的储备状况，将培训后的志愿者合理地安排到工作岗位上，并完成相关志愿服务工作的全过程。志愿者使用包括志愿者的配置与协调、使用进度管理、保障与激励、监督管理等内容。

一、志愿者配置与协调

一方面，要灵活安排志愿者工作。根据志愿者的专业和兴趣将其安排到适合的工作岗位上，以此提高志愿者工作的积极性。另一方面，管理者还须根据实际需要对不同岗位的志愿者进行调配，以达到“人适其事，岗得其人，人尽其才”，实现志愿者资源配置的最优化。

二、志愿者使用进度管理

对志愿者服务项目过度的控制，目前运用较多的控制工具主要有核对表、甘特图（图 6–4）和日程表。上述三种工具都是通过制订详细的项目进度计划，描

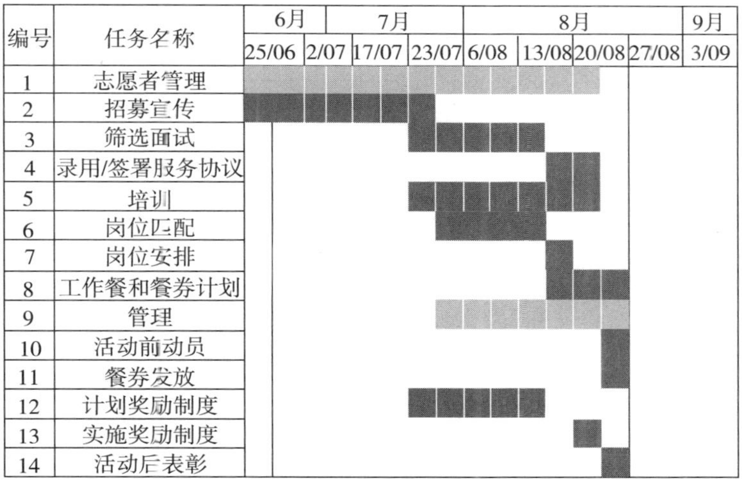

图 6–4　某志愿者服务项目计划（甘特图）

［资料来源］张娜．大型体育赛事志愿服务项目管理研究［D］．北京：中国矿业大学，2020.

述全部任务的资源需求和前置条件，结合执行计划，对子计划进行合理安排。志愿服务项目进度管理要注重描述整体工作任务的时间和各子计划活动开始时间及结束时间，对具体进度精准把控。

三、志愿者保障与激励

（一）志愿者保障

志愿者保障是在赛事志愿服务过程中，为保证志愿者工作的有序进行，志愿者项目团队或组委会对志愿者的权利与义务、奖励与处罚等作出的具体要求。为达到规范行为、提高服务质量，为志愿者积极参与赛事服务消除障碍、确立保障目标、为志愿者提供支持是至关重要的。志愿者保障涉及许多内容，既有工作岗位的工作保障，也包括日常交通、食宿等方面的后勤保障，以及志愿者的健康和安全保障等。一般而言，大型综合性体育赛事志愿者保障应包括以下几个方面。

1. 物资保障

为志愿者配备基本的上岗证件，这是赛事期间志愿者合法身份的重要有效标志。提供制服和设备，既能为志愿者提供标识和设备保障，同时也能够与其他类型的工作人员区分开，以便在人群中能够尽快找到志愿者，提高工作效率。

2. 生活保障

餐饮保障和交通保障是最基本的保障。志愿者工作期间，组委会应提供免费工作餐，以及免费交通保障。如有外地志愿者，项目组也要考虑志愿者的住宿需求，提供必要的住宿保障。

3. 安全保障

志愿者在服务期间可能会遇到人身安全等相关的各种问题。因此，志愿者项目组应为志愿者购买医疗保险和人身意外伤害保险，建立较为完善的志愿者健康安全管理体系。

（二）志愿者激励

合理有效的激励措施既能调动志愿者工作的积极性，又能开发志愿者的内在潜力，提高工作效率及服务质量，以保障比赛的顺利进行。

志愿者的激励方式通常可分为物质激励和精神激励两类。

物质激励手段主要有提供志愿者服装、发放志愿者劳务费等。

精神激励手段包括如下几类。

（1）各种鼓励性的话语、适当的表扬等；

（2）在志愿者工作安排时，应尽可能考虑其专业和兴趣；

（3）让管理者与志愿者之间及志愿者与志愿者之间建立和谐的人际关系，使其感到一定的归属感；

（4）管理者也可培养志愿者骨干并赋予他们一定的领导权力，尺度掌握准确，避免局面失控；

（5）赛事闭幕式增加感谢志愿者环节，这也是对志愿者最大的肯定，同时又是对志愿者服务的最好宣传；

（6）颁发志愿者证书，评选优秀志愿者，根据志愿者服务的表现，给予相应表彰等。

四、志愿者监督管理

（一）志愿者的监督

监督机制的有无会直接影响整个志愿者服务的成功与否。赛事活动期间，由于竞赛项目日程安排紧密，涉及的服务种类繁杂，不是每一个志愿者都能始终以高度热情完成高强度的工作，许多志愿者在发现实际工作与其预期有差距时，有可能会出现中途退出、工作懈怠甚至脱岗、离岗的现象。因此，做好志愿者的监督管理工作十分必要。

对志愿者的监督主要是对各类志愿者执行计划、任务的情况进行监察和督导，其目的是更好地促进志愿者服务赛事，提高志愿者服务的质量，同时也是对志愿者进行奖励的参考依据。对志愿者的监督既能帮助志愿者发现工作中存在问题并及时改正，还能及时发现整个管理工作的不足，提高管理工作的质量。

（二）志愿者绩效评估

志愿者绩效评估是指对志愿者在一个既定时期内工作表现的评价。

对志愿者的评估是对志愿者进行奖励的重要依据。志愿者尽管是在不期望任何经济回报的前提下贡献了他们的服务，但是也应根据他们的表现为其提供必要的认证（如提供证书、召开表彰会议等），使他们获得公众的认可。

评估的另一个结果——惩处也同样重要。管理者要根据评估结果对那些不能胜任本职工作的志愿者或者违反相应规定的志愿者进行再次分配，或者将其调到其他岗位上，或者提出警告，严重的则要取消其志愿者的身份。

[注] 2019 年第七届武汉世界军人运动会赛会志愿者行为规范见附录 5。

第七章
CHAPTER 7
大型综合性体育赛事开闭幕式策划与组织

开闭幕式是大型综合性体育赛事的核心组成部分和最受关注的重要环节，通常主办国（地区）领导会出席，这为赞助商品牌曝光、获得领导关注提供了机会。大型综合性体育赛事开闭幕式表演是体育、艺术与科技融合的典范，通过运用声、光、电等渲染现场气氛，给观众带来前所未有的新、奇、异的视觉冲击，它是诠释体育精神、赛事文化，以及展示主办国（地区）、举办城市文化的绝佳平台。大型综合性体育赛事开闭幕式策划与组织包括理念确定、方案征集和团队选择等。本章在阐述开闭幕式作用基础上，明确大型综合性体育赛事开闭幕式方案及团队的选择。

第一节　开闭幕式作用

大型综合性体育赛事的开幕式、闭幕式标志着赛事的开始和结束，是赛事最重要的仪式。以奥运会为代表的大型综合性体育赛事，开幕式流程主要包括贵宾入场、文艺表演、运动员入场、讲话升旗、（运动员、裁判员、教练员）宣誓、点燃圣火仪式等；闭幕式流程主要包括升旗仪式、运动员入场、男子马拉松颁奖、会旗交接仪式、下届举办城市 8 分钟表演、文艺表演等。大型综合性体育赛事开闭幕式是主办方向受众展示其国家形象、国家文化、赛事特色等方面最直接的表现方式。本节以奥运会为例分析大型综合性体育赛事开闭幕式的作用。

一、诠释体育精神

体育精神是体育的整体面貌、公平、公正、公开、特色及凝聚力、感染力和号召力的反映，是体育的理想、信念及体育知识、体育道德、体育审美水平的标志，是体育的支柱和灵魂。大型综合性体育赛事开闭幕式文艺演出将“更快、更高、更强”“重在参与”及“和平、团结、友爱、平等”等理念传递给大众，帮助大众理解体育精神。如国际奥委会对奥运会开幕式作出了具体要求：“五环”会徽的完整展示和体现，不能有任何修饰和变形；“五环”旗帜的展示，一定要有持旗入场的环节，要有体现“奥林匹克大家庭”概念的环节。2008 年北京奥运会开幕式上，参加入场式的 13000 多名运动员共同走过一段特制的画布，以不同颜色的脚印做出一幅巨画，以体现奥林匹克大家庭的概念。2020 年东京奥运会开幕式是在新冠疫情蔓延背景下进行的，开幕式中虚实结合的红色线条相互拉扯，传递了“疫情是我们需要共同面对并战胜”的理念；同时演出中加入了现代感极强、源自西欧的踢踏舞，将传统与现代结合，寓意“无论古今东西，超越不同，一致战胜疫情”，展示了开幕式“情同与共”的主题，传递了奥林匹克精神。

二、展现民族文化

文艺演出是大型综合性体育赛事开幕式的重要组成部分，它不仅为观众提供了一场规模盛大、庄严隆重的表演，而且主办城市通过富有民族特色的演出形式向观众展现本民族、本地区优秀的文化风貌。如北京、伦敦、里约奥运会开幕式文艺演出均按照时间顺序将本国的发展历程、文化精髓、时代气息向世界展现出来，观众可以从各种演出形式中获得非常丰富的内容，体验到不同国度的文化风貌。

以奥运会为代表的大型综合性体育赛事，其多元化的民族风情能够让世界人民更好地了解世界文化，进而推动全球文化的交流与融合。如 2008 年北京奥运会开幕式以古代中国到现代中国的科技、文化的发展为主线，为观众打开了一幅充满意境的历史画卷，让观众感受到中华文化的优秀与博大。2012 年伦敦奥运会开幕式用写实手法描绘英国发展史上各阶段的社会面貌，强调以人为本的个性化思维，每一个演员都是独立自我的个体，通过个性化的表达方式与北京奥运会开幕式形成鲜明对比，突出英国文化的特质。2016 年里约奥运会开幕式从生命起源入手，由自然走向人类，通过抽象图形的不断组合排列和简约时尚的造型特色，将本民族的热情与开朗描绘出来，文化多样性让气氛变得更加活跃，民族风情更加多彩。奥运会开闭幕式通过不同的表现方式，将本国的民族风情展现在全世界面前，在有限的时间和空间内达到文化的无限传播，这是其他文艺演出所无法达到的效果。

三、表达艺术与审美情趣

大型综合性体育赛事开闭幕式的文艺表演是艺术表达的一个重点。道具、服饰、音乐、舞蹈、灯光等成为艺术的美学表达，这些外在形态不仅包括体育场、道具、火炬台、旗帜等可看得见的物质，也包括一些无形的诸如色调、风格、韵律、节奏等艺术的表现上。通过艺术表达，不仅让人们融入到开闭幕式的氛围中，还能借助艺术表达的“移情”作用产生艺术的美感，满足人们的审美需求。

此外，我们所看到的大型综合性体育赛事开闭幕式，文艺表演已经逐渐占据主要部分，这是对体育文化的符号化展现，如奥林匹克主义在“美”“德”结合的基础上，突出强调个人与社会的和谐，艺术与体育的相互渗透、结合，形成了现代奥林匹克的独特氛围，使得力与美的结合更加具有穿透力，让大众的审美情趣进一步提升。

第二节　开闭幕式方案确定

大型综合性体育赛事申办成功后，为保证赛事的开闭幕式顺利举行，需要制订科学合理的开闭幕式方案。可以说，开闭幕式是衡量大型综合性体育赛事是否成功举办的重要标志。大型综合性体育赛事开闭幕式方案的确定包括开闭幕式理念确定和方案征集。

一、开闭幕式理念确定

大型综合性体育赛事开闭幕式理念由赛事组委会确定。以奥运会为例，奥运会开闭幕式理念是由主办国奥运组委会依据本届赛事理念，结合奥林匹克精神、国际重大时事等来确定的，如东京奥组委提出 2020 年东京奥运会的理念是“每个人拿出自己最佳状态、多样性和协调性、面向未来的继承”，考虑到 2020 年新冠疫情，东京奥组委将本届奥运会开闭幕式的共同理念确定为“Moving Forward”（前进）。

（一）2012年第30届伦敦奥运会开幕式理念——人本性

2012年伦敦奥运开幕式以“奇妙的岛屿”为主题，以人本性、个性化、创意性风格，展示了英伦三岛的历史、文化和现代社会风情。伦敦奥运开幕式最突出的特征是尊重人本身，尤其是为人创设了真情流露的宽松氛围，让人难以忘怀。

2012年4月18日，在伦敦奥运会开幕倒计时100天时，伦敦奥组委公布本届赛事的口号和理念为“Inspire a generation”（激励一代人）。口号和理念兑现了伦敦奥组委在7年前申奥成功时许下的承诺，让奥运为世界、为英国、为伦敦的年轻人带来丰富的物质和非物质遗产，鼓励更多的年轻人参与到运动中去。

奥运理念在开幕式现场得到了践行，他们让年轻人在点火仪式上担当了主要角色，7位代表世界七大洲的年轻人，最小12岁，最大17岁。这样神圣的使命交付于一帮青少年，无疑体现了英国对于下一代所赋予的美好希望。伦敦奥组委自始至终都在争取年轻人的心，无论是新潮夺目的奥运会徽，还是振奋人心的奥运口号，以及神圣的点火仪式，都体现了他们对年轻人投身到奥林匹克运动的期待。

此外，伦敦奥运会开幕式也体现了尊重个体价值。开幕式中，农业时代的农民、工业革命时代的工人、《火战车》中的年轻人、跳舞的医护人员，都是英国历史或现实中的普通百姓，他们理所当然地成了舞台上万众瞩目的明星。奥运场馆的建设者代表被安排在主会场“伦敦碗”入口处，夹道欢迎奥运火炬手跑步进入会场。这种尊重普通劳动者、尊重人性的做法，受到了全世界媒体的普遍赞誉。

（二）2018年第23届平昌冬奥会开幕式理念——和谐、连接

2018年平昌冬奥会的理念是“和谐、连接”，简单的四个字却概括出了当今世界发展的潮流趋势，即在同一个地球上，人类依旧要秉承着追求和谐相处、共同进步的先哲思想。平昌冬奥会把“和谐”作为奥运主题口号，是将儒家传统精髓中追求睦邻友好、万物和谐的思想与奥林匹克精神中追求团结友爱的精神内涵结合在一起，以彰显体育运动的人文魅力。

“连接”意为相互衔接相连之意，出自《三国志·魏志·毌丘俭传》中的“然仆于国大分连接”一句，意为国家间的相互衔接。麦克卢汉提出的“地球

村”正好表达出这种新的变化，科技的发展使得世界变成一个小村落，万物皆可连接，国家之间的界限被消除，视觉文化的繁荣程度达到了前所未有的时刻。平昌冬奥会将“连接”作为主题口号之一，正是顺应了这种时代变化，它向世界传递这样一种信号——奥运会不仅是一次体育的盛会，也是连接世界各个国家进行交流对话的纽带和平台。

（三）2020 年第 32 届东京奥运会开闭幕式理念——前进

2020 年东京奥运会开闭幕式的共同理念为“Moving Forward”（前进），其中蕴含着“疫情中也要借助体育之力积极向前”之意。开幕式的理念为“United by Emotion”（情同与共），寓意“难以共聚一堂也要借体育让世界情同与共”。闭幕式理念为“Worlds We Share”（我们共享的世界），蕴含“铭记与不同性格、不同文化背景的人们共享的感动，携手共创未来”之意。东京奥运会因为新冠疫情而被迫延期，开幕之时，疫情仍在蔓延。正因为此届奥运会在疫情中召开，东京奥组委才希望借助体育的力量让全世界心心相连，让希望的种子在此萌发，并希望奥运会可以将积极前进的动力带给每一个人。

二、开闭幕式方案征集

大型综合性体育赛事方案征集的内容主要包括：应征人资格、总体要求、应征文件的组成、应征文件提交要求、应征文件评审等。

（1）应征人资格。对应征人的身份、工作经历等方面进行界定。

（2）总体要求。主要对开闭幕式创意文案体现的体育精神、办赛理念、展示成就、总体风格、表现形式、实现目标等方面进行阐述。

（3）应征文件的组成。主要包括应征人简介、文案（表达形式、原创性、涉及环节、字数要求等）、文案实现途径（团队构成、技术实现方式、经费概算、资源整合途径、工作时间表等内容）。

（4）应征文件提交要求。包括语言要求、签署、装订、份数要求、提交时间与地址要求等。

（5）应征文件评审。包括形式审查、评审委员会评审、颁发证书和奖金等。

［注］1. 2022 年第 24 届北京冬奥会开幕式创意文案征集书见附录 6。

2. 2021 年第十四届陕西全运会开闭幕式创意方案征集公告见附录 7。

第三节　开闭幕式团队选择

开闭幕式团队选择在开闭幕式演出中发挥着非常重要的作用，团队选择的优劣直接决定着开闭幕式理念和方案能否实现、开闭幕式能否圆满顺利。大型综合性体育赛事开闭幕式团队的选择主要包括导演团队选择和执行团队选择两方面。

一、大型综合性体育赛事开闭幕式导演团队选择

大型综合性体育赛事开闭幕式导演团队选择的方式通常有公开招标、邀请招标、竞争性谈判、单一来源采购等，赛事组委会根据开闭幕式的时间与地点、赛事特点与要求、同类赛事经验等因素来综合确定选择导演团队的方式。从大型综合性体育赛事开闭幕式实践来看，赛事组委会既可以选择其中一种方式来确定导演团队，也可以同时选择多种方式来确定导演团队，比如，2008 年北京奥运会组委会通过公开招标和邀请招标相结合的方式来确定开幕式导演团队。本书以 2008 年北京奥运会为例来概述大型综合性体育赛事开闭幕式导演团队选择。

1. 2008 年北京奥运会开闭幕式导演团队选择的形式

2005 年 3 月，北京奥运会组委会在其官方网站上发布了《北京 2008 年奥运会开幕式、闭幕式创意方案征集活动征集书》，面向全球公开招标奥运会开闭幕式创意方案，开闭幕式导演团队连同创意方案一起征集，凡符合北京奥运会组委会相关资质要求的自然人、法人和其他组织都可以参加征集活动，提交完整的创意方案及其可行性报告、工作方案等。与此同时，北京奥运会组委会还定向邀请了张艺谋、陈凯歌等国内外知名导演参与开闭幕式方案征集。

2. 2008 年北京奥运会开闭幕式导演团队确定的过程

北京奥运会开闭幕式创意方案征集活动于 2005 年 7 月 31 日截止，随后奥运会组委会在公证机关的监督下，对应征方案进行形式审查。任何未将资质文件与法律文件、应征方案分别进行密封装订的方案，自始无效；任何未按照征集书要求的形式提交的应征方案，均为无效方案。所有未通过形式审查的方案，均退回应征人。

形式审查结束后，北京奥运会组委会共收到 409 件有效应征作品。随后，北京奥运会组委会对应征方案及团队进行评审，确定解放军团队（张继刚）、法国

ECA2 团队（伊文思）、歌华团队（李安）、张艺谋与美国杰克莫顿公司组成的联合团队等 13 家导演团队入围最终的评审陈述环节。

2005 年 9 月 19—20 日，13 家入围的导演团队根据抽签顺序开始陈述，每个团队陈述的时间统一规定为 50 分钟，陈述的内容是严格保密的，北京奥运会组委会邀请的评委从这 13 家入围的导演团队中选择 5 家进入下一轮，然后从中确定最终的导演团队。

2005 年 12 月 14 日，北京奥运会组委会主席刘淇召开了开闭幕式工作动员会，张艺谋和杰克莫顿公司的联合团队、国家歌舞团与中央电视台及北奥公司联合团队、歌华团队、解放军团队、法国 ECA2 团队 5 家入围第二轮次的导演团队参加此次会议。刘淇对奥运会开闭幕式方案提出意见和建议，并要求 5 家团队在一个月之后进行第二轮陈述。

2006 年 1 月 24 日，北京奥运会组委会主席刘淇主持第二轮评审陈述会，此轮还邀请了文化部、国家体育总局、中国残疾人联合会等部门负责人担任评委。第二轮陈述完毕后，8 名评委分别为 5 家导演团队打分，打分内容包括传统文化、当代风貌、世界文化、技术实施等 22 项，总分最高的被确定为北京奥运会开闭幕式导演团队。

2006 年 3 月 22 日，北京奥运会组委会确定了开闭幕式导演团队，张艺谋被聘任为北京奥运会开闭幕式总导演，张继刚、张维亚被聘任为北京奥运会开闭幕式副总导演。

二、大型综合性体育赛事开闭幕式执行团队选择

大型综合性体育赛事开闭幕式导演团队确定后，还需要确定执行团队。开闭幕式执行团队的选择方式通常有公开招标、单一来源采购、邀请招标、组委会抽调相关工作人员组建团队等。与导演团队选择依据类似，赛事组委会根据开闭幕式的时间与地点、赛事特点与要求、同类赛事经验等因素来综合确定选择执行团队的方式。

2008 年北京奥运会开闭幕式执行团队选择方式与导演团队选择方式类似，其开幕式执行团队来自参与竞标的各个团队，比如，没有进入第二轮陈述的焰火专家蔡国强被聘任为奥运会开幕式视觉总设计师。

2017 年第十三届天津全运会开幕式执行团队选择采用单一来源采购方式，确定北京卡乐佳艺科技有限公司为唯一供应商。开幕式时间和开幕式创意方案设

计要求的变更，是天津全运会采用单一来源采购方式确定开幕式执行团队的主要原因。2017年6月，天津全运会组委会公示了采用单一来源采购方式确定开幕式执行团队的具体原因：一是开闭幕式文体展演工作进入攻坚阶段，开幕式时间由白天改为晚上，而导演团队不变；二是开幕式大部分节目是在原方案不变的前提下提升改造，且是服务类项目，不可替代；三是增加的灯光、视频、威亚等服务项目的使用与节目的完整性密不可分。为确保文体展演节目的连续性、一致性，尤其是在执行过程中的安全性、表演过程中的完整性，建议由导演团队所在团队来负责开幕式的组织运行。

2019年第七届武汉世界军人运动会在确定导演团队之后，专门成立了开闭幕式保障工作领导小组，领导小组下设办公室，同时加挂开闭幕式运行中心牌子，通过抽调相关工作人员，组建了开闭幕式场馆改造及配套设施建设、演出资源保障、礼宾礼仪、安全保障、通信保障、交通保障、服务保障、市场票务与观众组织、新闻宣传、志愿服务10个工作团队。武汉军运会开闭幕式执行保障按照会议协调机制、现场调度机制、计划统筹机制、风险评估机制和通报督办机制等工作机制运行。

三、大型综合性体育赛事开闭幕式组织运行实例

开闭幕式导演团队和执行团队选择确定后，随即进入组织运行阶段。一般而言，大型综合性体育赛事组委会成立大型活动部（或开闭幕式运行中心等类似组织机构）来负责开闭幕式的组织协调与运行。下面以2019年第七届武汉世界军人运动会为例来概述大型综合性体育赛事开闭幕式组织运行。

2019年第七届武汉世界军人运动会开闭幕式运行中心负责武汉军运会开闭幕式的组织运行工作。开闭幕式运行中心的职责是统筹协调各专项指挥部和执行团队按职责分工做好各项工作，负责有关重要信息的收集、分析、综合和处理，负责处置执行层上报的各类应急事件与问题，负责开闭幕式运行中心的日常工作。

（一）组织架构

为提升运行准备工作的质量和效率、减少行政层级的管理路径、确保管理指令信息快速共享，各工作团队实行集中办公。各团队工作任务由成员单位共同完成。各团队设立主任一名，由牵头部门有关负责人担任，负责搭建团队组织架构，明确职责分工，制订运行方案，整体统筹团队工作。各团队设立联络专员，

由处级干部担任，负责团队日常工作的协调、联络，与领导小组办公室建立联席工作机制并入驻开闭幕式运行中心集中办公（图 7-1）。

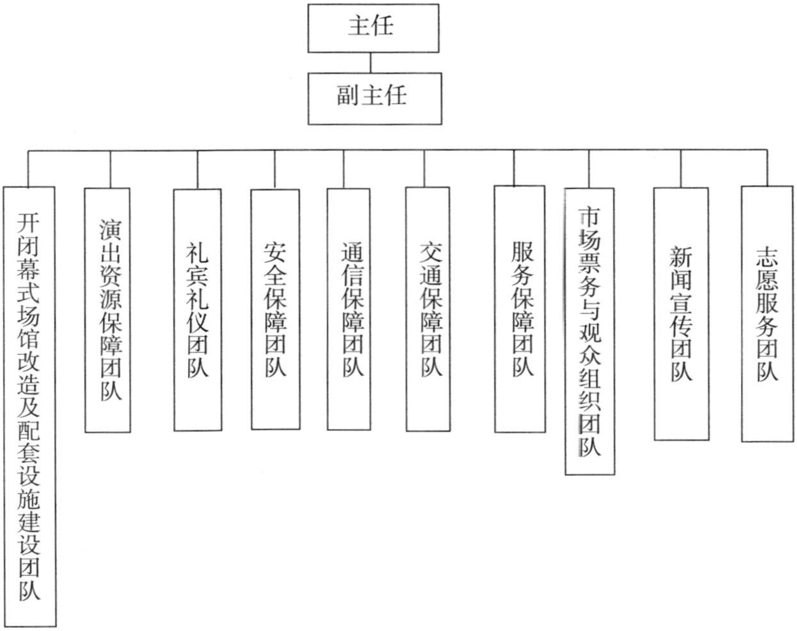

图 7-1　2019 年第七届武汉世界军人运动会开闭幕式运行中心组织架构

［资料来源］根据 2019 年第七届武汉世界军人运动会档案资料整理。

（二）团队构成及职责分工

1. 开闭幕式场馆改造及配套设施建设团队

该团队工作由城市行动指挥部开闭幕式运行保障及主场馆建设分指挥部归口协调。团队设主任 1 名，由武汉经济技术开发区工委委员（汉南区委常委）领导担任；副主任 3 名，由执委会场馆部副部长、武汉体育中心主要负责人、导演团队技术部部长担任。

该团队工作由武汉经济技术开发区（汉南区）牵头，市公安局、市生态环境局、市城乡建设局、市水务局、市市场监督管理局、市应急管理局、市城市管理执法委员会、武汉体育中心、市城投集团（市燃气热力集团公司、市水务集团公司）、武汉供电公司，以及执委会场馆部、安保部、竞赛部、市场开发部、大型活动部、新闻宣传部（媒体运行部）、信息技术部、综合保障部（军运村部）、导演团队配合完成。具体工作任务如下。

（1）场地环境提升

落实开闭幕式所需的火炬塔建设、空中威亚系统基础工程等场馆配套基础设施和临建设施的建设；落实开闭幕式现场所需的电力、燃气、给排水、电梯、移动厕所等设备设施保障；协助导演团队完成现场演出装置搭建的安全、消防、环保等环节的审批、检测，以及赛事期间火炬塔点燃、燃烧、熄灭的安全运行和保障工作；协调落实开闭幕式场馆标识升级调整工作；做好与相关工作团队衔接及其他相关工作。

（2）运行保障

负责场馆贵宾接待会议厅环境整改与布置；配合做好开闭幕式场馆功能用房、媒体区划分；负责提供现场指挥部指挥控制系统和视频监控系统、导演团队的现场指挥通信系统和视频监控系统；做好水电气等基础设施设备保障；做好现场清扫保洁等服务工作；对接安全保障团队，协助搭建安保安检设备；做好与相关工作团队衔接及其他相关工作。

（3）体育场清场复原

统筹协调交通管理、物资和设备临时堆放场地等，配合导演团队及时完成体育场清场工作，并负责完成体育场复原工作；做好与相关工作团队衔接及其他相关工作。

2. 演出资源保障团队

该团队工作由城市行动指挥部宣传及志愿者工作分指挥部归口协调。团队设主任 1 名，由市委宣传部副部长担任；副主任 4 名，由市文化和旅游局局长、执委会办公室（军队）开闭幕式工作负责人、大型活动部副部长、导演团队副总导演担任。

该团队工作由市委宣传部牵头，湖北省军方协调小组办公室、省教育厅、省文化和旅游厅、市文化和旅游局、市教育局、市体育局，以及执委会办公室（军队）、省直工作部、新闻宣传部、大型活动部、志愿者部、导演团队配合完成。具体工作任务如下。

（1）导演组协调

配合做好开闭幕式配套演出方案的组织和实施；衔接导演团队做好开闭幕式艺术创作与制作工作；配合做好节目的组织、编排、分排、联排、彩排、正式演出等所有的总调度工作；做好与相关工作团队衔接及其他相关工作。

（2）演出资源

负责制订和落实演出协调组工作计划；协调配合导演团队开展湖北省内各类开闭幕式参演人员的选拔、排练和培训工作，做好演职人员后勤保障工作；协调落实武汉市为排练场地和开闭幕式演出所需的暖场节目、民间艺术、军运会相关视频材料等各类文化文艺资源；做好与相关工作团队衔接及其他相关工作。

（3）舞美灯光音响

协助导演团队做好舞美设计、制作和搭建；协助做好灯光安装、编程和实施；协助做好音响设计、操作和设备管理；协助做好威亚设计、技术操作和安全保障；做好与相关工作团队衔接及其他相关工作。

（4）音频视频

协助导演团队做好音乐录音、制作及其他音频工作；协助导演团队做好音视频知识产权保护工作；协助联系视频拍摄、素材收集、投影视频播放、技术操作和保障；做好与相关工作团队衔接及其他相关工作。

（5）仪式协调

协调落实参演部队、仪仗队等军队人员；配合导演团队选拔和培训开闭幕式升旗手、执旗手、护旗手、火炬手、宣誓运动员和裁判员；协调军方的训练场地等涉军资源；做好与相关工作团队衔接及其他相关工作。

（6）后勤服务

统筹演职人员的信息收集及演职人员保险的需求；制订开闭幕式演职人员食宿保障方案；对接演出保障团队，落实演职人员在开闭幕式节目分练、联排、彩排及当日运行住宿和餐饮需求；做好与相关工作团队衔接及其他相关工作。

3. 礼宾礼仪团队

开闭幕式礼宾礼仪团队在开闭幕式运行中心的统一指挥下，在礼宾中心、翻译中心的指导、协助与配合下，做好开闭幕式礼宾礼仪工作团队相关工作，确保团队正确有效地落实礼宾礼仪工作。工作核心团队预计 13 人，设主任 1 名（由礼宾中心副主任兼任，以开闭幕式工作为主），下设组长 1 名，副组长 2 名。组员主要人员由执委会对外联络部、综合部、竞赛部、市场开发部、大型活动部、省直工作部、执委会办公室（军方），以及市委外事工作委员会办公室、武汉经济技术开发区（汉南区）和导演团队组成。具体工作任务如下。

（1）在礼宾中心指导下，对接国家、省主管部门，配合做好党和国家领导人、国内外军政要员及嘉宾、国际军体大家庭参加开闭幕式的接待工作；配合做好主席台、贵宾区域的座席安排与衔接引领；协调安排国内外政要和贵宾的餐饮、医疗、语言等各类服务；做好与相关工作团队衔接及其他有关工作。

（2）在礼宾中心指导下，制订国内外政要和贵宾出席开闭幕式的礼宾工作计划，指导开闭幕式涉军外事礼仪活动，参与指导出席开闭幕式国内外政要和贵宾的时空流线设计，协调礼宾中心提供开闭幕式相关国家和地区的名、旗、歌；协助导演团队做好开闭幕式运动员入场、升（降）旗、宣誓、奏乐等仪式活动方案的制订和实施；做好与相关工作团队衔接及其他有关工作。具体运行时，礼宾中心、翻译中心与开闭幕式运行中心相互配合衔接。礼宾中心负责指导开闭幕式礼宾礼仪团队的工作，统筹各类礼宾对象参加开闭幕式工作相关保障工作，为开闭幕式配备礼宾官和相关专业人员，管理礼宾服务人员，安排专家对礼宾工作团队及礼宾服务团队进行培训，指导开闭幕式礼宾工作。翻译中心负责为开闭幕式提供专业口译和笔译服务，为开闭幕式场馆配备并培训语言服务团队。

4. 安全保障团队

该团队工作由城市行动指挥部安保工作分指挥部归口协调。团队设主任 1 名，由市公安局副局长担任；副主任 3 名，由市国家安全局副局长、执委会办公室（军队）安保工作负责人、执委会安保部副部长担任。

该团队工作由市公安局牵头，市国安局、武汉警备区、武汉市武警支队、市应急管理局、市交通运输局、武汉经济技术开发区（汉南区），以及执委会办公室（军队）、安保部、场馆部、大型活动部、信息技术部、志愿者部配合完成。具体工作任务如下。

（1）治安维稳

负责制订开闭幕式治安保障方案，做好开闭幕式安保工作；负责演出装置搭建和焰火燃放的安全、消防等环节审批、检测和监管；开闭幕式（节目联排、彩排、正式演出期间）治安秩序维护；制订开闭幕式维稳实施方案；做好与相关工作团队衔接及其他相关工作。

（2）要人警卫

对接国家、省主管部门、军方，做好党和国家领导人、国外列名警卫对象的衔接联络工作；统筹开闭幕式期间要人警卫工作，制订相关要人警卫方案，负责出席开闭幕式警卫对象和重要嘉宾的安全警卫工作；做好与相关工作团队衔接及其他相关工作。

（3）安检证件

负责开闭幕式现场消防、安检、验证、危险品管理和搜排爆、反恐等工作；负责开闭幕式联排、彩排、正式演出专场证件方案；负责开闭幕式各类客户群背景审查，车辆证照的制作、管理、发放和查验工作；做好与相关工作团队衔接及其他相关工作。

（4）交通疏导

制订开闭幕式交通疏导实施方案及场馆周边交通管制方案；做好开闭幕式场馆周边和车站周边的交通组织与疏导；对接机场公安局，衔接做好机场范围内的交通疏导工作；做好与相关工作团队衔接及其他相关工作。

5. 通信保障团队

该团队设主任 1 名，由执委会信息技术部部长担任；副主任 4 名，由市委网络安全和信息化委员会办公室副主任、市经济和信息化局副局长、市通信管理局局长、武汉经济技术开发区工委委员（汉南区委常委）担任。

该团队工作由执委会信息技术部牵头，市委网络安全和信息化委员会办公室、市经济和信息化局、市公安局、市通信管理局、武汉经济技术开发区（汉南区）、各大通信运营商，以及执委会场馆部、安保部、大型活动部、省直工作部配合完成。具体工作任务如下。

（1）移动通信保障

组织协调各大运营商建设开闭幕式场馆宏基站及室分系统，协调各大运营商提供通信保障车，确保开闭幕式期间的公共移动通信畅通；做好与相关工作团队衔接及其他相关工作。

（2）无线电保障

组织协调制订无线电保障方案，建设无线电监测站，对申请的无线电保障频率进行安全管理，确保无线电设备正常运行；做好与相关工作团队衔接及其他相关工作。

（3）无线政务专网保障

建设开闭幕式场馆无线政务专网，为安保和现场指挥提供专用信息通道；负责军运会开闭幕式网络信息系统安全保障；做好与相关工作团队衔接及其他相关工作。

6. 交通保障团队

该团队工作由城市行动指挥部交通、城管及环境保障工作分指挥部归口协调。团队设主任 1 名，由市交通运输局局长担任；副主任 2 名，由市公安局副局长（市公安交管局局长）、执委会综合保障部副部长担任。该团队工作由市交通运输局牵头，市委办公厅、市政府办公厅、市委外事工作委员会、市公安局、市文化和旅游局、团市委、武汉经济技术开发区（汉南区），以及执委会大型活动部、综合保障部、导演团队配合完成。具体工作任务如下。

（1）综合调度

统筹开闭幕式交通服务保障；对接礼宾接待团队，根据开闭幕式嘉宾抵离、行程安排、出行需求等信息，制订交通保障专项方案；对接演出保障、志愿服务团队，提供开闭幕式节目合练、联排、彩排及正式演出期间演职人员的交通保障；负责驾驶员遴选、政审和培训工作；做好与相关工作团队衔接及其他相关工作。

（2）公共交通保障

协调做好与公交、地铁等公共交通部门的对接工作，保障城市公共交通的正常有序；开展前期交通组织保障研究，做好开闭幕式场馆外围公共交通保障；做好与相关工作团队衔接及其他相关工作。

7. 服务保障团队

该团队工作由城市行动指挥部竞赛及医疗卫生，军运村运行筹备及食品安全，交通、城管及环境保障，气象保障等工作分指挥部归口协调。团队设立主任

1 名，由执委会综合保障部部长担任；副主任 4 名，由市卫生和健康委员会副主任、市市场监督管理局副局长、市生态环境局副局长、市气象局副局长担任。该团队工作由执委会综合保障部牵头，市卫生健康委员会、市市场监督管理局、市生态环境局和市气象局分别负责制订相关业务工作方案并组织实施，武汉经济技术开发区（汉南区），执委会场馆部、安保部配合完成。具体工作任务如下。

（1）医疗卫生

由市卫生健康委员会负责保障开闭幕式节目联排、彩排和正式演出期间的现场应急医疗救治；做好与相关工作团队衔接及其他相关工作。

（2）食品安全

由市市场监督管理局负责保障开闭幕式节目联排、彩排和正式演出期间的食品安全及其他相关工作。

（3）生态环保

由市生态环境局负责开闭幕式场馆周边大气环境质量监测；做好与相关工作团队衔接及其他相关工作。

（4）气象服务

由市气象局负责提供开闭幕式节目联排、彩排和正式演出期间的气象服务；做好与相关工作团队衔接及其他相关工作。

8. 市场票务与观众组织团队

该团队工作由城市行动指挥部市场开发工作分指挥部归口协调。团队设主任 1 名，由执委会市场开发部部长担任；副主任 4 名，由市总工会副主席、武汉经济技术开发区（汉南区）副区级领导 、执委会安保部相关负责人、执委会办公室（军队）票务工作负责人担任。该团队工作由执委会市场开发部牵头，市委宣传部、市委办公厅、市政府办公厅、市委外事工作委员会办公室、市总工会、团市委、武汉经济技术开发区（汉南区），以及执委会办公室（军队）、综合部、场馆部、安保部、新闻宣传部、竞赛部、导演团队配合完成。具体工作任务如下。

（1）票务管理

负责制订票务管理方案，做好开闭幕式及彩排预演的票务工作；统筹开闭幕式各类观众客户群座席需求，制订门票分配方案，负责门票印制、分配和发放；做好与相关工作团队衔接及其他相关工作。

（2）赞助商管理

统筹做好开闭幕式现场特许经营、赞助商展示及品牌保护；负责开闭幕式赞助商、捐赠企业及相关观众接待服务工作；做好与相关工作团队衔接及其他相关工作。

（3）观众组织

做好观众席座席分配；配合做好观众进出场时空流线设计；组织衔接各类观众分批次进出场时间及交通组织；做好与相关工作团队衔接及其他相关工作。

9. 新闻宣传团队

该团队工作由城市行动指挥部宣传及志愿者工作分指挥部归口协调。团队设主任 1 名，由市委宣传部副部长担任；副主任 3 名，由执委会新闻宣传部部长、武汉广播电视台台长、执委会办公室（军队）新闻宣传工作负责人担任。该团队工作由市委宣传部牵头，市委网络安全与信息化委员会办公室、市公安局，武汉广播电视台、各相关媒体平台、武汉经济技术开发区（汉南区），以及执委会办公室（军队）、新闻宣传部、市场开发部配合完成。具体工作任务如下。

（1）新闻宣传

负责开闭幕式媒体代表、记者邀请与接待；草拟、审定新闻通稿；负责媒体、网站的内容提供；负责提供开闭幕式相关视频需要的军运会及武汉城市宣传等音视频资料；落实赛会筹办和举办、赛事精彩回放的影像视频资料的收集和提交；指导做好开闭幕式电视转播主持词、播音词等文字台本及背景材料；负责开闭幕式新闻宣传和舆论引导工作，对开闭幕式期间网络舆情进行实时监测、管控，统筹、协调有关部门对违法和不良信息进行及时查处；做好与相关工作团队衔接及其他相关工作。

（2）电视转播

做好开闭幕式现场电视转播机位设置方案、转播摄像机位搭建和摄影占位布置工作；报批开闭幕式转播及备播工作方案，制订和落实电视转播组工作计划；负责做好与中央电视总台的转播对接工作，落实电视转播的各项需求；向票务部门提交直播摄影摄像座席占用规划；制订开闭幕式电视转播工作应急处置预案，做好突发事件的应急处置工作；做好与相关工作团队衔接及其他相关工作。

（3）媒体服务

负责媒体代表与记者邀请，组织开展专访活动；做好开闭幕式期间媒体接待服务和媒体现场管理工作；协助做好媒体代表背景审查工作；向票务部门提交媒体及媒体评论人员座席占用规划；指导做好开闭幕式媒体记者客户群的时空流线设计和接待服务工作；做好与相关工作团队衔接及其他相关工作。

10. 志愿服务团队

该团队工作由城市行动指挥部宣传及志愿者工作分指挥部归口协调。团队设立主任1名，由执委会志愿者部部长担任；副主任2名，由团市委副书记、市教育局副局长担任。该团队工作由执委会志愿者部牵头，团市委、市教育局、市文化和旅游局、市属各院校、武汉经济技术开发区（汉南区），以及执委会安保部、场馆部、市场开发部配合完成。具体工作任务如下。

（1）招募培训

负责制订和落实志愿者工作组工作计划；配合导演团队选拔、培训和管理参加开闭幕式仪式和演出的志愿者，包括场地标兵和名牌手；负责志愿者岗位配置，开展志愿者通用培训；做好开闭幕前志愿者实战演练工作；做好与相关工作团队衔接及其他相关工作。

（2）后勤保障

负责落实开闭幕式志愿者后勤保障；负责志愿者服装、道具及其他相关物资的发放工作；做好与相关工作团队衔接及其他相关工作。

（3）观众服务

负责开闭幕式现场观众志愿服务工作；做好观众与各类工作人员进退场衔接与引导；协助营造现场氛围，引导观众互动；负责现场服务与秩序协管等服务保障工作；做好与相关工作团队衔接及其他相关工作。

下 篇

大型综合性体育赛事市场开发

第八章
CHAPTER 8
大型综合性体育赛事市场开发的作用

体育赛事市场开发是赛事运营机构通过市场营销行为对体育赛事无形资产进行挖掘的过程。市场开发收入的手段主要有赞助招商、电视及媒体转播销售收入、门票销售收入和特许产品销售收入等。本章分别介绍了市场开发在保障大型综合性体育赛事成功举办中的作用，以及市场开发在大型综合性体育赛事宣传推广中发挥的功能。

第一节　市场开发收入是保障赛事成功举办的重要经费来源

随着大型综合性体育赛事办赛规模越来越大，办赛要求越来越高，办赛的成本不断增长，赛事市场开发的潜力也在不断增强，而政府对大型综合性体育赛事财政支持有限，市场开发收入就成为赛事经费的重要来源。

一、大型综合性体育赛事办赛规模越来越大

大型综合性体育赛事办赛规模越来越大，主要体现在竞赛项目设置、参赛运动员人数、比赛场地规模三个方面。

1. 竞赛项目设置多

大型综合性体育赛事竞赛项目设置较多，既有民众喜闻乐见的大众项目，又有“高、精、冷”的小众项目，体现出综合性体育赛事的特点。

奥运会是世界上最大的综合性体育赛事，从 1896 年第 1 届雅典奥运会开始至 2020 年东京奥运会，至今已经举办 32 届。随着奥林匹克运动推广普及，奥运

会竞赛项目设置越来越多。图 8-1 显示的是“二战”以后历届奥运会竞赛项目设置数量，1948 年伦敦奥运会设置了 136 个小项，2020 年东京奥运会设置了 339 个小项，从整体上看，奥运会竞赛项目设置数量呈现逐步上升趋势。

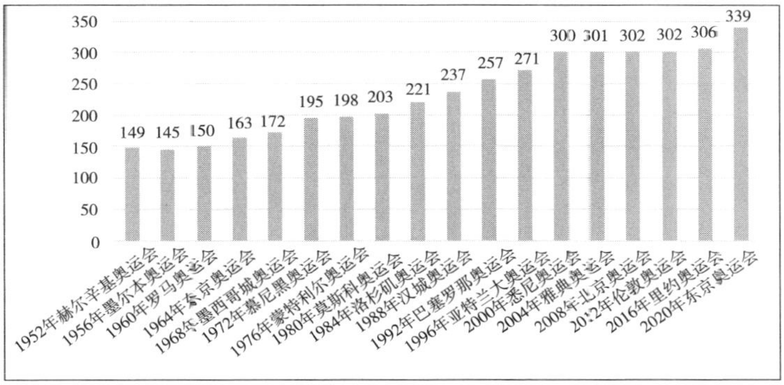

图 8-1 1948—2020 年奥运会竞赛项目设置数量

[资料来源] 历届奥运会官方网站。

亚运会是亚洲区域最大的综合性体育赛事，它创建于 1951 年，至今已经举办 18 届。图 8-2 显示的是历届亚运会竞赛项目设置数量，从中可以看出，第一届体育赛事即 1951 年新德里亚运会竞赛项目设置仅为 57 个小项，随后亚运会竞赛项目设置越来越多，至 2018 年雅加达第 18 届亚运会，亚运会项目高达 465 个小项，已经超过了奥运会竞赛项目规模。

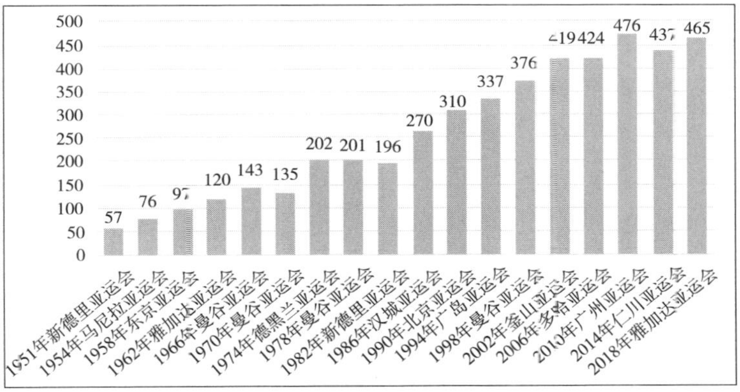

图 8-2 历届亚运会竞赛项目设置数量

[资料来源] 亚奥理事会官方网站。

中华人民共和国全国运动会（简称全运会）是我国水平最高的综合性体育赛事，它创建于 1959 年，至今已经举办 14 届。图 8-3 显示的是 1997—2021 年历届全运会竞赛项目设置数量，第八届全运会竞赛项目设置为 319 个小项，第十三届全运会竞赛项目设置已经达 417 个小项，第十四届全运会竞赛小项设置总数较上届有所下降，但也达 387 个。

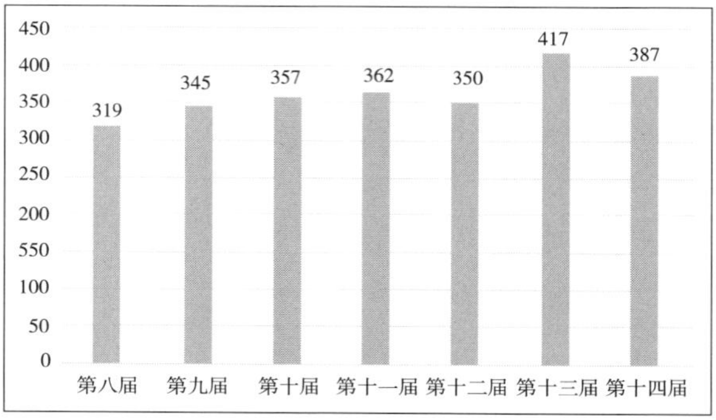

图 8-3　1997—2021 年历届全运会竞赛项目设置数量

［资料来源］根据历届全运会网站收集整理。

2. 参赛运动员人数多

奥运会竞赛项目设置增多，就意味着参赛运动员的增多。图 8-4 显示的是 1948—2020 年历届奥运会参赛运动员人数，1948 年伦敦奥运会参赛运动员为 4099 人，随后增长相对缓慢，1980 年莫斯科奥运会参赛运动员人数为 5217 人，至 1996 年亚特兰大奥运会，参赛运动员人数已经突破万人。

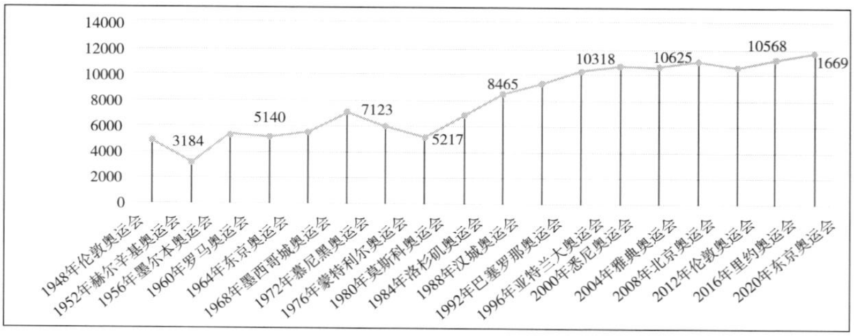

图 8-4　1948—2020 年奥运会参赛运动员人数

［资料来源］历届奥运会官方网站。

图 8-5 显示的是历届亚运会参赛运动员人数，亚运会参赛运动员人数呈现阶段性上升趋势：从 1951 年新德里亚运会的 489 人增至 1986 年汉城亚运会的 3345 人，亚运会参赛运动员人数缓慢增长；从 1990 年北京亚运会的 6122 人增至 2018 年雅加达亚运会的 11300 人，亚运会参赛运动员人数快速增长。

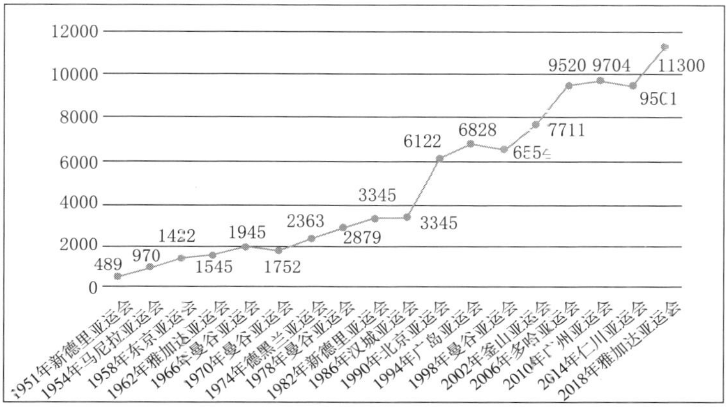

图 8-5　1951—2018 年历届亚运会参赛运动员人数

［资料来源］亚奥理事会官网。

图 8-6 显示的是 1997—2017 年历届全运会参赛运动员人数。从中可以看出，第八届全运会参赛运动员人数为 7647 人，第九届全运会参赛运动员人数为 12314 人，在随后的第十届、第十一届、第十二届、第十三届全运会，参赛运动员人数稳定在一万人左右。

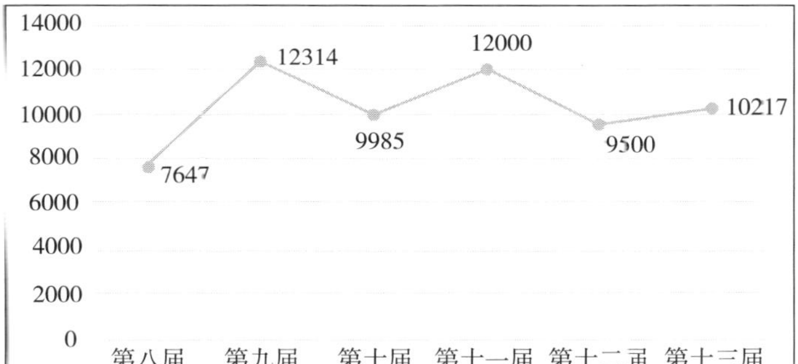

图 8-6　1997—2017 年历届全运会参赛运动员人数

［资料来源］根据历届全运会网站收集整理。

3. 比赛场地规模大

大型综合性体育赛事的举办需要一定规模的场馆。从部分奥运会、亚运会、全运会举办所使用的主体育场来看，大型综合性体育场地规模也在逐渐扩大。

表 8-1　部分奥运会使用的主体育场情况

奥运会名称	主体育场名称	容纳量（人）
1900 年巴黎奥运会	法国赛马俱乐部跑马场	500
1904 年圣路易斯奥运会	华盛顿大学田径场	40000
1912 年斯德哥尔摩奥运会	科罗列夫运动场	37000
1920 年安特卫普奥运会	安特卫普奥林匹克体育场	30000
1928 年阿姆斯特丹奥运会	阿姆斯特丹奥林匹克体育场	40000
1960 年罗马奥运会	罗马奥林匹克体育场	105000
1964 年东京奥运会	明治公园	100000
2000 年悉尼奥运会	霍布什湾奥林匹克公园	110000
2008 年北京奥运会	鸟巢	102000
2012 年伦敦奥运会	伦敦奥林匹克体育场	80000
2016 年里约奥运会	马拉卡纳体育场	200000

［资料来源］历届奥运会官方网站。

网易网．历届奥运会主体育场一览［EB/OL］．［2012-07-23］．https：//travel. 163. com/12/0723/11/873IKFUH00063IB1_ all. html.

表 8-1 显示的是部分奥运会使用的主体育场规模。1900 年巴黎奥运会举办，由于没有专门的举办场地，举办方租用了法国赛马俱乐部跑马场作为比赛场地，跑马场四周看台仅能容纳 500 人。1904 年圣路易斯奥运会主体育场华盛顿大学田径场容纳量达到 4 万人，1960 年罗马奥运会主体育场罗马奥林匹克体育场容纳量突破 10 万人，2016 年里约奥运会主体育场马拉卡纳体育场容纳量达 20 万人，奥运会主体育场地规模再次刷新纪录。

表 8-2　历届亚运会使用的主体育场规模

届次	亚运会名称	主体育场名称	容纳量（人）
第 1 届	1951 年新德里亚运会	戴亚昌德国家体育场	25000

续表

届次	亚运会名称	主体育场名称	容纳量（人）
第 2 届	1954 年马尼拉亚运会	黎刹纪念体育场	30000
第 3 届	1958 年东京亚运会	国立霞丘陆上竞技场	60000
第 4 届	1962 年雅加达亚运会	苏加诺体育场	100000
第 5 届 第 6 届 第 8 届	1966 年曼谷亚运会 1970 年曼谷亚运会 1978 年曼谷亚运会	苏帕查拉赛体育场	35000
第 7 届	1974 年德黑兰亚运会	阿萨迪体育场	100000
第 9 届	1982 年新德里亚运会	尼赫鲁体育场	75000
第 10 届	1986 年汉城亚运会	汉城奥林匹克运动场	100000
第 11 届	1990 年北京亚运会	北京工人体育场	80000
第 12 届	1994 年广岛亚运会	广岛广域公园陆上竞技场	50000
第 13 届	1998 年曼谷亚运会	拉加曼加拉国家体育场	60000
第 14 届	2002 年釜山亚运会	釜山亚运会主体育场	60000
第 15 届	2006 年多哈亚运会	卡塔尔哈里发体育场	50000
第 16 届	2010 年广州亚运会	广东奥林匹克体育中心体育场	80012
第 17 届	2014 年仁川亚运会	文鹤朴泰桓游泳馆	61944
第 18 届	2018 年雅加达亚运会	格洛拉邦苏加诺体育场	84745

［资料来源］搜狐网．历届亚运会主场馆回顾：各有特色气势恢宏［EB/OL］．［2018-08-05］．https：//www. sohu. com/a/245340728_ 99985320.

表 8-2 显示的是历届亚运会使用的主体育场规模。第 1 届亚运会主体育场戴亚昌德国家体育场容纳量为 25000 人，目前最大规模达 10 万人，如 1962 年雅加达亚运会主体育场苏加诺体育场、1974 年德黑兰亚运会主体育场阿萨迪体育场、1986 年汉城亚运会主体育场汉城奥林匹克运动场。

表 8-3 显示的是 1997—2021 年全运会主体育场规模。1997 第八届全运会主体育场占地面积 19 万平方米，建筑面积 17 万平方米，总投资规模 12.9 亿元，容纳量为 8 万人，在随后的几届全运会中，举办方使用的主体育场地容纳量都在 6 万人以上，除了建设专门的场地外，还建设了一系列配套的场地、场馆，使主体育场占地规模大增。

表 8-3　1997—2021 年全运会主体育场规模

届次	主体育场	占地面积（万 m^2）	建筑面积（万 m^2）	投资规模（亿元）	容纳量（人）
第八届	上海体育场	19.0	17.0	12.9	80000
第九届	广东奥林匹克体育中心	10.1	32.8	16.7	80012
第十届	南京奥林匹克体育中心	89.7	40.0	21.67	76000
第十一届	济南奥林匹克体育中心	81.0	35.7	50.0	80000
第十二届	沈阳奥林匹克体育中心	54.6	29.7	20.0	60000
第十三届	天津奥林匹克中心体育场	34.5	15.8	14.8	60000
第十四届	西安奥林匹克体育场	10.6	15.65	——	60033

［资料来源］各届全运会官方网站。

二、大型综合性体育赛事办赛要求越来越高

大型综合性体育赛事随着规模的扩大和影响力的提升，在开闭幕式、信息化建设、电视转播、场馆标准、安全保障、交通卫生住宿等方面要求越来越高。

1. 开闭幕式要求高

为了彰显特色，赛事举办国政府或举办地政府通常对办赛有较高的要求。2008 年北京奥运会，北京市政府提出要办一届高水平、有特色的奥运会，体现“科技奥运”“人文奥运”“绿色奥运”理念；2019 年第七届世界军人运动会的办赛要求是围绕“办赛水平一流、参赛成绩一流”的总体目标，贯彻“绿色、共享、开放、廉洁”办赛理念；2022 年杭州亚运会的办赛目标是办成“中国特色、浙江风采、杭州韵味、精彩纷呈”的体育文化盛会，体现“绿色、智能、节俭、文明”理念；2022 年北京冬奥会的办赛要求是按照“简约、安全、精彩”的要求，落实“绿色办奥、共享办奥、开放办奥、廉洁办奥”理念，办成一届精彩、非凡、卓越的冬奥盛会（表 8-4）。尽管各赛事办赛要求内容不一，但总体要求较高。

表 8-4　我国已经/即将举办的大型综合性体育赛事办赛要求

赛事名称	办赛要求
2008 年北京奥运会	办一届高水平有特色的奥运会，体现“科技奥运”“人文奥运”“绿色奥运”理念

续表

赛事名称	办赛要求
2010 年广州亚运会	办成“中国特色，广东风格，广州风采”，祥和、精彩的体育文化盛会
2019 年武汉军运会	围绕“办赛水平一流、参赛成绩一流”的总体目标，贯彻“绿色、共享、开放、廉洁”办赛理念
2021 年陕西全运会	“办赛精彩、参赛出彩、发展添彩”
2022 年杭州亚运会	办成“中国特色、浙江风采、杭州韵味、精彩纷呈”的体育文化盛会，体现“绿色、智能、节俭、文明”理念
2022 年北京冬奥会	按照“简约、安全、精彩”的要求，落实“绿色办奥、共享办奥、开放办奥、廉洁办奥”理念，办成一届精彩、非凡、卓越的冬奥盛会

［资料来源］根据媒体公开报道整理。

开闭幕式是大型综合性体育赛事的特色之一。为了执行办赛要求，赛事承办方要聘请高水平的团队专门负责开闭幕式的创作、编排、执行等，展示办赛主题和办赛理念。

2008 年北京奥运会开闭幕式专门聘请了业界著名人士张艺谋为总导演，中国人民解放军总政歌舞团张继钢和国家歌舞团陈维亚为副总导演，国学大师季羡林、好莱坞著名电影导演史蒂文·斯皮尔伯格等多位中外名家作为文化艺术顾问，其目的就是更好地展示北京奥运会办赛理念，突出“文明”“和谐”两大主题。图 8-7 和图 8-8 是 2008 年北京奥运会开闭幕式片段，从中可以看出，其开闭幕式规格较高。

图 8-7　2008 年北京奥运会开幕式片段

［图片来源］http：//img-arch. pconline. com. cn/images/upload/upc/tx/photoblog/1108/12/c1/8624189_ 8624189_ 1313116666812. jpg.

图 8-8　2008 年北京奥运会闭幕式片段

［图片来源］www. hunandv. com.

为了落实“办赛水平一流、参赛成绩一流”要求，2019 年第七届武汉军运会开闭幕式聘请了专业团队（曾经参与北京奥运会开闭幕式编导工作的团队人员）组织、创作、编排。2019 年第七届武汉军运会开闭幕式核心理念是以五千年华夏文明为依托，围绕“共享友谊、同筑和平”的赛会主题，通过“以和邦国”“以和为贵”的中华五千年文明核心思想的诗化呈现，向世界传达中华民族对和谐、和平、文明的崇尚与追求。除此之外，还体现了武汉地域文化特色，应用最新的舞台科技，如人工智能机器人和超高亮度激光投影，实现舞台多维扩展，在视觉上呈现立体多维效果，完成 360°全景式、立体式空间表演，给观众带来了视觉盛宴，见图 8-9、图 8-10。

图 8-9　2019 年第七届武汉世界军人运动会开幕式片段

［图片来源］2019 年第七届武汉世界军人运动会组委会 .2019 年第七届武汉世界军人运动会画册［Z］. 2019：4.

图 8-10　2019 年第七届武汉世界军人运动会闭幕式片段

［图片来源］2019 年第七届武汉世界军人运动会组委会 .2019 年第七届武汉世界军人运动会画册［Z］. 2019：4.

2. 信息化要求高

大型综合性体育赛事涉及职能部门多、参与主体多、工作内容多，并要求及时、有效、便捷地收集或发布信息，确保赛事顺利举办，这对赛事信息化建设提出了较高要求。

2008 年北京奥运会协助奥组委与国际奥委会指定的技术合作伙伴源讯公司充分合作，建设了符合国际奥委会要求的、世界领先的奥运会和残奥会信息系统。根据当时源讯公司北京 2008 年奥运会首席集成师侯杰瑞透露，北京奥运会的信息系统是有史以来最为庞大复杂的，数据量处理需求大大超过往届奥运会。北京奥运会信息系统连接超过 10000 台计算机、1000 多台服务器、4800 个结果系统终端和 2000 台打印机，有超过 4000 多名 IT 技术人员、超过 2 万名 IT 供应商和志愿者服务团队，力保系统安全稳定运行，确保奥运会期间不会因病毒和黑客问题造成任何信息事故。

2010 年广州亚运会建立了高效的赛事信息系统。广州亚运会主数据中心（MDC）设于亚运体育文化中心，共有 19 个网络机柜，为主运行中心（MOC）、信息技术监控指挥中心（ITCC）及各场馆信息技术团队（VITM）的指挥管理提供及时、全面、准确的数据信息和解决方案。广州亚运会期间，信息技术监控中心团队实时联系中国电信等运营商组建的 8 个核心网机动团队、22 个线路响应支撑团队、73 个场馆保障组和 5 个场馆群流动保障团队共 3000 多人，全天候快速处理赛时应急事件，保障亚运信息系统快速高效响应；信息技术支持呼叫中心和覆盖所有竞赛场馆及重点非竞赛场馆的66个IT帮助台，每天接收并处理超过400宗服务请求和故障申告，其中2010年11月12日开幕以来处理了超过3430宗服务请求和故障申告。

2019年第七届世界军人运动会信息系统建设规模大、规格高，主要由国家体育总局信息中心、中国电信、烽火科技等单位或企业共同承担完成。其中，国家体育总局体育信息中心开发了第七届世界军人运动会的信息技术系统，该系统主要有四方面功能：一是保障比赛顺利进行；二是为观众服务，向现场观众、电视观众、互联网观众等提供及时、全面的赛事信息；三是为指挥决策工作提供技术支持平台；四是为现场媒体、电视媒体等提供通信服务平台，助力媒体及时进行赛事报道。烽火科技承担了军运会主场馆的信息系统建设，建设范围涵盖主媒体中心、体育场、篮球馆、游泳馆和部分区块网。在建设过程中，烽火通信以“园区统筹管理”为理念，充分考虑体育场馆的使用、管理、运维需求，采用“1+2”的架构模式及三维可视化运营平台，配合三维数字展示系统和智能地理信息管理系统两个系统。同时，结合BIM（可视化管理系统）、物联网技术实现对指定范围内全方位的智能可视化管理，全面支撑体育场馆监控、告警、安防、能耗管理、智能停车等功能的实现。中国电信凭借云、网、端一体化领先优势，以及强大的综合智能信息服务能力，为军运会信息基础设施建设、智慧信息化方案、网络信息安全提供保障服务，中国电信将云计算、大数据、人工智能、5G等新一代信息技术应用到军运会信息化建设中，在主导建设的有线竞赛专网、双活云平台等9个子项目中，采用创新技术或方案达40余项，依托智慧化的现网资源为赛事提供“增值”服务，完成了全部60处场馆的光缆建设、4G/5G信号覆盖、竞赛专网设备建设开通，使本届军运会的办赛智慧化程度达到了世界一流水平。

3. 电视等媒体转播要求高

大型综合性体育赛事需要借助电视等媒体转播实现商业价值，扩大影响力，赛事主办方对合作的电视等媒体有高规格要求，主要体现在以下两个方面：

一是合作的电视等媒体专业资深。奥运会电视国际公用信号为世界电视媒体公认的高质量的电视信号，奥运会电视委员会对该信号的制作除了有硬性的指标要求外，还要求它秉承公平公正的奥林匹克精神，充分展现运动员风采。它的制作是在OBS（奥林匹克电视转播公司）的统一组织下实施的，这家由国际奥委会直接管理的公司全权负责、统筹规划夏季奥运会、冬季奥运会和青奥会的电视信号制作，需要服务超过40亿的全球电视观众。为了完整、完美地向全世界电视观众呈现奥运会的盛况，OBS以“国际化、标准化、流程化、规范化”为原则，制订了严密的工作计划和工作标准。

二是合作的电视等媒体转播商级别较高。2008年北京奥运会、2010年广州亚运会、2014年南京青奥会、2019年武汉第七届世界军人运动会都与国内顶级媒体中央电视台全面合作，一方面保障了稳定、清晰、流畅的转播画面，另一方面扩大了赛事传播的范围。

4. 场馆标准要求高

承办大型综合性体育赛事，需要以一定数量高规格、高标准的场馆为基础。大型综合性体育赛事对场馆规模、场馆数量、场馆设施设备、场馆功能、场馆周围环境等设置了一定的标准。当前，承办过奥运会、亚运会、全运会等大型综合性体育赛事的场馆大都呈现规模大、数量多、配套设置完善、功能齐全、交通便利等特点。

5. 安全保障要求高

大型综合性体育赛事在短期内聚集大量的人流，且有政府要员、体育组织负责人等贵宾参与赛事活动，赛事安全保障必须达到一定要求。

除了上述办赛要求外，为了达到赛事所有方的要求，大型综合性体育赛事主办方对赛事配套服务标准还有一定的要求，赛事级别越高，配套服务标准越高。如奥运会、亚运会、军运会、全运会等体育赛事的志愿者服务、赞助商服务、停车服务、餐饮服务、住宿服务、交通服务、安保服务等，要按照较高的规格执行，旨在提升赛事各方参与者的赛事体验。

大型综合性体育赛事办赛总成本的增大，使市场开发在赛事运营中的地位愈加突出。表8-5是1996—2016年夏季奥运会举办成本、市场开发收入概况。从中可以看出，尽管历届夏季奥运会举办成本、市场开发收入不同，但奥运会市场开发收入占奥运会总成本的比重都超过了50%，总体占比较高，市场开发收入不仅弥补了奥运会举办的部分开支，还可获得丰厚的盈余，为奥运会举办和奥林匹克运动的推广提供强有力的支持。

表 8-5 1996—2016 年夏季奥运会举办总成本、市场开发收入（亿美元）

赛事名称	总成本	市场开发收入	市场开发收入占总成本的比例（%）
1996 年亚特兰大奥运会	41.4	26.3	63.5
2000 年悉尼奥运会	50.3	37.7	75.0
2004 年雅典奥运会	29.4	41.9	142.5
2008 年北京奥运会	68.1	54.5	80.0
2012 年伦敦奥运会	149.6	80.5	53.8
2016 年里约奥运会	45.8	78.0	170.3

［资料来源］Niall McCarthy. The Massive Costs Behind The Olympic Games. 2016-08-05. https://www.statista.com/chart/5424/the-massive-costs-behind-the-olympic-games/ IOC. Olympic Marketing Fact File. 2020.

第二节 市场开发是赛事推广和赛事营销的重要手段

大型综合性体育赛事市场开发可以提升赛事的影响力，展示赛事品牌价值，是赛事推广和赛事营销的重要手段。

一、大型综合性体育赛事市场开发可以提升赛事影响力

大型综合性体育赛事市场开发主要通过市场开发事件和市场开发参与者提升赛事影响力。

1. 市场开发事件可以提升赛事影响力

市场开发是赛事宣传的重要事件。在大型综合性体育赛事筹备期，发布总体市场开发计划方案、召开市场开发资源推介会和各种赞助商签约仪式。策划各种市场开发推广活动等；在大型综合性体育赛事赛期，发布赛事与赞助品牌关联度信息、赛事主题日促销活动信息，通过社交媒体制造各种市场开发话题；在大型综合性体育赛事举办结束后，通过媒体宣传赛事市场开发的成效，为各类赞助商提供赛事赞助评估报告等。

图 8-11 是 2022 年北京冬奥会官网发布的供应商公告，这是利用市场开发事件提升赛事影响力的常见做法。从公告中可以看出，2022 年北京冬奥会奥组委

发布了麒盛科技成为 2022 年北京冬奥会和冬残奥会官方智能床供应商的信息，并说明了麒盛科技赞助北京 2022 年冬奥会的目的，最后报道了 2022 年北京冬奥会最新的赞助招商进度及取得的成效，推送 2022 年北京冬奥运会市场开发微信公众号吸引读者关注。通过此公告的宣传，受众可以了解到 2022 年北京冬奥会是一个商业价值极高的体育盛会，还可以关注其公众微信号详细了解相关信息，或者转发相关信息至朋友圈进一步推介。

图 8-11　2022 年第 24 届北京冬奥会官网发布的供应商公告

[资料来源] 2022 年第 24 届北京冬奥会官方网站。

2. 市场开发参与者可以提升赛事影响力

媒体、赞助商、特许产品生产销售商等对赛事的宣传可以提升赛事的影响力。

首先，获得大型综合性体育赛事新闻报道权、转播权的媒体，积极挖掘赛事的媒体价值，全方位多角度报道赛事，吸引公众关注。如北京广播电视台旗下的北京冬奥纪实频道成为北京冬奥组委官方发布平台后，于2019年5月10日正式上星播出，该频道24小时播出冬奥会相关节目，主要包括日播冬奥新闻《2022》、高端人物访谈《我与奥运》、评论栏目《冬奥大家谈》、纪录片《双奥之城》，以及科普栏目《冰雪微课堂》栏目，全面报道冬奥会和冬残奥会筹办进展，采访有影响力的奥运人，解读冬奥组委信息发布的内涵，独家披露奥运故事，记录北京城市与冬奥建设，讲解冬奥项目规则等。北京冬奥纪实频道每天首播自制4K超高清节目3个多小时，全年4K超高清节目生产量超过1000小时，在全国26个省市自治区落地，覆盖近3亿电视观众。

其次，大型综合性体育赛事赞助商宣传推广活动可以提升赛事的影响力。按照赞助惯例，赞助商前期赞助费用与后期赞助活动配套经费之比为1∶3，才有可能达到理想的赞助效果。为了宣传赞助品牌，赞助商借助赛事资源开展相关营销活动，强调赛事和赞助品牌之间的关联性，让潜在消费者通过赛事对赞助品牌产生联想和记忆，这既是宣传赞助品牌的过程，也是提升赛事影响力的过程。

伊利作为2008年北京奥运会乳制品赞助商，曾在2008年奥运会期间举办各种活动宣传品牌和奥运会，成为品牌奥运营销的典范。2017年，伊利又成为2022年北京冬奥会和冬残奥会官方唯一乳制品合作伙伴，开启了一系列宣传推广活动：一是在平昌冬奥会闭幕式中《北京8分钟》演出后，伊利为全球用户推出《北京第九分钟》宣传片，成为第一个为北京冬奥会时间发声的中国品牌，吸引了全球观众对北京冬奥会的期待与关注；二是通过搭建奥运级的场地、装备、专业指导、营养保障，让普通大众也能亲自感受到奥运级的冰雪体验，激活大众对北京冬奥会及冰雪体育的热情；三是启动北京冬奥会倒计时200天系列活动，开启2021年“参观伊利”项目，让消费者和社会各界能够通过线上小程序“伊利活动商城”近距离接触互动，参观伊利的牧场、工厂、乳文化博物馆，深度感受伊利奥运品质。

最后，大型综合性体育赛事特许产品生产商、代理销售商、门票销售代理商等为了提高特许产品和门票的销售量所开展的宣传活动，都可以不同程度提升赛事影响力。北京冬奥会组委会签约的特许零售企业开设超过 121 家官方特许商品零售实体店，这些特许商品零售实体店不仅承担着对公众进行奥林匹克品牌宣传、提供冬奥信息服务、展示和销售全类别特许商品、发布特许商品新品等功能，还是宣传冬奥会的窗口、文化交流平台和体验场所。

二、大型综合性体育赛事市场开发可以展示赛事品牌价值

奥运会、亚运会、军运会、全运会等大型综合性体育赛事的品牌价值主要体现在赛事媒体传播价值和赛事赞助价值两个方面。赛事媒体传播价值和赛事赞助价值的大小，主要通过市场开发中合作媒体及赞助品牌得以展示。

1. 大型综合性体育赛事合作媒体可以体现品牌价值

大型综合性体育赛事媒体传播价值主要表现在与赛事合作媒体传播的范围、转播时长、媒体观众人数等方面，媒体传播范围越广，转播时长越长，媒体观众越多，大型综合性体育赛事媒体传播价值就越高。

奥运会媒体传播价值主要通过其合作媒体实现的。一是奥运会合作媒体的传播范围不断扩大。1936 年柏林奥运会电视传播辐射范围仅限于本土，1960 年罗马奥运会合作媒体传播扩大至 21 个国家和地区，至 2006 年都灵冬奥运会，合作媒体传播覆盖全球。二是奥运会合作媒体制播时长不断增多。图 8－12 显示出 1988 年汉城奥运会制播时长为 2572 小时，至 2016 年里约奥运会制播时长为 7100 小时，增加 1. 76 倍，奥运会制播时长快速增长。三是从 2008—2016 年夏季奥运会媒体观众人数来看，媒体观众人数从 2008 年北京奥运会 46 亿人增至 2016 年里约奥运会 89 亿人（表 8－6），媒体观众人数剧增。通过上述三个方面，奥运会媒体传播价值不断提升，奥运会品牌价值得到展示。

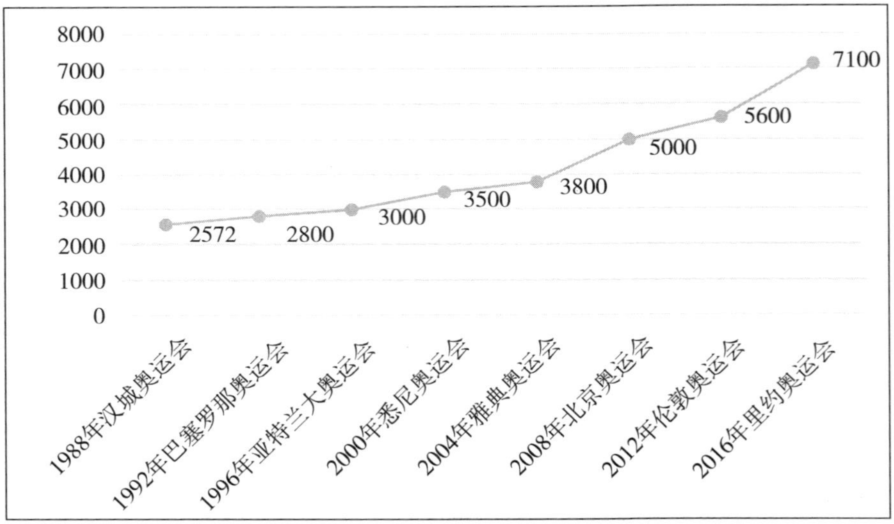

图 8-12　1988—2016 年夏季奥运会制播时长（小时）

［资料来源］IOC. Olympic marketing fact file 2019.

表 8-6　2008—2016 年夏季奥运会媒体观众人数（亿人）

	电视观众	新媒体观众		合计
		网络观众	视频观众	
2008 年北京奥运会	35	4	7	46
2012 年伦敦奥运会	36	12	19	67
2016 年里约奥运会	32	13	44	89

［资料来源］IOC. Olympic marketing fact file 2019.

2. 大型综合性体育赛事赞助品牌展示赛事品牌价值

大型综合性体育赛事是各赞助品牌展示的平台、赞助企业相互交流的平台。一方面，赞助企业借助大型综合性体育赛事展示赞助品牌价值；另一方面，大型综合性体育赛事通过赞助品牌展示赛事品牌价值。

TOP（奥林匹克全球赞助计划）是国际奥委会创立的国际性奥运会市场开发项目，它面向全球征集合作伙伴，向整个奥林匹克运动提供资金、产品、服务、技术和人力资源支持，是目前国际体育市场开发最成功的项目。表 8-7 是 1985 年以来 9 期奥运会 TOP 赞助商的概况，奥运会 TOP 赞助商少而精，数量维持在

9~13 个，几乎全部为世界 500 强企业或世界 500 强品牌，展示了 TOP 赞助商的国际化形象和综合实力，也显示出奥运会高端品牌形象和非凡的品牌价值。

表 8-7　1985 年以来 9 期奥运会 TOP 赞助商汇总表

期次	TOP 赞助商名称
第一期 卡尔加里/汉城 （1985—1988 年）	可口可乐、柯达、松下、维萨卡、运动画刊、三茂、飞利浦、兄弟、联合利华
第二期 阿尔贝维尔/巴塞罗那 （1989—1992 年）	可口可乐、柯达、松下、维萨卡、运动画刊、三茂、飞利浦、兄弟、博士伦、Mars、理光、美国邮政
第三期 利勒哈默尔/亚特兰大 （1993—1996 年）	可口可乐、柯达、松下、维萨卡、运动画刊、施乐、恒康人寿、UPS、博士伦、IBM
第四期 长野/悉尼 （1997—2000 年）	可口可乐、柯达、松下、维萨卡、运动画刊、施乐、恒康人寿、UPS、博士伦、IBM、三星、麦当劳
第五期 盐湖城/雅典 （2001—2004 年）	可口可乐、柯达、松下、维萨卡、运动画刊、施乐、恒康人寿、三星、麦当劳、Swatch、Sema
第六期 都灵/北京 （2005—2008 年）	可口可乐、柯达、松下、维萨卡、恒康人寿、三星、麦当劳、Swatch、Sema、通用、联想
第七期 温哥华/伦敦 （2009—2012 年）	可口可乐、麦当劳、维萨卡、通用、欧米茄、三星、源讯、松下、宝洁、陶氏化学、宏碁
第八期 索契/里约热内卢 （2013—2016 年）	可口可乐、麦当劳、维萨卡、通用、欧米茄、三星、源讯、松下、宝洁、陶氏化学、普利司通、丰田
第九期 平昌/东京 （2017—2020 年）	可口可乐、三星、松下、陶氏化学、维萨卡、宝洁、阿里巴巴、联想、丰田、欧米茄、普利司通、源讯、通用

[资料来源] 奥运会官方网站。

表 8-8 是 2010 年第 16 届广州亚运会（以下简称广州亚运会）赞助商概况。

广州亚运会是我国第二次举办的亚运会，吸引了国内及广州本地企业的关注。广汽集团、361°、王老吉、中国移动通信、中国南方电网、中国电信、中国人保集团、TCL集团、中国南方航空、网易、健力宝等企业赞助了广州亚运会，广州亚运会成为国内及广州本地品牌展示的平台，它展示了赞助企业的规模和实力，也彰显了广州亚运会独特的赞助价值。

表 8-8　2010 年第 16 届广州亚运会部分赞助商

赞助商级别	赞助商名称
高级合作伙伴	广汽集团、361°、王老吉、中国移动通信、中国南方电网、中国三星电子、中国电信
合作伙伴	中国人保集团、TCL集团、中国南方航空
赞助商	网易、健力宝、广州发展集团、岭南集团、卡丹路

[资料来源] 2010年第16届广州亚运会官方网站。

表8-9是2019年第七届武汉世界军人运动会赞助商概况。2019年第七届武汉世界军人运动会是武汉和湖北省至今举办的最高级别的综合性体育赛事，受到了国内及湖北省内企业的关注。从赞助企业性质看，既有中国工商银行、中国建设银行、东风汽车、中国宝武钢铁、中国人民保险等国有企业的赞助，也有伊利、凯尔美等民营企业的赞助。2019年第七届武汉世界军人运动会为不同性质企业展示自我、相互合作搭建了平台，凸显了赛事商务平台效应，体现了军运会的品牌价值。

表 8-9　2019 年第七届武汉世界军人运动会赞助商

赞助商级别	赞助商名称
合作伙伴	中国工商银行、中国建设银行、东风汽车、中国宝武钢铁、中国人民保险、卡尔美
赞助商	伊利、怡宝、武汉旅发投
供应商	中奥体育、杭州双纯生物科技、恩施玉露、利川红、赤壁乾泰恒兄弟茶业、广州叡君服装、南通市铁人运动

[资料来源] 2019年第七届武汉世界军人运动会官方网站。

表8-10是2021年第十四届陕西全运会部分赞助商概况。2021年第十四届陕西全运会组委会共签约107家赞助企业（含残特奥会赞助企业11家），赞助企

业涵盖了国际知名企业、国内和陕西本土著名企业，市场开发总收入达 15.5 亿元，展示了 2021 年第十四届陕西全运会品牌价值。

表 8-10　2021 年第十四届陕西全运会部分赞助商

赞助商级别	赞助商名称
合作伙伴	卡尔美、中国移动、中国电信、延长石油、陕煤集团、中国石油、三星
赞助商	中国工商银行、陕西信合、亚力克、中国农业银行、陕西地建、陕投集体、中国银行、中国建设银行、陕西有色、陕建、陕旅集团
供应商	榆林羊绒、西安银行、法士特、Micron、长安银行、永安保险、陕国投、秦农银行、大唐陕西、陕西金资、陕西地方电力、中国光大银行、国家电网、隆基、西安工投、华山论剑、陕西交通控股、冰峰、延安小米、银桥、华润万家、中体产业陕体集团

［资料来源］2021 年第十四届陕西全运会官方网站。

表 8-11 是 2022 年第 24 届北京冬奥会部分赞助商概况。其中，奥林匹克全球合作伙伴全部为国际大品牌，2022 年北京冬奥会官方合作伙伴均是中国行业标杆企业和民族品牌。高端品牌、实力企业的赞助充分展示了 2022 年第 24 届北京冬奥会的品牌价值。

表 8-11　2022 年第 24 届北京冬奥会部分赞助商

赞助商级别	赞助商名称
奥林匹克全球合作伙伴	爱彼迎、阿里巴巴、安联、源讯、普利司通、可口可乐、英特尔、欧米茄、松下电器、宝洁、三星、丰田汽车、维萨
2022 年北京冬奥会官方合作伙伴	中国银行、中国国航、伊利集团、安踏公司、中国联通、首钢集团、中国石油、中国石化、国家电网、中国人保、中国三峡
2022 年北京冬奥会官方赞助商	青岛啤酒、燕京啤酒、金龙鱼、顺鑫农业、文投控股、北奥集团、恒源祥、奇安信、猿辅导、百胜中国、盼盼食品
2022 年北京冬奥会官方独家供应商	英孚教育、科大讯飞、中国邮政、华扬联众、士力架、空港宏远、三棵树、东道、良业
2022 年北京冬奥会官方供应商	普华永道、随锐集团、金山办公、一石科技、歌华有线、河北广电、丰原生物、麒盛科技

［资料来源］2022 年第 24 届北京冬奥会官方网站。

第九章
CHAPTER 9
大型综合性体育赛事市场开发的权益与市场开发目标

只有在明确市场开发相关权益前提下，赛事承办方才能科学地制订市场开发目标。在市场开发目标确定过程中应考虑赛事举办目的、同类赛事市场开发的业绩与经验、赛事市场开发所具备资源回报条件、赛事运营环境等因素。本章介绍了大型综合性体育赛事市场开发权益分配，在此基础上，提出大型综合性体育赛事市场开发目标确定的过程。

第一节　大型综合性体育赛事市场开发的权益分配

大型综合性体育赛事市场开发权益主要涉及赞助招商权益、媒体转播权益、门票市场开发权益、特许产品开发权益等。一般而言，大型综合性体育赛事主办方是赛事 IP 的所有方，享有有关赛事市场开发所有的权益及其分配权，并主导市场开发权益分配；赛事承办方是具体负责运营赛事的组织或机构，关于市场开发的权益要与赛事主办方谈判商定；第三方赛事市场开发机构市场开发权益分配要听从赛事主办方或赛事承办方的安排。

一、奥运会市场开发权益分配

奥运会市场开发的组织机构有三个：国际奥林匹克委员会（International Olympic Committee，IOC）（以下简称国际奥委会）、第 X 届奥林匹克体育赛事组织委员会（Organizing Committee of the X Olympic Games）（以下简称奥运会组委会)、国家奥林匹克委员会（National Olympic Committees，NOC）（以下简称国家奥委会)。

国际奥委会是奥运会市场开发的最高组织管理机构，它享有对奥运会的全部权利，包括对奥运会的组织、开发、广播电视和复制的权利；拥有奥林匹克标志、奥林匹克旗、奥林匹克格言和奥林匹克会歌的权利；从奥运会比赛项目中撤销运动大项、分项或小项的权利；取消奥运会组委会承办奥运会的权利等。针对奥运会市场开发，国际奥委会负责监督和审核奥运会市场开发营销政策、提供资源、计划支持政策等，拥有奥运会媒体转播、奥运会全球合作伙伴计划（TOP 计划)、奥运会全球供应商计划、奥运会全球特许产品计划等权利，并将约 90%的每期奥运会市场开发收益用于支持各国运动员发展、支持促进全球奥林匹克运动和体育组织的其他活动、世界体育的发展等，10%的市场开发收益用于国际奥委会日常运营和管理支出。

奥运会组委会是一个临时性机构，从成立之时就与国际奥委会直接联系并接受其指示，它和举办城市一起共同承担组织和举办该届奥运会的财务责任，奥运会组委会的市场开发活动属于国际级开发层次。奥运会组委会具有国际奥委会让渡给奥运会组委会或国家奥委会的奥运会相关营销权利，如与全球 TOP 计划不冲突的产品类别、仅限于奥运会组委会所属国家或地区之内的赞助计划、供应商计划、票务计划、特许产品计划等。奥运会组委会将 95%的奥运会市场开发收益保留以支持奥运会组委会运营管理、奥运会筹办和奥运会组委会所在国家奥林匹克运动的发展，将 5%的市场开发收益用于支持国际奥委会的奥运会活动。

国家奥委会是奥林匹克运动的基层组织，是奥林匹克各种活动的直接承担者，它是一国家或地区奥林匹克运动唯一合法的组织者与领导者。它有权独自制订市场开发计划，但要经过国际奥委会的同意，其市场开发不能与国际奥委会发生冲突，并且以遵守《奥林匹克宪章》规定为前提。它拥有国际奥委会让渡给东道主国内的奥运会赞助计划、供应商计划、票务计划、特许产品计划等权利，并保留 100%的市场开发收益，以支持本国奥运会代表团和体育发展计划。

国际奥委会、奥运会组委会、国家奥委会的责、权、利已经在《奥林匹克宪章》中得到确认和保障，在此前提下，奥运会市场开发权益分配公开、透明。奥运会市场开发权益分配具体规定主要体现在奥运会主办城市与国际奥委会签署的《主办城市合同》中。奥运会《主办城市合同》厚达几百页，里面列举了国际奥委会对主办城市提出的各种要求和约束条款，关于市场开发权益规定的主要有以下两条。

1. 关于奥运会相关权利拥有、转让、授权的规定

（1）在不对《奥林匹克宪章》的任何条款加以限制的情况下，主办城市、国家奥委会和奥运会组委会承认奥运会是国际奥委会的独有财产，国际奥委会享有涉及奥运会组织、开发、转播、录制、代理、营销、复制、获取和散发的全部权利和数据。

（2）国际奥委会执行委员会可自行决定将上述权利所获得的利益，以分配、许可证或其他方式转让给奥运会组委会或其他方，转让内容包括但不限于与奥运会有关的一切版权、设计和商标。这种权利或利益的转让取决于国际奥委会执行委员会认为国际奥委会各种属品和标志的权利是否得到了切实保护。

（3）城市、国家奥委会和奥运会组委会进一步同意并承诺，如果与奥运会相关的任何权利第三方所拥有，所有这些权利须由该机构以受托人身份代表国际奥委会的利益所拥有，在任何情况下，只要国际奥委会执行委员会要求，该机构须自觉将这些权利让与国际奥委会。

（4）对于未经授权而使用与奥运会有关财产的，在主办国内，经与国际奥委会商定，由奥运会组委会自费采取行动；在主办国外，经与奥运会组委会磋商，由国际奥委会用组委会经费采取行动。

2. 关于奥运会市场开发计划的规定

（1）联合市场开发计划：奥运会组委会应遵守主办城市和主办国奥委会之间签署的联合市场开发协议中的各项条款和条件。该协议应将奥运会组委会和国家奥委会的全部市场开发权和商业权结合在一起。该协议由主办国奥委会签署，旨在保证主办国内所有的全国性体育协会都遵从和履行国家奥委会在市场开发方面的义务。

（2）市场开发计划协议：依据联合市场开发计划协议，奥运会组委会应同国际奥委会制订一项市场开发计划协议。这项市场开发计划协议应与国际奥委会明确奥运会市场开发权限。该市场开发计划应事先报请国际奥委会执行委员会书面批准。未经许可，城市、国家奥委会和奥运会组委会不得参与同奥运会有关的任何市场开发活动。

（3）防止隐性市场：城市、国家奥委会及奥运会组委会须保护奥林匹克赞助商和其他商业伙伴的权利，并自费采取一切必要措施以防止奥林匹克侵权行

为。奥运会组委会应事先报请国际奥委会执行委员会书面批准后，向国际奥委会提交一份详细计划，说明奥运会组委会为防止奥林匹克侵权行为拟采取的一切行动和措施。在不局限于上述原则情况下，城市、国家奥委会及奥运会组委会应保证主办国内没有其他能冲击奥运会市场开发计划的任何市场开发、广告或促销计划。城市应确保，未经国际奥委会执行委员会事先书面批准，不得向该城市的任何一方授予任何与主办城市、奥运会或举行奥运会的时段有关的赞助权或市场开发权。

（4）国际奥委会特许权使用费：根据以下国际计划和主办国纪念币、钞计划条款，国际奥委会应从所有合同的现金报酬中提取 7.5%，从所有提供实物（如商品和服务）的合同报酬中提取 5%。本款也适用于国家奥委会在联合市场开发计划中的分成。

（5）国际计划：考虑到长期奥林匹克赞助对奥林匹克运动的重要性，城市、国家奥委会和奥运会组委会须认同并与国际奥委会一起实施一项与奥运会有关的国际奥林匹克市场开发计划（简称“国际计划”），该计划优先于任何其他市场开发计划。为促使国际计划的赞助商在主办国实现其目标，城市、国家奥委会和奥运会组委会保证充分参与该项国际计划，并按照作为本合同附件中的国际奥委会市场开发指南规定取得各种权利，并履行其义务。

（6）主办国纪念币、纪念钞计划：主办国的奥林匹克纪念币和纪念钞计划包括纪念币、纪念钞数目和种类，应事先征得国际奥委会执行委员会的书面批准。在铸币厂没有零售业务情况下，国际奥委会按主办国铸币厂 FOB 价（离岸价格/船上交货价格）的 3%提成。此外，如果推出纪念性流通币或流通钞的计划，国际奥委会应得份额为全部纪念币和纪念钞面值的 3%。如果奥运会组委会在销售奥林匹克纪念币方面直接或间接获得政府的最低限度的保证或捐赠，国际奥委会的分成份额应等于该最低限度保证的 10%。全部款项应在纪念币开始发售或流通的那一季度之后紧邻的下一季度交付给国际奥委会。

（7）国际奥委会纪念币、纪念钞和纪念牌计划：该城市及国家奥委会在此承认国际奥委会有权推出其本身的纪念币、确认纪念钞和奖牌计划；纪念钞和纪念牌可在国家奥委会所在领土销售，销售条件与情况和在其他国家相同。国际奥委会和奥运会组委会应在各自的纪念币、纪念钞、纪念牌计划方面全面合作。

（8）屏幕识别：在屏幕或其他电视上的识别/展现产生的任何净报酬应在国际奥委会和奥运会组委会之间分配，分配比例与《主办城市合同》第 49 条 b 款规定的电视收入分配比例相同。

二、亚运会市场开发权益分配

亚运会市场开发由亚奥理事会、亚奥理事会代理开发商、东道主亚组委共同负责。亚奥理事会是负责亚运会市场开发的最高管理机构，拥有与亚运会相关的所有权利，具体包括亚运会媒体转播、亚运会赞助招商、亚运会门票开发、亚运会特许产品开发、亚运会其他营销权利等相关市场开发权利。亚奥理事会授权专业的代理开发商负责亚运会市场开发，代理开发商从中获取一定的佣金。东道主亚组委是一个临时组织机构，与亚运会举办城市一起组织、举办亚运会，并一起承担亚运会举办财务。东道主亚组委获得亚奥理事会让渡的市场开发权后，与亚运会代理商联合开发亚运会资源。

按照亚运会市场开发要求，所有亚运会赞助商要与亚奥理事会指定的代理开发商签约，代理开发商从亚运会赞助商处获得 1%的提成，亚运会赞助商再与东道主亚组委签约。按此要求，21%的市场开发收益归代理开发商所有，26%的收益需以现金折现的方式归亚奥理事会以支持亚洲区奥林匹克运动的发展及亚奥理事会日常运营管理，剩余 53%的收益划归东道主亚组委以组织和举办亚运会。

2006 年多哈亚运会，亚奥理事会指定代理开发商日本电通公司市场开发总额并不理想，日本电通公司对 2010 年第 16 届广州亚运会市场开发理想总额为 1.2 亿美元。鉴于此，亚奥理事会与广州组委会达成协议，将 2010 年广州亚运会市场开发权全部让渡给广州亚组委，即广州亚组委以 1.2 亿美元一次性买断 2010 年广州亚运会全部开发权。最终，2010 年第 16 届广州亚运会市场开发收入超过 30 亿元，获得了巨大的成功。基于此，依照 2010 年第 16 届广州亚运会市场开发模式，亚奥理事会也将 2022 年杭州亚运会市场开发权让渡给杭州亚组委，2022 年第 19 届杭州亚运会市场开发在亚奥理事会指导下，由杭州亚组委会负责。在遵守《亚奥理事会章程》规定、亚运会《主办城市合同》协议框架下，杭州亚组委和杭州市积极发挥自身优势，整合多方面资源，使杭州亚运会市场开发计划更加符合市场规律和企业诉求，积极筹资，为杭州亚运会的顺利举办提供更好的保障。

针对亚运会市场开发收入分配，在《亚奥理事会章程》、亚奥理事会与主办城市签署的《主办城市合同》中亦有相关规定。

《亚奥理事会章程》第六十七条规定了亚奥理事会、亚组委在亚运会市场开发中的责、权、利，具体如下。

(1) 亚奥理事会应指定“市场开发代理”以协助市场开发活动。代理佣金将由执委会决定；

(2) 依照体育赛事商业权利销售所提供的所有现金等价位应按相关协议所述进行估价，或者如果该协议未规定估价，那么 (i)（如果所有权被转让）便以批发价估价，(ii)（如果仅是使用权被转让）便以租赁成本估价；

(3) 如果主办体育赛事的成员国未能说明应归于理事会的资金，或者未能给予理事会应得捐献，执委会将有权重新获得应得金额，并予以适当罚款；

(4) 承诺参加亚奥理事会体育赛事市场开发计划的所有成员国家奥委会将由亚奥理事会根据每个情况分配一定金额。如果一个成员国家奥委会决定参加亚运会市场开发计划，那么亚奥理事会将拒给所有从市场开发计划中所获的资金，而且亚运会期间该国家奥委会将不准利用该计划或体育赛事的任何赞助者；

(5) 亚组委应确保体育赛事所有市场开发计划收入都是免税的；

(6) 亚奥理事会主席有权在亚奥理事会行政部门内成立一个市场开发部或此等机构以推销亚奥理事会所有权；

(7) 体育赛事外观，包括正式印刷材料图解标准手册、合作伙伴认可计划、媒体活动，以及赞助商指示招牌和体育赛事的准确名称、印刷和广播媒体使用的体育赛事正式标识需经亚奥理事会核准；

(8) 亚组委应满足亚奥理事会在市场开发、信息技术系统和电视与媒体广播方面的所有要求；

(9) 亚奥理事会应为体育赛事任命独立的信息技术和电视审计员，审计费用由亚奥理事亚组委支付；

(10) 除上述规定外，亚奥理事会市场开发指南及商业指南所涉及的所有规定均应得以严格适用；

(11) 亚组委还应向亚奥理事会支付1500万美元用于亚运会公关活动。该款项应于上届亚运会结束后立即支付。

三、全运会市场开发权益分配

全运会是由国家体育总局主办、地方政府承办，实行分级管理的综合型管理模式。国家体育总局总体指导全运会竞赛工作，承办地成立一个临时机构——全运会组委会，负责全运会的筹办工作（含市场开发）。全运会的办赛经费除了来自中央拨款，其余部分均由举办地自筹，盈亏均由当地政府承担。国家体育总局是全运会赛事的所有方，拥有全运会市场开发的一切权利。为了调动地方承办全运会的积极性，国家体育总局将每届全运会市场开发权利全部让渡给全运会承办方，全运会市场开发收益按照“谁承办、谁开发、谁收益、谁承担风险”的原则进行分配。

全运会组委会获得国家体育总局让渡的全运会转播、全运会赞助招商、全运会票务开发、全运会特许产品开发等市场开发权利后，负责制订、执行全运会市场开发计划，并完全享有全运会市场开发所有收益。

关于全运会市场开发的规定，2017 年 2 月，国家体育总局印发了《全国综合性运动会组织管理办法》的通知（体竞字〔2017〕12 号），其中第十章第五十七至六十一条对全国综合性体育赛事市场开发有专门的规定。

第五十七条　运动会市场开发权归主办单位所有。主办单位可以授权组委会进行当届运动会的市场开发，并对此项工作进行指导和监督。承办单位确定后 6 个月内，主办单位和承办单位协商确定运动会市场开发权利义务等内容。

第五十八条　组委会应当健全制度，规范使用运动会名称、会徽、吉祥物、主题口号等标识。组委会可以通过商标注册、版权登记、专利申请、特殊标识登记等手段加强对运动会标识的保护。

第五十九条　鼓励整合市场资源，通过赞助、特许经营等方式吸引社会资本为运动会组织工作提供资金、技术和服务支持。组委会应当注重赞助企业投资回报，防范隐性市场营销，维护赞助企业权益。

第六十条　组委会应当保证运动会比赛和活动在电视、广播、网络媒体等进行播出和报道。

第六十一条　门票销售体现公开、公正、惠民原则，销售门票应当占场馆座席总数的 45% 以上。门票价格应当充分考虑承办单位经济社会发展状况和人民生活消费水平。

第二节　市场开发目标确定的过程

根据大型综合性体育赛事市场开发实践，其市场开发目标确定的基本过程为：明确赛事举办的目的、借鉴同类赛事业绩经验、盘点赛事具有的资源条件、分析赛事运营环境、确定市场开发目标五个阶段。

一、明确赛事举办的目的

明确大型综合性体育赛事举办的目的是大型综合性市场开发目标确定的依据。大型综合性体育赛事的举办目的归纳起来，主要有实现赛事的社会效益和经济效益两类，见表9-1。一般而言，赛事举办的目的并非单一追求社会效益或经济效益，而是两种目的的有机混合体，市场开发目标必须与办赛总目的一致，在社会效益和经济效益方面有所体现。

表9-1 大型综合性体育赛事举办目的

目的类型	具体目标
社会效益	■ 提高区域知名度、美誉度和影响力 ■ 促进区域精神文明建设，推动区域社会进步 ■ 增强城市凝聚力、居民获得感、幸福感 ■ 营造良好的体育文化氛围，引导健康生活方式 ■ 改善区域环境 ■ 传承和发扬优秀的体育文化 ■ 培养体育专业人才，提高体育竞技水平
经济效益	◆ 增加就业机会 ◆ 推动区域体育产业及相关产业发展 ◆ 打造体育文化旅游带 ◆ 提升赛事品牌价值 ◆ 显示区域经济实力，营造良好的招商引资环境 ◆ 带动区域经济增长

［资料来源］［1］储龙霞．大型体育赛事举办后的社会影响及评估内容研究［J］．体育与科学，2011（5）：84-87，105.

［2］田静，徐成立．大型体育赛事影响城市发展评价指标体系的建立及实证分析［J］．上海体育学院学报，2011，35（3）：7-13.

［3］黄磊，林显鹏．举办大型体育赛事对城市经济更新的影响及其作用路径研究［J］．湖北社会科学，2020（5）：99-105.

北京冬奥会的办赛目的和市场开发目标保持高度一致。北京冬奥会办赛的目的：通过北京冬奥会的举办，一是带动至少3亿人参与冬季运动，让更多人享受冬季运动的魅力，增进民众的健康和福祉，有效提高中国运动员的竞技水平，并有助于开发冬季体育运动市场；二是发挥首都经济圈辐射作用，打造京张沿线体育文化旅游带，增加就业，带动张家口及周边地区经济发展、空气质量改善和人民生活水平提高；三是最大限度地发挥奥林匹克运动的功能和影响力，在体育、文化、教育、环境、场馆及城市基础设施等方面创造更有价值的可持续奥运遗产。根据北京冬奥会的办赛目的，其市场开发目标为：①促进奥林匹克运动发展及冬奥会和冬残奥会品牌宣传；②为筹办北京 2022 年第 24 届冬奥会和冬残奥会筹集资金、物资、技术和服务保障；③为中国奥委会和奥运会中国体育代表团、中国残奥委会和中国残奥体育代表团提供资金和物资支持；④为 2022 年第 24 届北京冬奥会和冬残奥会赞助企业提供独一无二的市场营销平台；⑤促进经济、社会、环境可持续发展。

二、借鉴同类赛事业绩经验

首先要了解历届同级别赛事的举办目的、市场开发模式及市场开发运作机构。不同的办赛目的、不同的市场开发模式涉及政府在市场开发中的地位和作用不同，关系到政府对赛事支持的力度，这对于设定赛事市场开发目标有较大影响。此外，不同的市场开发模式和市场开发运作机构中的工作人员专业能力也存在较大差距，他们对市场开发的理解和认知存在差异，所设定的市场开发目标不一。

其次要了解历届同级别赛事的市场开发业绩和做法。了解同级别赛事市场开发总体目标、媒体转播销售、赞助招商、门票销售、特许产品开发具体目标、市场开发收入总数、市场开发收入来源、市场开发收入构成比例，为市场开发具体目标设置提供参考；了解以往同级别赛事市场开发的条件和主要做法，为分析市场开发环境提供借鉴；了解历届赛事具体的电视转播合作伙伴、赞助商、门票销售合作平台、特许产品售卖渠道。

三、盘点赛事具有的资源条件

大型综合性体育赛事具有的资源条件决定了其市场开发价值，赛事的市场价值越高，其市场开发目标越高。赛事的市场价值主要体现在赛事自身资源条件、赛事主办方和承办方拥有的宣传资源、公共资源等方面。

（一）赛事自身资源条件

从赛事本身的资源条件来看，赛事的规模越大，参赛人群越多，赛事就越受关注；赛事的级别越高，竞技水平越高，可观赏性越强，就越彰显赛事市场价值。大型综合性体育赛事有精彩的开闭幕式，各个竞赛项目同时进行，观众可选择性较强，赛事能聚集旺盛的人气。

（二）赛事主办方和承办方拥有的宣传资源

从赛事主办方和承办方拥有的宣传资源来看，赛事合作的专业媒体、主流媒体的级别高、数量多，举办的赛事推广活动数量多、规模大，赛事的传播范围就越广，赛事的影响力就越大，赛事的市场价值就越高。此外，媒体转播的时长也影响赛事市场价值。

（三）赛事主办方和承办方拥有的公共资源

从赛事主办方和承办方拥有的公共资源来看，赛事主办方和承办方掌握的公共资源越多，越能为赛事营造良好的发展环境，使赛事赢得社会的赞誉，这亦是赛事市场价值的体现。在中国，政府掌握了举办体育赛事所需的关键公共资源，若大型综合性体育赛事得到了政府的认可和重视，政府能让渡更多的公共资源条件，这便为赛事市场开发提供了有利条件。如国际或洲际赛事组织负责人、国家领导人、国家体育总局和地方人民政府领导人会出席赛事新闻发布会、开闭幕仪式和各种市场开发启动及签约仪式，在地铁、公交、街道和地标建筑等所做的赛事宣传被许可，媒体和赞助商的权益回报将得到丰富和落实。

四、分析赛事运营环境

大型综合性体育赛事市场开发活动是在一定环境下进行的，它受内外各种环境的影响，大型综合性体育赛事市场开发目标确定需要分析赛事内外运营环境。

（一）分析赛事运营的宏观环境

1. 分析赛事区域政策、法律环境

赛事是否得到当地政府的支持，相关有利于赛事举办的政策法规是否得到执

行，地方是否出台和执行有利于赛事投资的政策法规，地方政府是否营造了一个公平、公正的营商环境，这些都是赛事投资者的关注点。在良好的政策法律环境中，赛事投资者目标实现的可能性越大，其投资的意愿越强。

2. 分析赛事区域经济环境

区域经济环境与赛事赞助招商和门票销售关系密切。按照大多数赛事举办经验，本地企业一般是赛事举办地赞助招商的重点目标对象，本地企业是否具备实力是赛事赞助招商考虑的重要因素。本地企业实力可以从本地拥有的外资企业、央企数量得到体现。相对而言，在北京、上海举办的大型综合性体育赛事潜在的目标赞助商更多。如北京是我国央企总部设置最多的城市。2016 年北京央企总部有 106 家，至 2019 年，北京市跨国公司总部为 179 家，四成以上来自境外世界 500 强企业。上海是我国金融企业和外资企业最集中的城市。截至 2019 年 7 月，上海有跨国公司地区总部 696 家，其中大中华区、亚洲区及更大区域总部 104 家。另外，居民消费水平与区域经济发展水平呈正相关，居民消费水平越高，越有可能产生体育赛事相关的消费。

3. 分析赛事运营的社会文化环境

区域人口、体育人口数量是转换体育消费人口的基础，区域人口越多，体育人口数量越多，赛事越具有市场开发潜力。区域文化观念、区域居民生活方式、区域体育文化氛围、以往举办过哪些级别的重大赛事，这些社会文化环境都影响着人们体育赛事消费意愿和行为。

4. 分析赛事运营的技术环境

在数字化发展的今天，借助 VR、AR、智能化设备、物联网、互联网、大数据、云计算，观众的观赛体验得到全面改善，媒体转播的信号及画面稳定、流畅、清晰，赞助商权益借助高科技手段被创新兑现，这种环境条件下，赛事市场开发更具潜质。

（二）分析赛事运营的竞争环境

从赛事自身出发，分析赛事举办的优势、劣势、机会及威胁（SWOT），有利于充分利用优势，将机遇资本化，扬长避短，迎接威胁，并据此确定赛事市场开发目标。

（1）分析赛事举办的优势。即对比以往区域举办的各种体育赛事，此次举办的大型综合性赛事是否具有独特的意义，将给区域带来哪些社会和经济效益等。

（2）分析赛事举办的劣势。即对比以往其他区域举办的同类型、同级别的赛事相比，此次举办的大型综合性赛事在影响力、媒体传播、办赛经验等方面存在哪些不足。

（3）分析赛事举办可能带来的机遇。把此次赛事举办与区域发展战略结合起来，罗列此次赛事举办在区域发展战略的引导和影响下，赛事将取得哪些综合效益。

（4）分析赛事举办可能遭遇的威胁。对比此次赛事举办的时间、持续时间、级别、规模等，是否遭遇其他体育赛事的冲击，对比赛事举办前后一年已经举办或即将举办的体育赛事，哪些赛事将对赛事市场开发带来威胁，威胁的程度如何。

知己知彼，百战不殆，只有通过客观分析赛事运营的竞争环境，才能制订出更加客观、合理的市场开发目标。

五、确定市场开发目标

在明确了赛事举办目的、借鉴了同类赛事的业绩和经验、盘点了赛事资源条件、分析了赛事运营环境之后，最终确定了赛事市场开发的总体目标，主要体现在以下三方面。

一是促进运动项目发展及赛事品牌的宣传。赛事市场开发的过程是对运动项目及赛事品牌宣传的过程，借助媒体转播、赞助招商、门票销售、特许产品经营等市场开发手段，运动项目及其规则、赛事名称、会徽、吉祥物、会歌、主体口号、赛事理念、宣传画等被民众逐渐认知、熟知，最终促进运动项目的发展、赛事品牌的推广，这也是赛事举办的初衷。

二是为赞助企业提供市场营销平台。各企业赞助赛事均有自己的营销目标，赛事承办方要给予等价的权益回报，积极提供各种营销平台助力赞助企业完成营销目标。以奥运会 TOP 赞助商陶氏化学为例。在奥运会赛场上，TOP 赞助商希望尽可能展现企业的产品、性能或者服务的优势。在伦敦奥运周期，国际奥委会许可陶氏公司参与伦敦奥林匹克体育场的建设中，在体育场跑道、奥运主场馆的顶棚设计中都不同程度地使用了陶氏产品；陶氏化学还与里约奥组委合作，创造了更多后奥运遗产，其中就包括一项与50万巴西人分享可持续和气候变化信息的参与计划；在平昌冬奥会上，陶氏化学再次为主要运动场馆和基础设施提供了一流的创新解决方案。通过国际奥委会提供的一系列营销平台，陶氏化学一方面为奥运会提供着最周密的支持，另一方面也将自己最先进的品牌理念传递给全世界的观众。

三是为赛事筹集办赛资金、物质、技术和服务。市场开发最根本的目标任务就是满足办赛需求，筹集办赛资金、物质、技术和服务。伴随着大型综合性体育赛事举办规模的不断扩大，赛事需求随之变大，赛事市场开发目标任务加大。如2009年第十一届全运会市场开发收入达8.07亿元，基本上弥补了赛事运营成本，第十二届全运会市场开发收入上升至9.3亿元。

第十章
CHAPTER 10
大型综合性体育赛事市场开发组织机构设置与开发模式选择

大型综合性体育赛事的市场开发目标确定后，就要围绕着市场开发目标解决“由谁来做市场开发”的问题，即如何设置相应的市场开发机构和选择市场开发的具体形式。本章首先介绍了大型综合性体育赛事市场开发组织机构设置，接着阐述了大型综合性体育赛事市场开发模式。

第一节　市场开发组织机构设置

一、市场开发部的设置及职能

在赛事组委会或执委会中，往往要设立若干职能部门负责各项赛事组织工作，根据第3章大型综合性体育赛事组织机构设置（图3-1），市场开发部就属于众多职能部门中的一个，主要负责赛事的市场开发。

市场开发部主要任务是在赛事权拥有方和赛事组委会的领导下，执行赛事举办的具体章程和协议规定，全面负责大型综合性体育赛事市场开发，完成赛事组委会/执委会下达的筹资任务。市场开发部的主要职责如下。

（1）统筹管理、综合协调赛事市场开发资源和筹集资金工作；负责制订赛事市场开发战略计划及各项执行计划并进行管理。

（2）负责就市场开发业务与不同层级赞助商、特许经营企业等相关组织的联络工作。

（3）组织、实施合作伙伴、赞助商、供应商、火炬及其他主题活动的市场开发销售工作。

（4）负责赞助商的服务与接待工作。制订、实施并管理赞助商服务和接待计划，组织赞助商顾问组会议及研讨会工作。

（5）负责实施特许经营商品计划、邮品、纪念币计划的制订与销售工作。

（6）负责市场开发宣传工作的协调与管理，负责赛事组委内部市场开发宣传、赞助商识别宣传及特许经营商品的宣传促销工作，处理市场开发宣传危机。

（7）负责赞助商权益保护工作，防范、监控和协调有关部门制止侵害赛事赞助商权益的隐性市场行为，打击假冒伪劣特许经营商品的工作。

（8）负责赛事品牌保护及商业使用的管理工作，协调有关部门识别、查处违反赛事标志保护法规的行为。

（9）参与市场开发合同的起草、谈判，协助有关部门监督履约工作和市场开发合作伙伴合同批准程序的管理工作。

（10）负责制订票务战略计划和操作方案，建立票务中心，协调、组织、管理票务工作。

（11）负责统一归口管理赛事的捐赠工作，负责捐赠事务办公室的日常工作。

（12）负责提出赛时市场开发用地规划相关的需求。

（13）负责与赞助商、开发商做好集资的善后工作。

（14）负责与赛事市场开发相关的协调和联系工作。

二、市场开发部内部机构设置

为了完成赛事市场开发目标任务，市场开发部内设若干处室，分解目标任务，赋予处室相关职责，主要设置的处室见图 10-1。

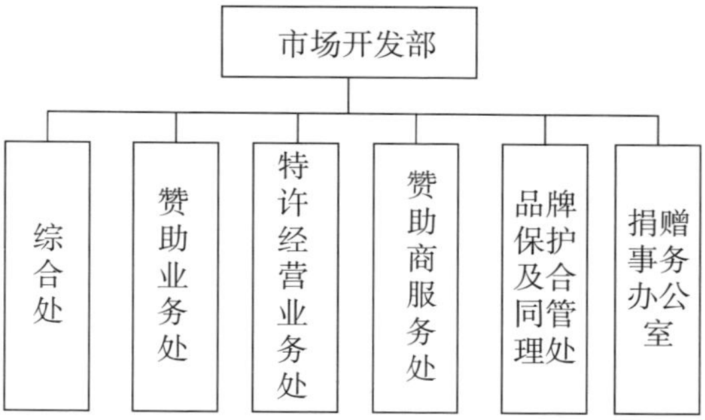

图 10-1　市场开发部内部机构

1. 综合处

（1）负责制订市场开发部工作计划，市场开发总体计划及各项执行计划，制订部门季度、年度工作计划与总结，火炬接力、文化活动市场开发计划，确定工作目标。

（2）负责各项计划完成进度监督管理工作、负责决策事项的督查落实工作。

（3）负责市场开发部涉及赞助、捐赠财务、物资登记管理工作，编制市场开发预算工作。

（4）负责本部与赛事组委会各部及本部各处室的综合协调工作。

（5）负责部门内部的人事管理、会议管理、文件管理、制度管理、档案管理、印鉴管理、财务管理、固定资产管理。

（6）负责本部外事、宣传、信息、大事记、保密和信访等工作。

（7）负责本部安全、保卫工作。

（8）负责本部行政后勤等服务工作。

（9）协助党支部、工会、妇联等组织开展工作。

2. 赞助业务处

（1）负责潜在赞助类别调研分析及组委会需求调研。

（2）制订实施各级别赞助商销售计划。

（3）确定赞助类别、赞助商等级和价位。

（4）负责业务谈判、合同执行及相关的管理工作。

（5）负责赞助商客户管理。

（6）负责赞助商联络、接待和协调工作。

（7）协助组织赞助商顾问组会议、赞助商俱乐部，参与和组织各种相关活动。

（8）负责与市场开发有关的电视转播权和电视转播商的相关管理工作。

3. 特许经营业务处

（1）制订实施特许经营商品计划。

（2）制订实施邮品、纪念币计划。

（3）特许经营业务谈判。

（4）特许经营类别确定、产品开发、设计管理、质量控制、防伪措施。

（5）特许经营商遴选和管理。

（6）特许经营销售渠道建设和管理。

（7）特许经营品牌形象管理和特许经营商品的宣传促销工作。

4. 赞助商服务处

（1）负责制订和实施赞助商、转播商服务接待计划，包括住宿、交通、制证、票务、现场零售摊位等，履行规定的义务。

（2）负责制订和实施赞助商识别计划。

（3）负责组织赞助商研讨会和合作伙伴俱乐部活动。

（4）负责制订和实施赞助商接待中心计划，协调选址、建设、服务提供和日常管理工作。

（5）协助赞助商开展奥林匹克市场营销活动。

（6）负责市场开发宣传工作，协调媒体关系，处理公关危机。

（7）负责提出奥运赛时市场开发用地规划相关的需求。

5. 品牌保护及合同管理处

（1）赛事品牌保护及其商业使用的审批、管理工作。

（2）制订实施保护计划及赛事标志商业使用手册。

（3）识别并协助法律事务部查处违反赛事知识产权保护法规的行为。

（4）赞助商权益保护的管理工作。

（5）协调内部有关部门，防范、监控和制止侵害赛事赞助商权益的隐性市场行为。

（6）开展保护赛事品牌和赞助商权益的宣传教育。

（7）负责市场开发协调小组日常工作，联系市场开发计划协议执行管理工作。

（8）参与市场开发部承办合同的制订、谈判、管理和监督履约工作，根据合同管理的有关规定，负责合同管理工作，协助处理合同争议。

6. 捐赠事务办公室

（1）归口管理赛事组委会捐赠事务。

（2）制订内部捐赠工作程序和管理办法，制订公布关于接受捐赠的管理规定。

（3）负责捐赠事务办公室日常工作，受理社会组织和个人的捐赠。

（4）协调内部有关部门管理和使用受赠财物。

三、市场开发部与其他部门的关系

市场开发部与其他职能部门同属于赛事组委会的下属机构，在赛事组委会的指挥和领导下履行职责，完成自身任务，同时也要处理好与其他部门的关系。由于市场开发部客户权益需要得到竞赛组织部门、宣传部门、后勤保障部门的支持才能落实，市场开发部作为赛事筹资部门与财务部门业务关系密切，这里重点阐述竞赛组织部门、财务部门、宣传部门、后勤保障部门与市场开发部的关系。

（一）市场开发部与竞赛组织部门的关系

竞赛组织部门是大型综合性体育赛事的核心部门，负责竞赛组织和管理。市场开发部与竞赛组织部门的关系如下。

1. 市场开发部为竞赛组织部门提供支持

在大型综合性体育赛事竞赛组织中，赛事所有方和赛事组委会对赛事场地器材规格、竞赛组织有一定的要求，竞赛组织部门按照此要求罗列需求清单：赛事奖金、体育场地、体育设施设备、体育器材、体育服装鞋帽、食品饮料、赛事用车、餐饮、住宿、金融保险、信息软件、通信设施等需求的具体数量和规格，市场开发部按照竞赛组织部门需求进行赞助招商，满足竞赛组织需要。

2. 竞赛组织部门落实市场开发部客户权益回报

赛事活动是媒体、赞助商、观众兑现相关权益的载体，竞赛组织部门为此需要付出较多的努力。如在赛期，竞赛组织部门要及时发布竞赛成绩，保障媒体准时报道，为媒体工作者提供合适的机位和最佳拍摄视角；组织赛事运动员、教练员接受采访，与赞助商、观众交流、合影等；在赛场中合理设置展示板、展示牌、电子屏幕，落实赞助商权益回报等。

3. 市场开发部与竞赛组织部门工作交集中应注意的事项

（1）竞赛组织部门应反复与市场开发部沟通竞赛组织中奖金、实物、技术、服务需求的数量和规格，避免赞助商提供的赞助金额、实物、技术或者服务达不到竞赛组织部门的要求，而使赞助商的权益受到损害。

（2）开闭幕式中导演团队使用的服装器材要事先与市场开发部沟通，并得到市场开发部的许可后方能投入使用。

（3）市场开发部应尽快熟悉竞赛组织部门的业务能力，避免在信息不对称的情况下对媒体、赞助商、观众作出承诺，最终无法兑现。

（4）竞赛组织部门应严格执行市场开发部赞助商权益回报方案，避免在竞赛组织中没有按照市场开发部的要求，忽视赞助商曝光权、广告权、销售权的展示，使赞助商权益无法兑现。

（5）竞赛组织部门应准确估算竞赛组织的所有需求，避免造成赞助资源的过剩或缺乏，使市场开发部工作处于被动状态。

（6）竞赛组织部门应为赛事利益各方提供细致周到的服务，避免运动员退赛无法正常转播、赛事秩序混乱等不同等级的事故，使媒体、赞助商、观众的权益无法兑现。

（7）在对各单项比赛的冠名权评估时，市场开发部应对各单项比赛的特征和规律有充分的认知，学习无形资产评估的标准，避免与竞赛组织部门在赛事无形资产评估时出现较大的认知偏差。

（二）市场开发部与财务部门的关系

大型综合性体育赛事财务部门的职责是负责编制和管理组委会总预算、年度预算和会计核算工作，实施赛事财务风险管理、物流管理和物资采购工作。市场开发收入是财务部门重点业务内容。因此，财务部门与市场开发部的关系密切。

1. 市场开发部为财务部门提供赛事资金来源

财务部门是负责赛事财务工作的主管部门。市场开发收入是大型综合性体育赛事的主要收入来源，从这个意义上讲，市场开发部与财务部门业务往来最多。市场开发中各项收入都要纳入财务部门收入系统，财务部门监督和跟踪市场开发部筹资任务完成的情况，核实各项市场开发收入的来源、金额、支付手段等，与市场开发部逐一对接。

2. 市场开发部为财务部门提供采购的对象

举办大型综合性体育赛事要产生诸多刚性需求，财务部门有许多潜在采购对象可以选择。为了节省赛事开支和兑现赞助商的权益，财务部门优先考虑通过赞助商渠道采购，市场开发部为财务部门提供赞助商及其产品名称、赞助金额、赞助形式、赞助等级等多方面的信息，财务部门核实无误后进行采购，以实物折算成现金的形式核算赞助商的实际赞助金额。

3. 财务部门为市场开发部提供支持

市场开发部工作人员工作强度大，尤其是在赞助招商中，需要经过多轮的谈判和协调才能最终签订合同，所花费的有形成本和无形成本较大，需要得到财务部门的认可和支持。市场开发部为了推进工作进程，赛事前期需要为赞助招商进行各种宣传推广活动，赛事后期为了兑现赞助商权益需要购置木料、展板、印刷品等，由此产生的费用需要财务部门预先支付或事后报销。除此之外，财务部门应和市场开发部统一立场、统一说法，在实物、技术、服务方面的采购价格应当达成一致。

4. 市场开发部与财务部门工作交集中应注意的事项

（1）财务部门应就赞助商权益回报内容与市场开发部达成一致，认可并支持市场开发部的工作。

（2）财务部门在采购赞助商实物、技术服务折算现金时，在批发价、市场价、协议价等方面应与市场开发部计算口径一致。

（3）财务部门在无形资产评估定价时，应综合市场开发部的建议，根据市场行情、消费者情况、竞争对手情况、历来经验进行定价。

（4）市场开发部和财务部门工作风格不同，在工作中应换位思考，综合权衡，避免市场开发部与财务部门对市场开发的机会和成本认知不一，导致害怕承担风险而错失市场开发良机。

（5）市场开发部应充分了解财务程序、财税政策、财务部门人员业务能力，杜绝无法兑现客户承诺的情况。

（6）市场开发部工作应细致周到，避免赞助商不满、毁约等造成尾款及违约金难以回收的现象。

（三）市场开发部与宣传部门的关系

宣传部门是负责赛事新闻发布和对外宣传工作的主管部门，市场开发部需要媒体宣传实现赛事的品牌价值和赞助商权益回报，因此，市场开发部和宣传部门就产生了交集。

1. 宣传部门实现赛事品牌价值

宣传部门拥有良好的媒体资源和公共关系资源，借助媒体的宣传和公共关系活动的开展，大型综合性体育赛事的传播价值、赞助价值、市场价值会不断提升，由此实现了赛事品牌的价值。宣传部门要整合一切资源对赛事进行整合营销，把赛事基本信息、赛事竞赛信息、赛事活动信息、赛事新闻报道信息等及时传达给赛事利益相关者，引发社会各界的关注，获得各方对赛事的认知和好感，吸引更多企业投资赛事。

2. 宣传部门变现赞助权益回报

目前，媒体曝光度是企业衡量大型综合性体育赛事赞助价值的通用标准，也是赞助权益回报变现的重要指标。宣传部门拥有的媒体级别、媒体数量、媒体种类直接决定赞助品牌媒体曝光度，在很大程度上影响着赞助权益的兑现。除此之外，宣传部门开展宣传活动的规模、级别和频次、邀请重要人物的出席也都影响着赞助权益回报的变现程度。

3. 市场开发部的诉求影响媒体宣传的倾向

诚然，大型综合性体育赛事宣传部门承担着宣传赛事社会效益、促进精神文明建设的重任，赛事运营管理机构也迫切需要运用媒体宣传凝聚人气，产生赛事影响力，为赛事创造更多更好的经济效益，这也是市场开发部的诉求。这种诉求影响宣传部门对赛事宣传报道中素材与内容的选择，宣传部门必须给予赛事正面报道，给予赞助商多频次的镜头切换或软文宣传推介等，杜绝一切赛事负面报道给市场开发带来的风险和损害。

4. 市场开发部与宣传部门工作交集中应注意的事项

（1）宣传部门应与市场开发部反复核实赛事合作媒体的级别、种类、数量，尽可能争取到更多专业媒体、强势媒体、主流媒体的支持。

（2）宣传部门应营造良好的舆论氛围，妥善处理公共危机事件，避免或减少负面报道对赛事产生损害，波及市场开发部工作。

（3）市场开发部与宣传部门应彼此充分沟通，熟悉了解对方的业务流程和部门业务能力，避免无法兑现市场开发部客户承诺的现象。

（4）市场开发部应与宣传部门在赛事经济效益和社会效益宣传导向方面达成一致，宣传部门要尽可能满足市场开发部宣传推广的诉求。

（5）市场开发部应与宣传部门协调关于赛事市场开发的形式、内容、宣传推广的手段、主题等，避免因宣传不力影响赛事市场开发工作。

（四）市场开发部与后勤保障部门的关系

大型综合性体育赛事后勤保障部门主要指接待服务、安保、供水供电、医疗卫生、信息通信、气象服务等。后勤保障部门的主要职责是负责为赛事运动员、技术官员、赛事工作人员、贵宾要人等提供住宿、餐饮服务，维护赛事秩序，保障赛事参与者的生命财产安全，保障赛事医疗卫生、用水用电、信息通信、气象服务等方面的需求。市场开发部表面看起来与后期保障部门没有直接的联系，实际上，后期保障部门服务工作的成效影响着市场开发的绩效。

1. 后勤服务为市场开发部提供多方面保障

市场开发部赞助权益回报变现需要在一定的环境条件下进行，后勤保障部门要做好各种服务保障，及时处理突发事件，维持良好的赛事环境条件。如接待部门的服务让运动员以饱满的状态参赛，让工作人员专注工作不为小事琐事困扰；安保人员认真负责，及时排查安全危险来源；供水供电、信息通信、医疗卫生等人员坚守岗位，尽职尽责。正是这些细微、周到的服务，才避免了突发事件的发生，使市场开发部客户的权益得到保障。

2. 市场开发部配合后勤保障服务工作

为了向赛事提供一流的后勤保障服务，后勤保障部门要反复与多个部门沟通各种事宜，市场开发部也不例外。如要求市场开发部提供市场开发部业务往来的外部车辆、人员、赞助商等方面的具体信息，反复测试通信信号及电子设备等。市场开发部要积极配合后勤保障部门的工作，只有这样，才能更有效地进行赛事市场开发。

3. 市场开发部与后期保障部门工作交集中应注意的事项

（1）后勤保障部门应提供高规格高标准的服务，尽量满足赛事参与者的诉求，提升参与者的赛事体验，避免因服务不到位而增加赛事风险，使市场开发受到影响。

（2）市场开发部应对后勤保障服务业务能力有充分的了解，由于后勤保障服务涉及的部门比较多，牵涉的面比较广，市场开发部要有专人与之对接，避免因人多事繁遗漏赞助商权益落实等事宜。

（3）市场开发部应与后勤保障部门及时沟通实物赞助商数量及仓储诉求，避免后勤保障部门仓储预留不足，增加赞助毁约风险。

（4）市场开发部应与后勤保障部门详细对接赞助商的级别、赞助商权益及赞助商权益实施注意事项等，避免因沟通不畅或信息不对称造成赞助商权益不能按要求兑现。

第二节　市场开发模式的选择

在大型综合性体育赛事市场开发模式中，通常有自主招商模式和代理招商模式可供选择。

一、自主招商模式

自主招商是在赛事组委会或执委会的领导下，由市场开发部组建团队，自主负责赞助招商、媒体转播销售、门票销售、特许产品经营等事宜。若选择自主招商模式，赛事运营方需要有一支稳定的市场专业团队和较为丰富的市场资源。

自主招商模式的优点是：（1）通过对大型综合性体育赛事市场开发实践，丰富本土赛事运营团队实战经验，打造本土化的运营团队，培育本土高级别体育赛事运营管理人才；（2）大型综合性体育赛事的举办容易得到政府的重视和支持，以政府背书为基础的自主招商模式有利于与企业直接沟通交流，改善政府与企业之间的关系；（3）招商的自主性较强，可以直接了解目标客户的动向，掌握客户资源，降低招商成本，在一定程度上控制了风险。

自主招商模式的缺点是：（1）办一项赛事培养一支专业的招商团队，赛事运营方需要投入大量的人力资源，这使得人力成本偏高；（2）赛事市场开发团队主要负责人多为政府部门临时抽调人员，其市场开发的业务水平提高需要花费较大的时间成本；（3）赛事自主招商激励机制不强，市场开发人员的积极性不足。

二、代理招商模式

代理招商是指在赛事组委会或执委会的授权下，市场开发部全部或部分委托专门的营销公司、经纪公司等中介机构负责进行赞助招商、媒体转播销售、门票销售、特许产品开发等，并给予代理方一定的佣金或分成，运营方与代理方共同完成市场开发目标。

代理招商的优点是：（1）代理方有丰富的体育组织资源和品牌资源，专业性较强，有利于为客户提供更加细致周到的服务；（2）具有较强的灵活性，有利于调动市场开发人员的积极性，促进赛事市场化运营水平的提高；（3）有利于短期提高市场成效。

代理招商的缺点是：（1）代理费用较高，增加了赛事运营成本；（2）运营方不能有效地把控代理商和赞助企业，加大赛事运营的沟通协调难度；（3）代理方存在着违约的风险，一旦代理方毁约，市场开发将面临难以完成目标的风险。

采用何类招商模式，要依据赛事市场开发目标、赛事运营方拥有的资源、赛事各方签署的市场开发条款等多种因素而定。目前，我国举办的大型综合性体育赛事市场开发，如奥运会、亚运会、军运会、全运会等主要选择自主招商与代理招商相结合的模式，这样可以实现两者优势互补，大大提高市场开发成效。

三、军运会市场开发模式

2019 年武汉第七届世界军人运动会（以下简称武汉军运会）市场开发采用了自主招商与代理招商相结合的模式。

首先，武汉军运会成立军运会执委会，全面负责军运会运营管理工作，在执委会下设市场开发部，负责军运会市场开发工作。市场开发部下设四个处室，负责具体计划、方案的制订，其岗位职责如下。

1. 招商策划处（综合处）

负责部门内部运营、运转协调和日常管理工作；负责制订市场开发战略计划及各项执行计划并进行管理，参与市场开发合同的起草、谈判，协助有关部门监督履约工作和市场开发、合作伙伴合同批准程序的管理；负责就市场开发业务与国际军体、军方、赞助商、供应商、特许经营企业等相关组织的联络工作；负责组织实施合作伙伴、赞助商、供应商火炬传递及其他主题活动的市场开发、销售工作。

2. 赞助商征集与服务处

负责市场开发宣传工作的协调与管理，负责国内市场开发、宣传、赞助商识别，宣传促销工作，处理市场开发宣传危机；负责制订实施并管理赞助商服务和接待计划；负责赞助商的服务和接待工作，组织赞助商顾问组会议及研讨会；负责军运会奖牌制作的招商和奖牌质量检测监督工作，配合财务部门做好奖牌设计制作与采购协议的履行。

3. 特许经营处（票务处）

负责实施特许经营计划、邮品、纪念品计划的制作工作；负责特许经营商品的宣传促销工作；负责制订票务战略计划和操作方案，建立票务中心，协调组织管理票务工作，负责统一归口管理捐赠工作。

4. 品牌管理与保护处

第一，负责赞助商权益保护工作，防范监控和协调有关部门制止其侵害赞助商权益的隐形市场行为，打击假冒伪劣特许商特许经营商品的工作；负责军运会品牌保护及其商务使用的管理工作，协调有关部门识别查处违反军运会标志保护法规的行为。

第二，为了完成军运会市场开发目标，在武汉军运会执委会许可下，市场开发部委托武汉体育发展投资有限公司选择合作伙伴，引进曾参与过北京奥运会、南京青奥会市场开发和服务的中奥体育产业有限公司（以下简称中奥公司）加入武汉军运会国内市场开发的运营团队，并获取武汉军运会市场开发部分收益。

第三，武汉军运会执委会独家授权武汉体育发展投资有限公司全资子公司武汉国际体育赛事管理有限公司（以下简称赛事公司），作为武汉军运会专有权类资源国内市场开发的商业实施主体。

[注] 2019 年第七届武汉世界军人运动会市场开发授权书见附录 8。

第四，武汉军运会执委会确定中奥公司为武汉军运会独家市场开发和服务运营合作伙伴，在武汉军运会执委会领导下全面负责武汉军运会的市场开发和服务运营。

第五，武汉军运会执委会授权赛事公司代表武汉军运会执委会与中奥公司就武汉军运会专有权类资源国内市场进行联合开发，组建赛事公司“军运事业部”。“军运事业部”由武汉军运会执委会、赛事公司和中奥公司三方专业人员组成运营团队，共同开展武汉军运会专有权类资源国内市场开发的组织实施工作。

军运会市场开发部四个处室与军运会事业部对接，军运会事业部负责市场开发计划和方案的执行。

第十一章
CHAPTER 11
大型综合性体育赛事赞助招商

赞助招商是大型综合性体育赛事市场开发中最大的收入来源，它在很大程度上决定着市场开发目标完成情况。本章围绕着大型综合性体育赛事赞助招商地位和赞助商体系规划、赞助招商的宣传与推广、赞助商谈判与签约等环节进行分析。

第一节　赞助招商的地位与赞助商体系规划

体育赛事赞助招商是赛事承办方对赛事无形资产开发的过程，即通过赞助权益回报（冠名、广告、招待礼遇、促销等权利）获取赞助方支持（金钱、实物、技术或服务等）的等价交换过程，也是举办方对赛事及赞助商回报权益、赞助准入门槛、赞助宣传推广、赞助商谈判签约、赞助商权益落实与保护等一系列活动的计划、实施和控制的过程。

一、赞助招商的地位

赞助招商是大型综合性体育赛事市场化运营的重要手段，赞助收入在大型综合性体育赛事市场开发收入中占据较高的比重，它保障着赛事的顺利举办和发展。

随着奥运会规模的扩大，奥运会赞助收入由1993—1996年奥运周期的8.13亿美元上升至2013—2016年奥运周期的30.4亿美元，翻了3.7倍，同期赞助收入在奥运会市场开发收入的比例由30.91%增至35.17%，2005—2008年奥运周期占比高达44.42%，赞助招商是奥运会市场开发收入的第二大资金来源（表11-1）。

表 11-1　1993—2016 年历届奥运会赞助收入占市场开发收入的比例

	1993—1996 年	1997—2000 年	2001—2004 年	2005—2008 年	2009—2012 年	2013—2016 年
赞助收入（亿美元）	8.13	12.34	14.59	24.21	27.88	30.40
市场开发收入（亿美元）	26.30	37.70	41.89	54.50	80.46	84.64
占比（%）	30.91	32.73	34.83	44.42	34.66	35.17

［资料来源］IOC. Olympic Marketing Fact File. 2019。

表 11-2 是我国第八届至第十二届全运会赞助收入占市场收入比例情况。第八届全运会，赞助商数量仅为 8 家，赞助收入为 1 亿元，占市场开发收入的 59.52%；至第十一届全运会，赞助商高达 59 家，赞助收入共计 7 亿元，占市场开发收入的 86.74%，赞助招商是全运会市场开发收入的主要来源。

表 11-2　第八届至第十二届全运会赞助收入占市场开发收入的比例

届数	第八届	第九届	第十届	第十一届	第十二届
赞助商数量（家）	8	19	28	59	66
赞助收入（亿元）	1.00	2.00	4.00	7.00	9.30
市场开发收入（亿元）	1.68	2.03	4.6	8.07	—
占比（%）	59.52	98.52	87.00	86.74	—

［资料来源］林晞，邢鸿，钟理明．第 11 届全运会市场开发机制分析［J］. 北京体育大学学报，2011，34（8）：40-43。

二、赞助商体系规划

赞助商体系规划是赛事运营方根据赛事运营目标对赛事赞助招商目标的总体规划与设计，包括赞助层级结构、赞助商数量、赞助准入门槛、赞助权益回报等。它既是赛事承办方对可售卖的赞助产品或资源种类、规格、价格等的总体规划，也是企业赞助决策的重要依据。

1. 赞助层级结构

赛事承办方通常设计合理的赞助层级结构满足企业赞助回报的需求。国外学者马斯特曼·G（2006）将赛事赞助层级分为三种基本结构：单独结构，只有一个赞助商获得赛事的全部赞助权益；平行结构，全部的赞助商拥有同样的地位，每个赞助商可能获得相同或不同权益；多层次结构，包含不同等级的赞助商，至少有两个层次，没有最多层次的限制，每一层次可能有多个赞助商，他们的权益可以不同，每层赞助商赞助关系和不同的赛事权益相对应。单独结构和平行结构相对简单，多层次结构较为复杂，它的每个层次有对应的赞助商数量、行业、回报权益等规定，层级越高，赞助商级别越高，所获权益越多，越凸显赞助商的身份及行业地位。因此，大型综合性体育赛事主要采用多层次赞助结构。

2. 赞助准入门槛

赞助准入门槛是赞助企业获得赞助权的条件。赞助准入门槛越高，赛事的品牌价值越大。奥运会、亚运会、全运会等大型综合性体育赛事具有较高的品牌价值和较大的办赛需求，其赞助准入门槛总体较高。

表 11-3 是 2008 年第 29 届北京奥运会各级别赞助商的赞助准入门槛。2008 年北京奥运会采用四层次赞助结构，分别为 2008 北京奥运会合作伙伴、赞助商、独家供应商、供应商，各级别赞助商赞助准入门槛分别为 4000 万美元、1800 万美元、560 万美元、220 万美元，此届奥运会各级别赞助准入门槛平均为 1645 万美元（折合人民币 1.14 亿元），体现了全球最大综合性体育赛事的品牌价值。从赞助层次看，随着赞助商级别的升高，赞助准入门槛逐渐提高，显示出高级别赞助商的赞助竞争实力。按照表 11-3 中赞助准入门槛标准计算，2008 年北京奥运会 51 个赞助商总计贡献赞助收入约为 7.37 亿美元，从中可以看出此届奥运会对财力、物力、技术、服务等方面的巨大需求。

表 11-3 2008 年第 29 届北京奥运会赞助层次与准入门槛

赞助商级别	赞助准入门槛（万美元）	赞助商数量（个）
2008 年北京奥运会合作伙伴	4000	11
赞助商	1800	10
独家供应商	560	15
供应商	220	15

［资料来源］天津广播电视台．奥运赞助商“含金量”知多少［EB/OL］.［2008-08-18］. http：//tjtv. enorth. com. cn/system/2008/08/18/003643851. shtml；2008 年北京奥运会官方网站。

表 11-4 是 2010 年第 16 届广州亚运会各级别赞助商的赞助准入门槛。2010 年第 16 届广州亚运会采用五层次赞助结构，分别为高级合作伙伴、合作伙伴、赞助商、独家供应商、供应商，各层级赞助准入门槛依次是 3000 万美元、2000 万美元、1000 万美元、500 万美元（含供应商）。各级别赞助商赞助准入门槛差异显著，赞助准入门槛平均为 1400 万美元（折合人民币 9557 万元），体现了广州亚运会高端的赛事定位及对赞助企业实力的硬性要求。

表 11-4　2010 年第 16 届广州亚运会赞助层次与准入门槛

赞助商级别	赞助准入门槛（万美元）	赞助商数量（个）
高级合作伙伴	3000	7
合作伙伴	2000	6
赞助商	1000	5
独家供应商	500	7
供应商	500	27

［资料来源］21 世纪经济报道．广州亚运会赞助超 30 亿 本土企业称雄亚洲盛宴［EB/OL］．［2010-11-16］．https：//sports. qq. com/a/20101116/000042. htm.

表 11-5 是 2021 年第十四届陕西全运会赞助准入门槛。2021 年第十四届陕西全运会采用五层次赞助结构，分别设置了合作伙伴、赞助商、独家供应商、供应商、协作企业五个等级的赞助商，并对应设置了不同的赞助准入门槛。最高级别的合作伙伴，赞助准入门槛为 1 亿元，与赞助商 3000 万元的赞助准入门槛拉开了档次，独家供应商、供应商、协作企业赞助准入门槛也都有较大差异。

表 11-5　2021 年第十四届陕西全运会赞助层次与准入门槛

赞助商级别	赞助准入门槛（万元）	赞助商数量（个）
合作伙伴	10000	7
赞助商	3000	11
独家供应商	1000	22
供应商	500	8
协作企业	100	48

［资料来源］第十四届全运会官方网站，数据统计截至 2021 年 8 月 31 日。

3. 赞助商权益回报

赞助商权益回报是赞助商体系规划的重要内容和赞助招商谈判的前提条件，鉴于其重要性，本书在第十二章中专题阐述大型综合性体育赛事赞助商权益回报。

第二节　赞助招商的宣传与推广

在明确赞助招商的地位、规划赞助商体系后，就要进入赞助招商的宣传与推广环节。该环节主要包括制订赞助招商手册、确定赞助招商推广的时间、拓宽赞助招商宣传推广的渠道、丰富赞助招商宣传推广的内容等。

一、制订赞助招商手册

按照基本的内容，赞助招商手册共包括扉页目录、赛事简介、赛事赞助价值、赛事赞助招商计划、赛事期望及联络方式等部分。

（一）扉页目录

1. 扉页

赞助招商手册扉页内容体现赛事的定位和规格，为赞助招商手册后面的内容渲染气氛，影响潜在目标客户的第一印象，激发其深入阅读的兴趣和欲望。通常，赛事赞助招商扉页置于赞助招商手册首页，并放置国际体育组织负责人、国家领导人、政要、社会名人对本届赛事的期望寄语、签名、与赛事相关的合影图片。一方面表明赛事得到国际组织、国家政府、社会等多方重视和支持，增强赛事的公信力；另一方面也间接传递出办赛的规格。

2. 目录

赞助招商手册目录置于扉页之后，其作用是为目标客户提供索引，帮助其迅速了解赞助招商手册的主要内容，便于其有针对性地阅读。赞助招商手册目录应层次分明、标题简洁、重点亮点突出。

（二）赛事简介

赛事简介是赞助招商手册中的第一部分内容，它是对赛事整体情况的概述，为赛事的赞助价值、赛事赞助招商计划的展开做好铺垫，因此，赛事简介要在赛事的定位、级别、规模、质量、影响力、历史底蕴等方面吸引潜在目标对象。赛事简介主要包括以下内容。

1. 本届赛事简介

本届赛事的简介主要包括赛事名称、赛事级别、举办城市、举办时间、举办理念、举办目标、设置的项目、举办的大型活动、赛事的规模（参赛国家、运动员人数）、赛事场馆（数量、投资规模、距离）等。

2. 赛事总体简介

赛事总体简介包括赛事名称、赛事周期、赛事宗旨和目标、参赛人群、项目设置、赛事发展历程、近年来赛事规模的统计（届数、举办地、项目设置、参赛人数）、近年来赛事赞助商统计（数量、品牌名称）。

（三）赛事赞助价值

赛事赞助价值是目标客户判断是否值得赞助的依据，这部分须显示出赛事的特色和亮点，也就是与其他赛事相比自身具有的独特优势。

1. 本届赛事的品牌价值

本届赛事的品牌价值主要包括赛事的品牌形象与定位、赛事的影响力（与同级别的综合性体育赛事、其他文化活动相比对消费者的吸引力、关注度如何）、举办城市品牌效应（经济总量、城市文化、人口规模、地理位置）。

2. 受众规模及价值

受众规模及价值包括赛事目标受众行为情况、目标受众的规模及其价值。

3. 赛事的传播价值

赛事的传播价值包括与赛事合作的各级各类媒体的情况（媒体级别、媒体数量、媒体种类等）、品牌传播的渠道（企业信息发布渠道、产品信息发布渠道、全方位品牌传播机会、大型文化活动实现平台）、市场需求情况（赛事直接需求、赛事参与群体的消费需求、赛事关注人群的市场潜在需求）。

（四）赛事赞助招商计划

赛事赞助招商计划是赞助招商手册中的核心内容，也是目标客户关注的重点。

1. 赞助招商的宗旨和原则

赞助招商的宗旨是回答为什么要赞助招商，达到何种目的。赞助招商的原则是赞助招商工作遵循的根本点，它保障着赛事赞助招商朝着某一方向发展。

2. 赞助商体系规划

赞助商体系规划主要包含赞助层级结构、赞助商数量、赞助门槛价位、赞助行业、赞助商权益回报等。赞助层级结构实际上是对赞助商进行分级分类，设置合适的位置，创建企业赞助的竞争优势。多层次的赞助结构在大型综合性体育赛事中最常见。在多层次赞助结构中，从顶层到底层，赞助商的数量逐渐增多，赞助门槛价位由上至下降低，最高层级的赞助门槛集中体现赛事的价值，每层赞助商的权益各不相同，赞助商的权益回报从顶层至底层由多变少。根据赛事的需要和赞助行业及产品类型特点，限定每一层级赞助行业和产品种类。

3. 赞助商选择的条件及赞助应征程序

赞助商选择条件主要包括资质条件、保障条件、报价条件、品牌条件、推广条件等，对于知名大品牌、信誉良好的企业、实力雄厚的企业、报价合适的企业、有赞助经验的企业优先考虑。赞助应征程序主要告知有意向的企业如何应征赞助，其流程如下：组委会将征集情况知会企业或向企业征集赞助意向——企业提交赞助意向书——组委会评估机构进行企业资格评审——组委会销售机构与企业洽谈赞助方案——企业提交正式的赞助方案——组委会评估机构提出赞助商候选名单——组委会确定赞助企业。对于独家供应商，供应商的征集方式以定向征集和个案征集为主。

［注］2022 年第 24 届北京冬奥会和冬残奥会市场开发计划详见附录 9。

（五）赛事期望及联络方式

赛事期望及联络方式是赞助招商手册的最后一部分，通常简洁明了，提出对赞助商加入和合作的期待，标注赛事标志、赛事运营主体地址、电话、传真、负责人姓名及联系方式，以备潜在目标客户联系之需。

二、确定赞助招商宣传推广的时间

“兵马未动粮草先行”，为了满足大型综合性体育赛事办赛的需求，赞助招商工作必须提前启动，越早启动越便于为赛事筹资赢得更多宝贵的时间。赞助招商宣传推广工作的全面启动一般在赛事市场开发部成立之后，从赛事筹办期到赛事举办期，再到赛事结束期，贯穿赛事的每个发展阶段。每个阶段赞助招商宣传推广都有标志性的时间节点，便于工作有计划、有步骤、可以持续推进。如2022年第24届北京冬奥会和冬残奥会于2022年2月4日至2022年2月20日举办，2017年2月启动了此届赛事的市场开发计划；2022年第19届杭州亚运会原计划于2022年9月10日至2022年9月25日举办，2018年4月启动了赛事的市场开发工作。由此可见，赞助招商宣传推广启动早、时期长。

三、拓宽赞助招商宣传推广的渠道

赞助招商宣传推广的渠道指向目标客户传达赞助招商信息的途径。通过建立全方位的宣传推广渠道，可以为赞助招商工作带来实质性的成效。

（一）媒体宣传

媒体宣传是最常见的赞助招商宣传推广渠道。借助平面媒体、电视媒体、网络媒体、新媒体等立体化的宣传，体育赛事的影响力倍增。在媒体的级别选择方面，要选择与权威媒体、强势媒体和主流媒体合作，扩大传播的范围；在媒体的类型选择方面，首选与电视媒体、网络新媒体合作，符合潜在消费者收视习惯；在媒体宣传的强度方面，提升高级别媒体宣传的“质”，增加一般媒体宣传的“量”。

（二）活动推广

大型综合性体育赛事承办方常通过开展系列推广活动宣传赞助招商。系列推广活动指围绕着赛事的宣传与推广举办的多种类型活动，如体育赛事进校园、志愿者招募、火炬接力活动、体育赛事资源信息发布会、体育赛事市场开发启动发布会、新闻发布会等，此类活动较常态化。在我国，召开体育赛事市场开发启动发布会是赛事承办方进行赞助推广的重要渠道，也是实现赞助招商的重要手段，见图11-1和图11-2。召开体育赛事市场开发启动发布会的目的是向潜在目标客户宣传推广赛事，从而获得目标客户的支持。在体育赛事市场开发启动发布会上，政府、体育组织主要领导出席，并亲自介绍赛事资源与赞助诉求，重点推介体育赛事资源与目标客户需求之间的匹配点，同时赛事组委会发布《体育赛事赞助招商手册》，为企业赞助赛事提供参考和依据。由政府、体育组织主要负责人直接推介赛事资源，可以为赛事赞助招商背书，提升赛事的公信力。

图 11-1　2022 年第 24 届北京冬奥会和冬残奥会市场开发计划启动发布会

注：中共中央政治局委员、北京市委书记、北京冬奥组委主席郭金龙（中）与国际奥委会副主席于再清（左）、国际奥委会 2022 年第 24 届北京冬奥会协调委员会主席亚历山大·茹科夫在发布会上共同启动市场开发计划。

图 11-2　2022 年第 19 届杭州亚运会市场开发推介会

注：亚奥理事会终身名誉副主席魏纪中，国家体育总局体育器材装备中心副主任、中国奥委会市场开发部副主任王明晏，亚组委副秘书长、浙江省体育局副局长吕林，亚组委副秘书长、杭州市副市长陈国妹，亚组委副秘书长、办公室主任兼杭州市政府副秘书长毛根洪，亚组委副秘书长、杭州市体育局局长金承龙等领导出席推介会。

（三）直接联系

对于确定可争取的目标对象多采用电话、电邮、登门拜访等方式进行联系。对于一般可争取的对象采用电子邮件的方式，对于重点争取的对象要采用登门拜访的方式进行营销。在拜访之前，要掌握体育赛事与目标客户的直接关系、赛事可能为目标客户带来的效益，准备赞助权益回报方案供对方参考。目前，我国大型综合性体育赛事赞助招商模式主要采用自主招商和代理招商相结合的模式。因此，与目标客户直接联系的赞助招商团队主要有赛事自主招商团队和代理招商机构团队。自主招商以赛事运营团队为主要力量，按照行业特点组成若干项目小组，每个小组由专人负责，带领团队与企业广泛接洽、重点跟进。代理招商机构团队拥有稳定的企业客户资源、丰富的市场开发经验，在赞助招商的专业性及效率方面具有优势。在与目标客户的联系中，自主招商团队与代理招商团队要分工明确，划分范围，避免发生冲突。

（四）其他渠道

赞助招商其他的宣传推广渠道主要有：通过大型综合性体育赛事官方网站发布赞助招商公告、赞助商签约事宜、赞助商活动报道等，便于相关人士长期跟踪关注此类信息；通过单位组织、本部门工作人员、熟人、朋友、亲戚等在各种公开场合进行口碑宣传推广，口碑宣传的效果主要取决于个人或组织的社会地位及影响力，以及个人和群体对于赞助招商的认知和理解。

四、丰富赞助招商宣传推广的内容

赞助招商宣传推广的内容主要有体育赛事和赞助招商两个方面。体育赛事宣传推广的目的之一就是为赞助招商造势、营造良好的舆论氛围和招商环境。体育赛事的宣传涉及赛事的级别、规模、质量，赛事组织管理，赛事的社会效益与经济效益等各个方面。对赞助招商的宣传内容相对比较具体，如赛事市场开发计划、赞助招商计划、不同类型赞助商征集公告、赛事赞助商介绍、当前赞助招商的进度、赞助商签约仪式、赞助商活动动态等；宣传推广的形式可以多样化，如新闻报道、广告发布、人物专访、视频直播、专题讲座等。总之，赞助招商宣传推广的内容要全面、丰富、系统。

第三节　赞助商谈判与签约

大型综合性体育赛事赞助招商经过宣传与推广，必然引发潜在目标客户的关注，激发他们的赞助需求，对此，赞助招商团队应进一步确定目标客户赞助意向，在此基础上，赞助双方展开多轮次的谈判，最后完成赞助合同签约。

一、确定赞助意向和赞助诉求

确定合作意向和赞助诉求是赞助招商实质性工作开展的第一阶段，本阶段的重点工作是筛选出有合作意向的赞助商并初步了解企业赞助诉求。面对诸多潜在的赞助商，赞助招商团队应通过各种渠道收集最有可能赞助赛事的企业信息。首先，对国内外赞助报告、体育赛事赞助商信息、历届赛事赞助商信息进行分析，总结出比较活跃的赞助行业及赞助品牌，使赞助招商有的放矢。其次，梳理赛事本地、全国及国外的潜在赞助商信息，细分可能的赞助诉求，并通过政府、经纪公司、企业自身、个人推销、网上发布招商信息等渠道向潜在赞助商推介赛事赞助资源，询问企业赞助意向。无论通过何种渠道推介赛事，赞助招商团队都要主动与可能的目标客户多次沟通赞助事宜，明确目标客户赞助意向是否强烈，是否需要进一步激发其赞助需求。

在与目标客户前期沟通中，赞助招商团队另一个主要任务是摸清目标客户的赞助诉求和可能存在的疑虑，这是为目标客户定制个性化权益回报方案的基础。对于赞助招商团队成员而言，不仅需要对赛事赞助资源了如指掌，还要对目标客户的企业文化、归属的行业特点、产品特点、经营策略、营销计划、营销对象、赛事与目标客户之间的契合度有全面的了解，为说服目标客户赞助赛事提供充分的理由。此外，还要了解目标客户的竞争对手情况，便于在制订赞助商权益回报时突出亮点，帮助目标客户建立竞争优势，也可以运用竞争对手加速企业赞助决策。

二、洽谈赞助合作

一旦确定了赞助意向和目标客户的赞助诉求，赞助双方就进入实质性谈判阶段，洽谈具体的合作事宜，该阶段赞助招商的重点是与目标赞助商达成赞助协议。谈判阶段过程艰巨且漫长，主要原因是组织消费行为比个人消费行为更加复杂、理性，企业赞助决策时要综合考虑预算、管理、深入市场标准、媒体报道范围、公共关系、销售机会、竞争因素、赞助因素、重点赞助、其他赞助方式、赞助对象、目标观众的构成、形象相容性、排他性、媒体报道率与支持程度、行政管理顺畅性、影响力、调查研究的能力、活动连续性和扩展性、活动效率、刺激零售商的能力等多方面因素。此阶段，双方主要围绕赞助商权益回报与赞助金额是否对等基于各自立场展开博弈。

该阶段争论的主要问题如下。

一是排他的类型及范围。赞助双方理解有争议，品牌方往往要求完全行业排他，而赛事运营方则希望行业不排他但产品排他，即对行业进行细分，允许同行业的赞助品牌进入，但赞助品牌宣传的产品必须不同，如同时允许含酒精饮料的行业品牌赞助，但对含酒精饮料产品再次细分为白酒、红酒、鸡尾酒、香槟酒等。在实际谈判中，享有何种排他性和排他范围要根据赞助招商行业排他规划、赞助金额，以及赞助双方在谈判中的地位确定。

二是赞助权益的回报内容及实施的可行性。品牌方基于自身需求提出诸多要求，赛事运营方要对赞助权益实施的可行性及成本进行估算，提供与赞助金额价值相匹配的相关赞助权益回报。谈判双方产生冲突主要由信息不对称造成。所谓的信息不对称是品牌方对运营方的资源、运营团队的专业水平了解不多，所提的权益回报要求超出赛事承办方能力范围。赛事承办方则对品牌方归属的行业诉求、产品诉求及品牌文化缺乏深入的认知，所给予的权益回报不能有效满足赞助商的诉求。以某国际品牌赞助国内某个赛事为例，该国际品牌的诉求是通过赞助赛事，显示该品牌在中国市场高端、大气的品牌形象，而赛事承办方认为该品牌仅为了曝光宣传，为其提供了 100 多个媒体宣传的曝光方案，对赛事宣传推广活动策划、组织提及甚少，结果遭到该品牌的拒绝。原因是该国际品牌自身已经拥有了专业广泛的媒体宣传渠道，甚至比赛事方提供的宣传媒体更加专业、媒体级别更高，它需要的是自身品牌如何与赛事融为一体，接近体育消费人群，而非简单的媒体曝光。

三是对赞助效果的认知不一。赛事赞助招商团队通常认为，赞助效果是由赞助双方共同决定的，企业一旦赞助赛事，后期应投入 3 倍的赞助经费配套开展营销活动，才能达到理想的赞助效果。而部分品牌方在赞助效果方面追求“短、平、快”，没有把赞助赛事与其他营销手段结合起来，期望通过赞助商权益回报快速实现预期效果，这种现象普遍存在于国内品牌当中。

三、签订赞助合同

谈判达成一致意见后，就要签订赛事赞助合同。体育赛事赞助合同一旦签订，便具有法律效应。赞助合同主要包含的内容如下。

（1）赞助双方的名称、地址、邮政编码、电话、传真。

（2）赞助金额及交付方式。

（3）赞助权益回报。

（4）双方权利与义务。

（5）有效期和终止。

（6）违约责任。

（7）不可抗力。

（8）其他。

（9）双方落款、日期。

［注］我国大型综合性体育赛事赞助协议见附录10。

第十二章
CHAPTER 12
大型综合性体育赛事赞助商权益回报

赞助商权益回报是赛事承办方将自身的赛事资源进行分解组合形成回报产品以满足赞助商需要的过程，赞助商权益回报体系、赞助商权益回报的落实与保护是赞助双方关注的核心内容，影响着企业赞助决策和赛事承办方赞助招商成效。本章主要阐述了大型综合体育赛事赞助商权益回报体系的设计与分配、赞助商权益的落实与保护。

第一节　赞助商权益回报体系的设计与分配

一、赞助商权益回报体系的设计

大型综合性体育赛事赞助权益回报体系的设计要根据其可开发的赞助资源和赞助商的利益诉求来确定。

（一）明确大型综合性体育赛事可开发的赞助资源

体育赛事可开发的赞助资源主要包括赛事本体资源和赛事外部资源。

1. 赛事本体资源

赛事本体资源可分为无形资产权益和有形回报资源。无形资产权益通常包含官方荣誉和赛事无形资产权。官方荣誉主要涉及授予名誉职位，颁发荣誉证书；为单项赛事冠军颁奖；媒体专访人物；出席赛事新闻发布会；合作媒体鸣谢等一系列官方活动。赛事无形资产权主要有赛事标识、吉祥物标志和图案以及赛事各类文字称号的使用权；指定产品、服务、技术称号的使用权；单项赛事的冠名权和冠杯权；赛事需求产品、服务、技术的优先采购权；赛场内外产品宣传和销售权；行业或者产品范围内的排他权益。

有形回报资源主要指通过有形载体形式呈现权益回报内容的资源总和。主要有赛事现场广告，如各个单项赛事场馆内外广告、电子屏幕、拱门、气球、吊旗、道旗等；赛事系列推广活动冠名权和广告权回报，如火炬传递、志愿者招募、会徽和吉祥物征集活动等；赛事印刷品广告，如门票、秩序册、赛事指南、证件、信笺等；城市景点广告，如倒计时牌、吉祥物气模等。

2. 赛事外部资源

赛事外部资源主要包括外部媒体资源和其他资源。

外部媒体资源主要有赛事举办地大型户外广告、旗杆广告等户外广告媒体；电台、电视台商业广告和直播广告等电台、电视台媒体；赛事官方网站、赛事社交媒体公众号、赛事网络媒体和直播平台合作伙伴等提供的广告资源；赛事合作的平面媒体的商业广告、随刊夹报等。

其他资源主要指由于赞助了赛事而获取有利于企业发展的资源，如享受赛事举办地财税优惠政策，获得在举办地企业投资其他项目的机会，参与举办地的各种公益活动、商会活动等。

（二）了解赞助商的利益诉求

了解赞助商的利益诉求始终是赞助商权益回报内容设计的重点和核心。只有抓住赞助商的共性和个性利益诉求，才能设计出让赞助商满意的权益回报内容。

1. 赞助商的共性利益诉求

赞助动机是企业赞助的出发点，也是企业赞助的归宿。企业具有 5 种需要层次：生存的需要、规模发展的需要、占据行业地位的需要、对市场或行业垄断的需要、服务回报社会及实现自身价值的需要。企业需要层次的提升以满足低一层次需要为前提，在同一时期，可以有多种需要，这些需要相互作用，形成了较为复杂的动机。

企业赞助体育赛事的动机共有 5 个方面：①提高市场占有率；②塑造良好的企业/产品/品牌形象；③增加知名度和美誉度；④创建企业竞争力；⑤体现企业社会责任，为企业生存和发展营造良好的社会环境。以上企业赞助动机也称为赞助商的利益诉求，是企业赞助体育赛事基本的共性利益诉求。只有了解赞助商的共性利益诉求，才能设计出赞助商权益回报的基本内容。

2. 赞助商的个性利益诉求

在了解赞助商共性利益诉求的基础上，为了进一步满足赞助商的个性需求，必须关注赞助商的个性利益诉求。行业不同、产品类型不同、企业发展理念不同、企业发展阶段不同，其利益诉求的侧重点不同。从行业来看，如银行赞助赛事的诉求可能是增加品牌知名度和美誉度，体现企业社会责任感；饮料行业赞助赛事的诉求可能是扩大产品销售量，提高市场占有率。从产品类型来看，快消品、耐用品、服务产品企业的赞助利益诉求不一：快消品赞助企业可能更关注产品的销售量，市场占有率；耐用品赞助企业关注目标客户的身份、地位，希望塑造良好的企业/品牌/产品形象；服务产品类型赞助企业则关注目标客户的体验、感受，以获得良好的知名度和美誉度。从企业发展理念看，追求短期赞助效果的企业更加关注产品的曝光率和销售量；追求长期赞助效果的企业则把赞助赛事作为企业发展战略中的一部分，为企业营造良好的生存和发展环境。从企业发展的阶段来看，处于初创期、成长期、成熟期的企业赞助利益诉求不同：初创期的企业赞助赛事是为了提高知名度，成长期的企业赞助赛事是为了创建核心竞争力，成熟期的企业赞助赛事是为了稳固市场地位、实现企业的价值等。了解赞助商的个性利益诉求并非易事，它需要对行业特点、产品类型特点、企业文化、品牌理念、企业偏好等进行全方面的调查研究，在此基础上，才能设计出个性化的赞助商权益回报。

二、赞助商权益回报体系的内容

大型综合性体育赛事赞助商权益回报体系主要涉及以下四个方面。

（一）官方权益

（1）给予企业负责人某一赛事名誉称谓，参与赛事运营各个环节，如赛事资源推介会、媒体吹风会、赛事新闻发布会、各种市场宣传推广活动、开闭幕式活动、志愿者招聘、媒体专访、运动员颁奖、公益活动。

（2）使用赛事标志、赛事图案、赛事官方合作伙伴/赞助商/供应商称谓权利。

（3）各单项赛事的冠名权及冠杯权。

（4）行业/产品唯一性和排他性。

（5）使用赛事及相关资源进行营销的权利。

（二）品牌曝光宣传

（1）场馆室内曝光：LED 边线广告位、赛场大屏广告、赛场周边广告位、新闻发布会背景板、媒体采访背景板。

（2）场馆室外曝光：展示位、横幅、吊球、吊旗、广场 LED、拱门、观众检票口、导示牌、地图、训练场外围围挡等。

（3）户外宣传：城市户外广告牌、机场广告、高速路广告、公交地铁专线广告、公交站栏广告、城市道旗、城市 LED 大屏广告、倒计时牌等。

（4）媒体曝光宣传：赞助品牌标识出现在合作媒体赛事推广宣传中；利用赛事官方网站和社交媒体平台发布企业产品内容和软文推广。

（5）印刷品宣传：官方纪念册、画册、证件、门票、邀请函、海报及宣传、信笺。

（三）贵宾礼遇

享有 VIP 包房、包厢、座席、车证等，享受赞助接待一级票务服务，包括各类赠票；享有参与政要、商界名流、娱乐明星等参加的晚宴、酒会等资格；享有携带嘉宾观赛等资格；享受赛事组委会/执委会提供的相关食宿、交通、举办地旅游等服务。

（四）其他权益

获得赛事所需产品、服务、技术的优先权；享受赛事举办地发展投资优惠政策；获得赛事举办地企业投资其他项目的机会等。

2019 年第七届武汉军运会和 2021 年第十四届陕西全运会分别设计了不同的权益回报体系。

2019 年第七届武汉军运会赞助商权益回报主要包含以下内容。

（1）使用武汉军运会“合作伙伴”“赞助商”“独家供应商”“供应商”的称谓。

（2）在国内使用武汉军运会名称、会徽、吉祥物等特定称谓、特殊标志进行市场营销活动。

（3）提供特定产品或者服务类别的排他权。

（4）可在武汉军运会电视转播、网络、报刊等媒体以及武汉军运会各类印刷品刊登广告，协助取得城市公共场所户外广告设施的优先使用权。

（5）在武汉军运会场馆（含运动员村）或重大活动现场展示产品或服务、售卖等资格。

（6）享有武汉军运会提供的招待机会的权利，包括门票分配、酒店预订、制证等。

（7）享有参加并优先赞助武汉军运会相关赞助活动的权利。

2021 年第十四届陕西全运会赞助商权益回报体系如下。

（1）类别排他权：开展市场营销活动的排他权；竞赛和非竞赛场馆展示企业标识和广告的排他权；赞助类别内的产品及服务的优先权。

（2）无形资产使用权：十四运会和残运会暨特奥会授权称谓的使用权；十四运会和残运会暨特奥会会徽和吉祥物标志的使用权；十四运会和残运会暨特奥会口号、理念、主题歌曲的使用权。

（3）标识识别：赛会官方网站的识别；官方新闻宣传、推广活动中的识别；竞赛和非竞赛场馆的识别；门票、证件等印刷品的识别。

（4）广告权：赛场广告牌；官方出版物版面广告；筹委会管理的户外广告（优先谈判权）；十四运会和残运会暨特奥会转播时段广告（优先谈判权）。

（5）现场展示：竞赛和非竞赛场馆及有关区域现场展示。

（6）推广活动：火炬传递参加权；营销活动权；火炬传递、单项赛事等冠名、赞助优先谈判权。

（7）特许经营权：特许生产和零售相关工作的优先权。

（8）市场开发支持：使用十四运会和残运会暨特奥会动态及静态影像、音乐及海报；获得赛会官方出版物；获得赛会标志使用规范手册。

（9）荣誉礼遇：参加赞助企业俱乐部、研讨会等官方活动；邀请十四运会筹委会领导出席签约仪式；获得赞助报告。

（10）款待计划：包括门票、食宿、嘉宾车、嘉宾证件等。

三、赞助商权益回报体系的分配

赛事资源经过整合规划设计后，转变为赞助商权益回报，满足赞助商的需求。面对不同的赞助商，要遵从一定的原则对赞助商权益回报进行合理分配，以满足赞助商的不同诉求。

（一）分配的原则

1. 公平公正

赞助商权益回报体系是赛事承办方给予赞助商支持赛事的回报，也是赞助商购买的赛事资源。赛事赞助的过程是企业以现金、技术、服务等换取赞助商权益回报的过程，是一个等价交换的过程，是一种平等、互惠的交易行为。因此，等价交换是赞助商权益回报体系分配的前提条件，即赞助商获得的赞助权益回报体系要与其赞助赛事的现金、技术、服务等价值对等。只有这样，才能实现赞助商权益分配的公平公正。若两者不能对等，则不可能达成赞助协议。

2. 分级分类

分级分类是大型综合性体育赛事赞助商权益回报分配中常遵循的原则，即设计多层次赞助结构，对每一个层次设置基准价，限制赞助商数量，限定行业产品种类，根据每个赞助商在赞助层次结构中的位置和行业产品特点给予对应的权益回报。一般而言，多层次赞助结构呈现金字塔型，处于塔尖位置的赞助商数量少，赞助门槛高，所获得的权益回报最全面、最丰厚；而处于塔基位置的赞助商数量多，赞助门槛低，所获得的权益回报最少。如果高级别的赞助商与低级别的赞助商存在行业或者产品竞争，高级别的赞助商优先享有行业或者产品排他权，这样既显示了企业的赞助竞争优势，又维护了高级别赞助商在赞助商群体中的重要地位。此外，同层级的赞助商由于行业产品类型不同，赞助的基准价不同，赞助权益回报也存在差异。

3. 有取有舍

大型综合性体育赛事核心资源有限，不可能使每一个赞助商都获取所期望的赛事资源，要有取舍，实现赛事资源的有效配置。这里的“取”是指分配核心资源的对象首先要考虑高级别的合作伙伴、赞助商，它们对赛事赞助的贡献较大；在赞助商赞助诉求方面，要关注它们的核心利益诉求，在权益回报内容中重点体现。所谓的“舍”是指根据企业二八定律，要抓大放小，赛事核心资源分配要勇于舍弃多数低级别的供应商，要勇于放弃企业非核心的利益诉求，这样才能使赞助权益分配重点突出，合理有效。

（二）分配的过程

根据上述分配原则，大型综合性体育赛事多采用四层次赞助结构，将赞助企业设定为四个层级，分别如下。

第一层级：合作伙伴；

第二层级：赞助商；

第三层级：独家供应商；

第四层级：供应商。

不同的层级享有不同的权益回报，设定不同的基准价位。在同一层级，不同产品类别的基准价位会有所差异，以体现不同行业之间的差别。具体价位将在征集过程中向潜在赞助企业说明。在合作伙伴、赞助商、独家供应商、供应商四个层级中，每一产品类别中原则上只征集一家赞助企业，享有市场开发的排他权或联合排他权。

1. 第一层级：赛事合作伙伴级别赞助权益

（1）无形资产方面

①无形资产使用权。使用赛事组委会授权的“××体育赛事【品类】合作伙伴”称谓，以及产品和赛事相关联的权利。享受赛事会徽、吉祥物标志、口号、会歌、主题推广曲、组合标志等的使用权。

②赞助类别排他权。开展市场营销活动的排他权，竞赛和非竞赛场馆展示企业标识和广告的排他权。

（2）广告权益方面

①场馆广告。比赛场馆（场地）广告，合作伙伴级别赞助企业共同享有赛事赛场整体广告资源70%的赛场广告板。

②官方出版物广告。在杂志形态会刊刊登1页广告，在报纸形态会刊的头版以外版面刊登半页广告。

（3）实物权益方面

①单项赛事冠名权。拥有赛事一个比赛项目的冠名权。

②火炬传递参加权。在赛事火炬传递中拥有火炬手名额，火炬手参加费用由赞助企业承担。

③门票。获赠赛事开幕式和闭幕式贵宾票各 20 张，获赠赛事 A 等票每天 50 张，额外以票面价格优先购买赛事门票 100 张（每天）。

④嘉宾、车辆证件。赞助企业的贵宾、高级管理人员 8 张证件、8 张车辆通行证及停车证。

⑤接待权益。享有赛时组委会提供的赞助企业主要领导相关食宿的权益。

2. 第二层级：赛事赞助商级别赞助权益

（1）无形资产方面

①无形资产使用权。使用赛事组委会授权的“××体育赛事【品类】赞助商”称谓，以及产品和赛事相关联的权利。享受赛事会徽、吉祥物标志、口号、会歌、主题推广曲、组合标志等的使用权。

②赞助类别排他权。开展市场营销活动的排他权，竞赛和非竞赛场馆展示企业标识和广告的排他权。

（2）广告权益方面

①场馆广告。比赛场馆（场地）广告，赞助商级别赞助企业共同享有赛事赛场整体广告资源 20%的赛场广告板。

②官方出版物广告。在杂志形态会刊刊登 1 页广告，在报纸形态会刊的头版以外版面刊登半页广告。

（3）实物权益方面

①火炬传递参加权。在赛事火炬传递中拥有火炬手名额，火炬手参加费用由赞助企业承担。

②门票。获赠赛事开幕式和闭幕式贵宾票各 12 张，获赠赛事 A 等票每天 30 张，额外以票面价格优先购买赛事门票 80 张（每天）。

③嘉宾、车辆证件。赞助企业的贵宾、高级管理人员 4 张证件、5 张车辆通行证及停车证。

④接待权益。由赞助企业额外付费，在赛事期间确保赞助企业能够获得周到的接待服务。

3. 第三层级：赛事独家供应商级别赞助权益

（1）无形资产方面

①无形资产使用权。使用赛事组委会授权的“××体育赛事【品类】独家供

应商”称谓，以及产品和赛事相关联的权利。享受赛事会徽、口号、会歌、主题推广曲等的使用权。

②赞助类别排他权。开展市场营销活动的排他权，竞赛和非竞赛场馆展示企业标识和广告的排他权。

（2）广告权益方面

场馆广告。比赛场馆（场地）广告，独家供应商级别赞助企业共同享有赛事赛场整体广告资源10%的赛场广告板。

（3）实物权益方面

①火炬传递参加权。在赛事火炬传递中拥有火炬手名额，火炬手参加费用由赞助企业承担。

②门票。获赠赛事开幕式和闭幕式贵宾票各5张，获赠赛事A等票每天10张，额外以票面价格优先购买赛事门票10张（每天）。

③嘉宾、车辆证件。赞助企业的贵宾、高级管理人员1张证件、3张车辆通行证及停车证。

④接待权益。由赞助企业额外付费，在赛事期间确保赞助企业能够获得周到的接待服务。

4. 第四层级：赛事供应商级别赞助权益

（1）无形资产方面

无形资产使用权。使用赛事组委会授权的“××体育赛事【品类】供应商”称谓，以及产品和赛事相关联的权利。享受赛事会徽、口号、会歌、主题推广曲等的使用权。

（2）实物权益方面

①火炬传递参加权。在赛事火炬传递中拥有火炬手名额，火炬手参加费用由赞助企业承担。

②门票。获赠赛事开幕式和闭幕式贵宾票各3张，获赠赛事A等票每天5张，额外以票面价格优先购买赛事门票5张（每天）。

③嘉宾、车辆证件。赞助企业的贵宾、高级管理人员1张证件、3张车辆通行证及停车证。

④接待权益。由赞助企业额外付费，在赛事期间确保赞助企业能够获得周到的接待服务。

第二节　赞助商权益的落实与保护

赞助商权益的落实与保护是赞助商关注的核心内容，它关系到企业赞助目标是否能完全实现，否则，赞助权益回报只是纸上谈兵，毫无意义。

一、赞助商权益的落实

按照赞助商权益执行的流程，主要有四个方面。

（一）严格执行赞助合同

赞助合同一旦签约就具有法律效应。赛事运营管理团队应明确赞助合同条款中的赞助商的目标、赞助权益变现的手段、赞助权益回报的具体要求等，以便就执行赞助合同的具体条款进行分工。严格执行赞助合同是一个各部门协调配合的过程，各部门需要统一口径，共同为赞助商提供服务。只要任何一个部门对赞助合同的认知存在偏差，出现违约、部门之间推诿扯皮的可能性就会大大增加。

大型综合性体育赛事赞助商权益落实不到位，常见的原因主要是各部门人员业务能力存在差距，对赞助合同的理解不一。通常，由于部门人员的不专业，在不了解赛事资源、团队人员业务能力下，在谈判过程中给予赞助商过多承诺，让赞助商有较高的赞助预期，这给后期赞助商权益回报的执行带来了较大的困难，继而引发赞助商不满，赞助违约、失约的风险大大增加。另外，各部门对赞助商权益回报的认知和理解不一造成了赞助合同执行的折扣。如市场开发部认为必须给予赞助商等价值的赞助商权益回报，逐条逐项落实赞助商的权益回报，而采购部门、竞赛部门则认为赞助商权益回报开支较大，在赞助合同执行的效果方面差强人意。如某国外品牌希望借助优质材质、图案清晰、做工精细的展板展示高端、大气的品牌形象，采购部门却使用了做工一般、达不到规格和要求的展板，结果造成该赞助商的极度不满。

（二）及时跟进赞助商服务

在落实赞助商权益回报的过程中，大型综合性体育赛事一般采用“人盯人”的策略为赞助商提供一对一的服务。这样可以了解赞助商的最新动态，及时跟进赞助商服务。赞助商服务负责人要在赞助商权益回报执行前、执行中、执行后与赞助商充分沟通，了解和确认赞助商权益回报点、关注点，避免执行中出现偏差。如果双方对赞助商权益回报执行存在认知和理解分歧，应第一时间进行沟通，以免事态进一步恶化。

（三）灵活处理赞助权益落实中的具体问题

大型综合性体育赛事参与者众多，尤其是核心利益相关者的参与及他们的表现都有可能给赛事带来不同程度的影响。面对突发事件，如运动员退赛、媒体转播取消、重要人物缺席、裁判不公平、观众骚乱等，或者赞助商临时提出附加条件，要视具体情况灵活处理。一般而言，对于合同中规定的权益落实不到位的情况，应及时与赞助商沟通交流，在条件许可的情况下，可采取相关措施弥补赞助商的损失；对于赞助商为了提高赞助效果临时提出增加赞助权益的情况，在保护其他赞助商权益的情况下，可以根据所增加的赞助权益内容酌情有偿满足。

（四）赛后提供赞助评估报告

赞助评估报告是对赞助商权益落实的具体反馈。从赞助评估报告中，赞助商可以直观了解到赞助权益回报的具体形式、具体项目，赞助的具体效果。为了公平公正，赛事承办方一般委托第三方机构对赞助效果进行综合评估，为赞助商后期赞助提供依据和参考。当前，第三方机构对赞助效果的评估主要集中在媒体和赛事活动传播价值的评估，通过计算品牌曝光度、品牌活动参与度等指标评估赞助效果。赛事运营团队应在赛事结束后一周或一个月内向赞助商提供赞助评估报告，为赞助商再次赞助此类赛事提供决策依据。

二、赞助商权益的保护

在赞助商权益保护中，侵犯排他权和伏击营销是较常见的两个问题，前者通常发生在赞助商群体之间，后者常见于赛事赞助商与非赞助商之间。为此，两大问题的解决必须以确定排他的主体和范围、依法打击伏击营销行为为主要抓手。

（一）确定排他的主体和范围

大型体育赛事赞助中排他性权利是指赛事组织方和赞助方在大型体育赛事赞助中约定，在赞助方为赛事组织方提供一定金钱、服务或物品等赞助后，赛事组织方即赋予赞助方一定的时间和地域范围内，在同一行业中享有独家开发赛事市场的权利。其目的是“扑灭或对付竞争者的潜在威胁或直接竞争”，最大限度地确保赞助企业的商业利益，并因此促使体育赛事无形资产价值的增加，从而实现赛事与赞助企业的双赢。关于排他性的执行，目前各国基本都参照国际奥委会的规则或做法，即一般情况下一个类别只有一家赞助商；赋予赞助商在一定期限和辖区内，就对应的产品类别下享有独家开发赛事市场的垄断性权利。赞助商同行业中存在竞争关系的商事主体则被禁止提供同样的产品和服务，被绝对排除在开发赛事市场的利益之外。

具体而言，保护排他权的做法是明确排他的主体、排他的客体、排他的范围。在赞助合同中要明确排他的主体是个体排他还是联合排他，明确赛事哪些资源具有排他性，明确是行业排他还是竞品排他，明确在何时何地排他。这样做的主要原因一是现代品牌发展中，品牌产品线一般较长，涉及的产品类型较广，排他的界限不明容易使品牌营销宣传陷入混乱，使赞助商的利益受损；二是在赞助营销中，集成商、平台商及赞助商自身合作伙伴较多，趁机进行营销的可能性较大，与赞助商利益发生冲突的概率增大。

（二）依法打击伏击营销行为

由于赞助大型综合性体育赛事能为赞助企业带来丰厚的收益，部分非赞助企业觊觎赞助企业的收益，通过“非法”手段获取赞助商的待遇和收益，由此产生所谓的伏击营销。伏击营销原指非赞助企业开展与赞助对象相关联的营销活动，使消费者误认其为官方赞助商的一种“非法”分享官方赞助权益的商业行为，带有明显的寄生性。随着相关赞助权益保护的严格化，非赞助商的营销手法也趋向多样化，伏击营销的概念逐渐被泛化。在特定性赞助活动进行期间及其前后，利用与该活动相关的主题举行的合法营销手法也被涵盖在内。针对伏击营销的行为，赛事权主办方、赛事承办方应颁发或制作权益保护指导手册，并建立沟通机制，保障赞助商权益的顺利实施。

为了保护赞助商的权益，首先，应完善赞助合同：一是在赞助协议中对赞助商权益的享有及实施应约定明晰、具体；二是在赞助协议中应明确各方在赞助商权益实施的义务与责任，应确保赞助商在期限和辖区内排他、垄断享有独家开发赛事市场的权利；三是在赞助协议中应加大违约方的违约成本，违约金条款的作用在于通过增加违约方的违约成本，促使违约方严格按照协议的约定行使其权利并履行其义务。其次，健全赞助商权益保护的各种规章制度，联合区域法务部门、市场监督部门、媒体宣传部门严厉打击非赞助商的伏击营销行为。最后，赛事运营团队、赞助商、执法部门应加强对相关法律法规的学习，增强法律维权意识。

［注］1. 2019 年第七届武汉世界军人运动会资源开发管理办法见附录 11。

2. 2019 年第七届武汉世界军人运动会无形资产与赞助企业品牌保护工作实施办法见附录 12。

2020 年第 32 届东京奥运会赞助商权益的保护

为最大化保障赞助商权益，东京奥委会在国际奥委会的指导下，采取了一系列举措净化市场环境，确保奥运的品牌价值。

1. 在申办奥运会期间，东京申奥组委会与日本奥委会签订了联合市场开发协议，以确保在奥运会筹办举办期间，日本市场不会同时出现两个奥林匹克赞助体系，造成奥运品牌的贬值和淡化。东京申奥组委会也与日本残奥委会签订了特定于残奥的联合市场开发协议，以便残奥的品牌价值维持在相对高位。

2. 东京奥委会还协调各级政府，对户外广告，特别是与奥运赛事举办场馆相关的户外广告进行严密监控，防止侵权或者隐性市场营销行为的出现。这些广告包括平面广告、电子展示广告；防控的区域延伸到主要公车站、出租车站、地铁站、火车站、东京成田和羽田机场，甚至举办东京 2020 年奥运会足球预赛的两个城市的机场。从 2020 年 6 月中旬到奥运赛事全部结束，这些户外广告空间一直为东京奥组委专用。遍布在东京大街上的 1200 多个警亭在赛事期间开展严密的巡查，严格保障赛事期间赞助商的权益。

3. 东京奥组委加大对知识产权侵权行为的打击力度，切实保护赞助商权益。在日本，民众对知识产权保护的意识很强，知识产权侵权违法行为生存土壤有限，日本的著作权法、商标法、反不正当竞争条例为奥运标志提供了强有力的保护。但东京奥组委并不满足于此，他们与司法部门密切沟通，对已经出现的知识产权侵权行为，敦促采取禁令的方式，在两周之内就可得到职能部门的制止。组委会定期对侵权违法行为处罚执行情况进行复审，敦促相关部门提高执法效率。2020 年第 32 届东京奥运会的赞助计划开始于 2015 年 1 月 1 日，在达成赞助协议后，每一个赞助商的赞助权益都将确保到 2021 年 12 月 31 日。但赞助商的权益仅限于在日本使用，如果在日本之外的国家使用赞助商权益，还需另行提出申请。

4. 除了会徽之外，赞助商还可以将吉祥物、口号等标志和专有名称用在自己的产品和服务、赠品、网页、宣传材料，以及各类广告上。

［资料来源］杨晋．奥组委保障赞助商权益确保奥运品牌价值——从东京 2020 年奥运会的赞助体系看奥运品牌运用［J］．中国对外贸易，2017（3）：42-43。

第十三章
CHAPTER 13
大型综合性体育赛事特许产品开发与销售

大型综合性体育赛事特许产品经营是赛事授权方将赛事特殊标识形象在一定条件下许可给经营者，允许经营者在一定区域内从事与赛事授权人相同的经营业务。根据大型综合性体育赛事市场开发经验，特许产品经营收入一般为赛事市场开发收入的2%~8%。随着赛事开发趋于稳定，特许产品开发经营渐渐成为大型综合性体育赛事市场开发的新亮点。大型综合性体育赛事的特许产品开发在增加赛事收入、打造赛事品牌、传播赛事文化、宣传主办地文化等方面发挥的作用日益明显。本章主要阐述了大型综合性体育赛事特许产品的设计与开发、特许产品的生产与授权、特许产品的销售三方面内容。

第一节　特许产品的设计与开发

大型综合性体育赛事特许产品是以大型综合性体育赛事特殊标识形象（吉祥物、会徽、口号、会歌、理念等）为核心元素，由指定企业生产并销售的，能体现地区经济发展、举办地文化、赛事品牌形象的有形商品。特许产品的设计与开发是大型综合性体育赛事特许产品市场开发的首要环节。只有制订出适合的市场开发策略，并设计出深受消费者喜爱的特许产品，才能确保接下来的推广过程顺利实施，并获取更多的经济收益，更好地宣传赛事形象。

一、特许产品的设计策略

1. 突出赛事理念，宣传主办地文化

大型综合性体育赛事特许产品开发的一个重要目的就是要宣传赛事品牌。因

此，赛事特许产品的设计要能够突出赛事办赛理念，起到宣传赛事的作用。只有将赛事理念融入特许产品的设计中，才能将特许产品与普通同类产品区分开来，凸显其个性化。例如，2022 年第 24 届北京冬奥会的纪念品基本上都是选用环保材料进行制作与加工，在考虑成本的同时，尽可能减少对环境的破坏和污染，充分体现了北京冬奥会“绿色办奥”的理念；2021 年第十四届陕西全运会，除推出吉祥物毛绒玩具、纪念章等一般类别特许商品外，其面世的邮品类特许商品响应“智慧全运”办赛理念，在邮票中加入科技元素，让公众通过一张邮票就可以与十四运会进行互动，极大增强了科技性和趣味性。除了体现办赛理念外，宣传主办地文化也是大型综合性体育赛事特许产品设计要考虑的重要因素之一。特许产品的设计应该从多方面体现主办国与主办城市的文化底蕴，让消费者能通过购买特许产品加深对主办地区历史文化的了解，对该地区文化产生强烈兴趣。例如，北京冬奥会设计的冬奥金钥匙将中国传统文化与奥林匹克精神相融合，在设计中加入了祥云纹饰、北京七大世界文化遗产等特色元素；冬奥五环珐琅尊以鸟巢、冰立方、天坛、张家口的大境门作为创意设计元素，融入中国传统如意造型，充分展示了中国灿烂文化。

2. 具备多种功能，满足多元需求

满足消费者的多元需求是大型综合性体育赛事特许产品设计的首要任务。因此，根据消费者需求的不同，特许产品应具备不同的功能和价值。一是具有使用价值。特许产品在功能方面首先要注重的是实用性，特别是特许指定产品，多为消费者直接使用，优质的工艺和良好的实用性能使特许产品避免华而不实。如奥运会、亚运会和全运会等大型综合性体育赛事的特许产品设计中都会包括服饰、文具、生活用品、运动装备等类别的产品，目的就是满足消费者的使用需求。二是具有娱乐价值。体育赛事本身就是一场娱乐盛会，其特许产品设计自然要体现娱乐性。如毛绒玩具、时尚礼品、挂件饰品等类别的特许产品就能满足各年龄段消费者的娱乐需求。三是具有收藏纪念价值。体育赛事尤其是大型综合性体育赛事的特许产品往往都具有较高的收藏价值，部分消费者甚至将其作为一种投资手段，以获取客观的经济利益。特许产品中纪念邮币、贵金属制品等类别的商品，能够很好地满足这部分消费者的需求。

3. 包含多种类别，覆盖不同价位

消费需求的多样性决定了体育赛事特许产品的多样性，而特许产品的多样性

体现在两个方面：一是产品种类的多样性。大型综合性体育赛事特许产品设计时，不仅要扩大产品组合的宽度，以进入新市场，宣传赛事、提高收益，还要增加每一种产品线的品种数量，扩大产品组合深度，丰富产品层次。例如，2022年第24届北京冬奥会，北京冬奥组委分阶段开发了16大类特许产品（表13-1），包括胸章、钥匙扣及其他非贵金属制品；贵金属制品；服装、服饰及配饰；丝绸类制品；文具类；陶瓷制品；毛绒和各类材质玩具；工艺品；首饰类；电子产品及配件；智能穿戴设备；家纺类；箱包类；冰雪运动用品；纪念邮票及邮品；纪念币（钞）及装帧制品和其他适合开发品类。二是产品价格的多样性。鉴于不同消费者购买力存在差异，体育赛事特许产品应包含不同的价位选择。其中，中低端产品面向普通消费者，保证其性价比；高端产品面向高收入群体，具备一定收藏价值。例如，北京冬奥会既有几十元的纪念徽章、手办玩具，又有几百几千元的运动服饰、首饰吊坠，更有高达几万几十万元的贵金属收藏品，能够充分满足不同消费能力的消费者的需求。

表 13-1　2022 年第 24 届北京冬奥会特许商品类别

序号	类别	品种
1	胸章、钥匙扣及其他非贵金属制品	徽章、钥匙扣、磁贴、胸章、挂件等
2	贵金属制品	银章、纪念金版、金银券、足金摆件、金银条等
3	服装、服饰及配件	头巾、围巾、面巾、手套、T恤、外套等
4	丝绸类制品	丝巾等
5	文具类	笔、笔记本、书包、笔袋等
6	陶瓷制品	马克杯、陶瓷杯、陶瓷花瓶等
7	毛绒和各类材质玩具	毛绒公仔、手办、拨浪鼓、水晶球等
8	工艺品	玄关摆件、灯笼、冬奥双玺、金镶玉瓶等
9	首饰类	项链、手链、戒指、耳钉、吊坠等
10	电子产品及配件	MP3、MP4、音响等
11	智能穿戴设备	运动手环、智能手表、眼镜、服饰等
12	家纺类	雨伞、抱枕、灯笼等
13	箱包类	旅行包、电脑包、休闲包、帆布包等
14	冰雪运动用品	运动水壶、登山杖等

续表

序号	类别	品种
15	纪念邮票及邮品	明信片、邮册、信封、纪念邮票等
16	纪念币（钞）及装帧制品	普通纪念币、金银纪念币、双金属币、纪念钞等
17	其他适合开发品类	适合作为特许商品的其他类别产品

［资料来源］根据中国奥委会官网、奥林匹克官方旗舰店资料整理。

二、特许产品的开发过程

大型综合性体育赛事特许产品的开发过程是一个从特许产品设计、生产到销售的完整运作体系，主要包括开发原则拟定、开发模式确立、经营机构选择、市场开发监控四个部分。

（一）特许产品的开发原则

特许产品开发原则对大型综合性体育赛事特许产品的开发全过程起到重要的指导作用。为了有效实现体育赛事的市场开发目标，赛事组织中的特许产品开发部门需要在产品开发之前拟定必要的开发原则，在经营过程中明确开发的具体思路，为选择经营模式和经营机构提供指导，避免盲目开发造成的一系列问题。

1. 社会效益与经济效益相统一的原则

大型综合性体育赛事是以政府为主导举办的活动，因此，在特许产品开发过程中，除了要发挥其筹集办赛资金、获取经济收益的功能，还需要满足社会效益的需求。通过特许产品的开发，拓宽特许产品市场、打造赛事品牌、提升赛事的影响力，使体育赛事特许产品开发的社会效益与经济效益有机统一，实现赛事主办方、赛事组织、特许企业与社会的多方共赢。

2. 适度开发的原则

近年来，随着大型综合性体育赛事特许产品开发逐渐深入，为了追求更大的经济收益，一些赛事组织对特许产品的过度开发，从而导致一系列问题的出现。一方面，特许产品开发虽然越来越受重视，但在大型综合性体育赛事市场开发过程中，与赞助招商等方面存在一些差距，并不是市场开发最重要的部分，在此方面投入的资源也较为有限。盲目地扩大特许产品开发规模，会因人员、资金、信息等方面的投入不足导致特许产品经营管理方面出现混乱和缺失。另一方面，由于大型综合性体育赛事的周期性特征，如果特许产品种类数量过多，赛事举办过后造成大量产品库存堆积，导致赛事资源的浪费和流失。因此，特许产品的适度开发，既可以有效控制特许产品种类的泛滥，提高开发质量、便于集中销售，又可以降低特许经营商的市场风险。

3. 充分发挥中介机构作用的原则

大型综合性体育赛事由于其运营管理机构十分复杂，需要统筹的事项众多，不可避免会将更多精力投入赛事组织方面，而对赛事市场开发投入的精力有限，再加上赛事承办方本身具备的市场开发经验较少，因此，可以将特许产品开发交由专业的市场开发中介机构运作。在充分发挥中介机构优势的同时，既保证了赛事特许产品市场开发的效率和效益，又利于特许产品市场开发的专业化、规范化操作。但在运作过程中，赛事承办方要积极与中介机构进行沟通，加强对中介机构的规范管理，以确保特许产品市场开发目标的顺利达成。

4. 选择合适经营企业的原则

特许产品经营企业是赛事承办方生产特许产品，以及产品能够顺利到达消费者手中的重要中间环节。大型综合性体育赛事办赛组织要选择合适的特许产品经营企业，以便有效实现自身的经济效益，满足消费者的消费需求。赛事承办方要制订合理的经营企业选择标准，保证赛事特许产品市场开发目标的顺利实现，同时要加强对赛事特许产品经营企业的监管，为消费者提供种类丰富、质量优良的特许产品。此外，赛事承办方还应该通过各种方式维护特许产品经营企业的正当权益，激发其经营的积极性，保证它们获得可观的收益。

5. 公平竞价的原则

大型综合性体育赛事的市场开发具有品牌优势突出、垄断市场价值明显的特点，往往会有很多企业试图获得其特许产品市场开发特许权，借赛事契机促进企业自身发展。公开招标、公开拍卖、竞争性谈判是赛事特许产品开发中常见的竞价方式。大型综合性体育赛事一般采用公开招标的方式对特许经营权进行开发。办赛组织要本着公开、公平、公正原则，选择那些经营资质、水平和能力高的企业，以符合赛事利益，实现既定的特许开发目标。

（二）特许产品的开发模式

体育赛事特许产品的开发模式是指赛事机构以何种方式对赛事特许经营资源进行挖掘与整合，选择最佳的盈利方式，使其充分参与市场竞争的过程。特许产品开发模式是赛事特许产品开发目标具体实施的重要内容，也是选择赛事特许经营企业的重要前提。一般情况下，体育赛事特许产品的开发模式包括以下三种。

一是特许产品经营权的分拆模式。这是一种人为将经营权分解成特许生产权与特许销售权并分别独立授权的模式。其优势在于赛事特许产品开发机构作为衔接特许产品供应市场与销售市场的中间纽带，通过运用其组织管理生产与供货职能，充分利用赛事特许产品高品牌附加值特性，在市场中获得稳定增值的利益回报，是三种模式中受益最大的。

二是特许产品经营权的分类模式。这种模式在经营权划分上侧重于产品销售集中、市场预期较高的项目，有利于发挥中小型礼品企业自身的产品研发、渠道拓展的独立运营能力，也分散了项目整体经营的市场风险，并且市场操作简单、授权双方责权利关系比较清晰。

三是特许产品经营权的承揽模式。即赛事机构在多家竞争企业中选择总额和实力最强的一家企业承揽整个特许经营权项目的模式。其特点是授权行为、授权关系和经营管理都较为简单，但也存在较大风险。

一般来说，大型综合性体育赛事如奥运会、亚运会、全运会等，其特许产品开发采用的是特许经营权的分拆模式。例如，北京冬奥组委在深入分析往届奥运会特许经营状况并总结试运行计划经验的基础上，确定采用分别许可企业从事特许商品生产和销售的分拆模式开展北京冬奥会特许经营。即许可特许生产商负责特许产品的开发、设计和生产组织管理工作，许可特许零售商负责特许产品的销售工作。特许生产许可将按照产品类别进行，采取排他和联合排他的方式，控制同一产品类别的特许生产商数量；特许零售许可按照区域或渠道范围进行，充分利用特许零售商销售渠道资源和赞助企业服务网点开展实体销售网络网点布局，利用互联网渠道开展特许商品网上销售。

（三）特许产品经营机构的选择

大型综合性体育赛事特许产品经营机构的选择是基于赛事特许产品开发模式，对多家竞选企业从资信财务状况、经营业绩、自有渠道及市场运营能力等方面的综合评价。由于国内从事礼品生产与贸易行业的企业规模不大，行业准入门槛与自律性低，国内赛事规模与赛事消费仍未出现结构性增长现象，赛事特许产品经营机构往往是一些本地实力较强的中小型礼品贸易公司，在国内体育赛事特许产品开发的实际运作上，并没有一套固定且较为严格的选择标准，而是根据赛事开发的具体情况灵活调整。

赛事特许产品经营机构的比较与衡量，应根据特许产品开发的原则与开发模式的要求来确定选择方向与侧重点。一般来说，特许产品开发机构至少要从三方面来制订选择标准：一是一般经营资质条件的审核；二是赛事市场运作经验与自有渠道，如特许产品经营机构是否在产品研发、业务团队、产品生产与供应链、销售网络等自身运营能力与管理水平上有突出优势；三是能否满足和接受特许产品开发机构的要求，如在特许经营权费用的支付、开发机构的市场监督和指导意见及对赛事内部采购实行微利等方面的要求。

（四）特许产品开发的市场监控

大型综合性体育赛事特许产品开发的市场监控是指赛事特许产品开发部门对特许产品开发计划的各环节与特许经营机构的市场行为进行监督、管理与指导，确保赛事开发社会效益与经济效益目标顺利实现的过程。特许产品的市场监控主要包括运作流程监控、产品质量监控和销售网络监控三个部分。

一是运作流程监控。大型综合性体育赛事市场开发部门较为完善，已经形成一套完善的市场开发体系。特许产品开发涉及的行业种类较多，其运作流程监控一般侧重于开发生产与市场销售环节。例如，对生产环节中的产品设计、产品组合、品种数量等方面的报备审批流程监控，以及对市场环节中的销售网点布局、市场信息反馈、资金渠道来源等方面的监控。运作流程监控能够及时有效地避免特许产品市场流通各环节中潜在的问题，使特许产品开发过程能够规范有序进行，进而提高开发的整体效率。

二是产品质量监控。大型综合性体育赛事特许产品开发部门在进行产品质量控制时，需要从质量检验标准、流通品控制度、不合格产品处置三个方面对特许产品经营机构作出明确规定，以避免问题产品流入市场，造成不良社会影响。在产品质量控制方面，要重点对特许产品的安全性进行考察，在材料性质、用料含量等指标上提出检验标准，尽可能消除对高危人群如老人、儿童、孕妇等造成的安全隐患；在流通品控制度方面，要建立和完善产品开发报备机制、质量检验认证制度与市场检查制度，确保各个环节严格按照制度标准顺利进行；在不合格产品处置方面，要通过特许经营合同中的相关条款进行惩处，规范特许产品市场秩序。

三是销售网络监控。特许产品销售网络作为赛事特许产品对外展示、市场销售、扩大社会影响的重要载体，是特许产品开发市场监控中形式最复杂、监控难度最大、最关键的环节。对销售网络的有效监控能够确保市场稳定运行，使特许产品开发机构及时了解特许产品的市场动态。销售网络监控可以从产品价格、销售渠道、资金流动与收益状况四个方面来进行。

三、特许产品的开发意义

特许产品开发是大型综合性体育赛事提升赛事品牌理念、扩大赛事影响力的重要载体，是展示赛事举办地文化、宣传赛事主办城市形象的重要手段，同时对激发群众赛事参与热情、筹集赛事资金也具有重要意义。

一是能够提升赛事品牌理念，扩大赛事在公众中的影响力。通过大型综合性体育赛事的特许产品开发，能够使赛事的会徽、口号、吉祥物等以更为直观的方式被消费者接触，进而加深广大群众对赛事的了解，推动体育赛事的发展。同时，特许产品的销售在赛事主办方与赛事支持者之间搭起了一座桥梁，有助于二者建立紧密的联系，可以提高消费者对赛事品牌的忠诚度，同时对扩大体育赛事的品牌知名度、提升赛事品牌价值起到重要推动作用。

二是能够展示赛事举办地的精神风貌和文化底蕴。大型综合性体育赛事的举办本身就是世界人民了解赛事举办地的一个重要手段，而赛事特许产品的开发则能进一步让消费者了解举办地的文化特色。例如，特许产品中各种文化元素的融入，能够充分体现赛事举办地的文化积淀和鲜明时代特色，让广大消费者对当地文化和城市形象有了更加深入的了解，对传播赛事举办地文化具有重要意义。

三是有利于增加赛事收入，减少现金支出。大型综合性体育赛事特许产品开发的种类十分丰富，往往包括十多种不同大类的产品，经营收入非常可观，已经成为体育赛事市场开发中仅次于赛事赞助的另一项重大收入来源；与此同时，特许产品的市场开发目前仍然蕴藏着巨大的发展潜力。这对提高赛事收入、支撑赛事举办都将发挥重要的推动作用。

第二节　特许产品的生产与授权

一、特许产品的种类

体育赛事的特许产品一般可分为标志产品、专用产品和推荐产品三类。标志产品是指经授权许可特许企业可以直接使用体育赛事的特殊标识（会徽、吉祥物、口号、理念等）生产或销售各类赛事组织规定的产品，包括普通金属及贵金属纪念品、毛绒玩具、生活用品、服饰配件等。纪念邮票也是标志产品的一个重要组成部分。专用产品是指经授权许可特许企业可以使用体育赛事名称、会徽、吉祥物、口号等专用标志，以“某某赛事专用产品”的形式进行宣传推广，在同类别产品中具有一定排他性和唯一性的产品。推荐产品是指经授权许可可以使用赛事名称、会徽、吉祥物等专用标志，以“某某赛事推荐产品”的形式进行宣传推广的产品。

大型综合性体育赛事的特许产品种类的开发一般包括三个部分，即特许商品、纪念币（钞）和纪念邮票。以 2021 年第十四届陕西全运会为例，其特许经营计划包括特许商品计划和邮币计划。

1. 特许商品计划

特许商品计划是指按照赛会需求，征集特许企业并授权其设计、生产和销售带有 2021 年第十四届陕西全运会和残运会暨特奥会会徽、吉祥物等知识产权的徽章、服装服饰及配饰、玩具、文具、工艺品、首饰、家居饰品、快消品等特许商品。筹委会制订特许经营管理政策，向特许企业授权并监督执行。

2. 纪念币（钞）计划

纪念币（钞）计划以 2021 年第十四届陕西全运会和残运会暨特奥会及其相关活动为主题，使用 2021 年第十四届陕西全运会和残运会暨特奥会会徽、比赛场馆、比赛项目、陕西风景名胜与中国传统文化等题材，拟发行普通纪念币、贵金属纪念币及其衍生产品，进一步推广宣传赛会。中国人民银行是中国唯一合法的纪念币（钞）发行和管理机构。

3. 纪念邮票计划

纪念邮票计划以 2021 年第十四届陕西全运会和残运会暨特奥会及其相关活

动为主题，使用2021年第十四届陕西全运会和残运会暨特奥会会徽及其他知识产权，拟发行个性化邮票、纪念封、邮折等邮品，题材包括会徽和吉祥物、开闭幕式、比赛项目、比赛场馆、火炬传递等，进一步推广宣传赛会。国家邮政总局是中国唯一合法的发行和管理邮资票品的权威机构。

二、特许生产企业的选择与授权

大型综合性体育赛事特许生产企业的选择一般采用公开征集的方式，由赛事特许产品市场开发机构发布相应的特许生产商征集公告，按照特许产品开发阶段分不同产品类别面向国内外相关企业公平、公正、公开征集特许生产商。在选择标准方面，一般要求特许生产企业具备一定的资金实力、诚信经营与承担社会责任、有较强的设计能力和生产能力、通过质量与环保认证、有相关品牌运营与代理经验、抗风险能力强等；在特许产品授权方面，应征成功的特许生产企业有权在赛事组织许可的特许商品类别范围内，在特许经营期限内开发、设计、生产管理和向特许零售商销售带有赛事组织授权标志的特许商品。值得注意的是，每家特许生产企业参与特许商品开发、设计、生产管理的特许商品类别数量不得超过3个。

［注］1. 我国大型综合性体育赛事特殊标志使用许可合同见附录13。

2. 我国大型综合性体育赛事纪念币特许经营合同见附录14。

以2022年第24届北京冬奥会和2022年第19届杭州亚运会特许生产商征集为例。

（一）2022年第24届北京冬奥会特许生产商征集（户外用品类）

1. 征集条件

（1）企业资信状况及社会信誉良好；

（2）企业注册成立2年以上，具备一般纳税人资质；

（3）注册资本应在人民币2000万元及以上；

（4）通过ISO9001质量体系认证或省级以上相关部门质量检测达标（或合作负责生产应征类别特许商品的第三方生产商具备该条件，认证内容须与应征类别对应的产品生产相关）；

（5）通过ISO9001环境管理体系认证或省级以上相关部门环境检测达标

(或合作负责生产应征类别特许商品的第三方生产商具备该条件，认证内容须与应征类别对应的产品生产相关)；

(6) 通过信息安全管理体系认证或已建立安全有效的信息管理体系；

(7) 具备良好的产品开发、设计、生产管理、市场营销能力及抗风险能力。

2. 权利授予

经北京冬奥组委批准，特许生产商有权在北京冬奥组委许可的特许商品类别范围内开发、设计、生产管理和向特许零售商销售带有北京冬奥组委授权标志的特许商品，详见表 13-2。经营期限为自签订特许生产商协议之日起至 2022 年 6 月 30 日结束，另设 3 个月清仓期。

表 13-2　2022 年第 24 届北京冬奥会不同产品类别特许生产企业

序号	许可产品类别	特许生产企业名称
1	徽章、钥匙扣及其他非贵金属制品	北京华江文化集团有限公司、中山市恒泰创展实业有限公司、北京元隆雅图文化传播有限责任公司
2	贵金属制品	北京华江文化集团有限公司、北京元隆雅图文化传播有限责任公司、中钞国鼎投资有限公司、北京工美集团有限责任公司
3	陶瓷制品	北京华江文化集团有限公司、景德镇博古观今瓷业有限责任公司、深圳国瓷永丰股份有限公司
4	毛绒和其他材质玩具	北京元隆雅图文化传播有限责任公司、南通金凤凰工艺玩具制造有限公司、晋江恒盛玩具有限公司
5	箱包	中山市恒泰创展实业有限公司
6	工艺品	北京工美集团有限责任公司、北京世清八井文化发展有限公司、北京华信文投文化艺术有限责任公司、北京中博五福文化发展有限公司、南京好彩文化发展有限公司
7	首饰	北京工美集团有限责任公司、北京昱京华文化发展有限公司
8	服装、服饰及配饰	安踏体育用品集团有限公司、北京铜牛集团有限公司、北京大华天坛服装有限公司
9	家纺	北京铜牛集团有限公司、孚日集团股份有限公司
10	丝绸制品	杭州万事利丝绸文化股份有限公司、苏州上久楷丝绸科技文化有限公司、北京知源文科文化传播有限公司
11	文具	北京千纸鹤电子技术发展有限公司、贝发集团股份有限公司

续表

序号	许可产品类别	特许生产企业名称
12	邮票、邮品及仿印品	中国邮政集团公司
13	户外用品	北京思凯乐户外用品有限公司、高碑店市广顺箱包工业有限责任公司、浙江友谊菲诺伞业股份有限公司

[资料来源] 2022年第24届北京冬奥会和冬残奥会组委会官方网站。

(二) 2022年第19届杭州亚运会特许生产商征集（食品类）

1. 征集条件

(1) 企业资信状况及社会信誉良好；

(2) 企业注册成立3年以上，具备一般纳税人资质；

(3) 注册资本应在人民币1000万元（含）以上；

(4) 具备所征类别食品生产经营相关许可资质；

(5) 通过质量体系认证或省级以上相关部门质量检测达标（或合作负责生产应征类别特许商品的第三方生产企业具备该条件，认证内容须与应征类别对应的产品生产相关）；

(6) 通过环保体系认证或省级以上相关部门环保检测达标（或合作负责生产应征类别特许商品的第三方生产企业具备该条件，认证内容须与应征类别对应的产品生产相关）；

(7) 通过ISO22000食品安全管理体系认证或HACCP食品安全控制体系认证（或合作负责生产应征类别特许商品的第三方生产企业具备该条件，认证内容须与应征类别对应的产品生产相关）；

(8) 通过信息安全管理体系认证或已建立安全有效的信息管理体系；

(9) 具备良好的产品开发、设计、生产管理、市场营销能力及抗风险能力。

2. 权利授予

经征集人授权，应征人有权在征集人许可的特许商品类别范围内开发、设计、生产管理或向特许零售企业销售带有征集人授权标志的特许商品，详见表13-3。经营期限为自签订特许生产企业协议之日起至2022年12月30日结束。

表 13-3　2022 年第 19 届杭州亚运会不同产品类别特许的部分生产企业

序号	许可产品类别	特许生产企业名称
1	徽章及非贵金属类	北京华江文化集团有限公司、浙江苍南县金乡徽章厂有限公司、深圳市金一百艺术品股份有限公司、杭州孚德品牌管理有限公司
2	贵金属类	国金黄金股份有限公司、北京华江文化集团有限公司、北京金一文化发展股份有限公司、深圳市国富黄金股份有限公司
3	工艺品类	湖南华联瓷业股份有限公司、杭州王星记扇业有限公司、杭州西泠印社有限公司、深圳市金一百艺术品股份有限公司
4	丝绸类	浙江凯喜雅国际股份有限公司、杭州万事利丝绸文化股份有限公司、浙江美嘉标服饰有限公司、杭州悦蓉科技有限公司
5	文具类	得力集团有限公司、北京邮票厂、杭州西泠印社有限公司、杭州淘欣文化创意有限公司
6	家居生活类	杭州天堂伞业集团有限公司、湖南华联瓷业股份有限公司、浙江飞剑工贸有限公司、浙江东度文化创意有限公司、北京讯宇创世科技有限公司、杭州网易严选贸易有限公司
7	玩具类	广东哈一代玩具股份有限公司、杭州孚德品牌管理有限公司、晋江恒盛玩具有限公司、浙江中南卡通股份有限公司、杭州久积控股有限公司
8	服装服饰类	北京金三环纺织进出口有限责任公司、浙江华鼎集团有限责任公司、东阳市城东进科印花厂、东莞赛诺家居用品有限公司、杭州翔天供应链管理有限公司
9	首饰类	杭州航民百泰首饰有限公司、北京昱京华文化发展有限公司、曼卡龙珠宝股份有限公司、杭州埃迷丽珠宝有限公司
10	家居生活类	美通日用品（杭州）有限公司、浙江楠宋瓷业有限公司、浙江护童人体工学科技股份有限公司
11	箱包类	广州奥比亚皮具实业有限责任公司、新秀集团有限公司、杭州臻元休闲用品有限公司
12	文具类	杭州欧赛亿如科技有限公司、浙江人民美术出版社有限公司
13	食品类（糕点烘焙类）	杭州玫隆食品有限公司、杭州知味观食品有限公司、杭州楼外楼食品有限公司、杭州郝姆斯食品有限公司
14	食品类（茶叶类）	杭州艺福堂茶业有限公司、浙江省茶叶集团股份有限公司、杭州正浩茶叶有限公司

［资料来源］2022 年第 19 届杭州亚运会官方网站。

第三节　特许产品的销售

一、特许销售企业的选择与授权

与特许生产企业一样，大型综合性体育赛事特许零售企业的选择也采用公开征集的方式，由赛事组织发布相应的特许零售商征集公告，面向国内外相关企业公平、公正、公开征集特许零售商。在选择标准方面，除要求应征企业具备一定资金能力、诚信经营与承担社会责任、有一般纳税人资质外，还要求企业的经营范围符合特许零售经营要求且具备自由零售渠道或在应征区域内建立零售网点的能力。在特许授权方面，经赛事组织批准，特许零售商有权在赛事组织许可的区域或渠道范围内开设特许商品零售店，向消费者销售特许商品。

以 2022 年第 24 届北京冬奥会和 2022 年第 19 届杭州亚运会特许零售商征集为例。

（一）2022 年第 24 届北京冬奥会特许零售商征集

1. 征集区域、渠道

（1）各省、自治区、直辖市（不含北京）特许零售商

面向各省、自治区、直辖市（不含北京）公开征集区域特许零售商，负责组织在应征区域重点商业街区、商场、著名旅游景点、星级宾馆、体育场馆等人流密集场所开设特许零售店。

（2）北京区域特许零售商

目前北京区域特色景区、商业场所、体育场馆的特许零售店开店情况尚不饱和，北京区域销售情况较好，继续征集北京区域特许零售商在上述场所开设特许商品零售店。

（3）全国区域内滑雪场馆

面向全国范围内滑雪场馆渠道征集特许零售商，应征主体需具备在滑雪场馆组织开设北京冬奥会特许零售店的能力。

（4）全国高铁列车渠道

为进一步扩大北京冬奥会宣传推广，面向全国区域高铁列车渠道征集特许零

售商，应征主体需具备在高铁列车上组织销售的能力。

2. 征集条件

（1）企业资信状况及社会信誉良好；

（2）企业经营范围符合特许零售经营要求；

（3）企业注册成立 2 年以上，具备一般纳税人资质；

（4）注册资本应在人民币 1000 万元及以上；

（5）具备自有销售渠道或在应征区域内建立销售网点的能力；

（6）具备相关品牌代理的经验。

3. 权利授予

经北京冬奥组委批准，特许零售商有权在北京冬奥组委许可的区域或渠道范围内开设北京冬奥会特许商品零售店，向消费者销售特许商品，详见表 13-4。经营期限为自签订特许零售商协议之日起至 2022 年 6 月 30 日结束，另设 3 个月清仓期。

表 13-4　2022 年第 24 届北京冬奥会特许的部分零售企业及其许可销售区域

序号	特许零售企业名称	许可销售区域
1	安踏体育用品集团有限公司	全国范围内自有销售渠道
2	中国邮政集团公司	全国范围内自有销售渠道
3	中国石化销售股份有限公司	全国范围内自有销售渠道
4	联通在线信息科技有限公司	中国联通积分商城
5	北京华江文化集团有限公司	北京礼物相关商业网点
6	王府井集团股份有限公司销售分公司	王府井集团所属商业网点
7	北京故宫文化创意有限公司	故宫所属区域
8	上海尊安投资管理有限公司	上海市自有销售渠道
9	南京好彩文化发展有限公司	江苏省自有渠道销售
10	北京鼎泰仓企业管理有限公司	河北省自有销售渠道
11	张家口文化旅游投资集团有限公司	张家口市区域自有销售渠道
12	湖南体育产业集团有限公司	湖南省区域自有销售渠道
13	张家口市万龙运动旅游有限公司	全国滑雪场渠道
14	北京必盛博科投资有限公司	全国区域高铁列车渠道
15	湖南民丰食品有限公司	全国区域高铁列车渠道

［资料来源］2022 年第 24 届北京冬奥会和冬残奥会组委会官方网站。

（二）2022 年第 19 届杭州亚运会特许零售商征集

1. 征集条件

（1）企业资信状况及社会信誉良好；

（2）企业注册成立 1 年（含）以上且具备一般纳税人资质；

（3）注册资本应在人民币 500 万元（含）以上；

（4）企业经营范围符合特许零售经营要求；

（5）具备自有销售渠道或在应征区域内建立销售网点的能力。

2. 权利授予

详见表 13-5。

表 13-5　2022 年第 19 届杭州亚运会特许的部分零售企业

序号	特许零售企业名称
1	杭州玖锦文化创意有限公司
2	杭州东尚贸易有限公司
3	十足集团股份有限公司
4	中国邮政集团有限公司杭州分公司
5	浙江臻元休闲用品有限公司
6	杭州淘道科技有限公司
7	杭州市水上公共观光巴士有限公司
8	浙江同力信息科技有限公司
9	北京金米黄金文化创意有限责任公司
10	深圳市金一百艺术股份有限公司
11	杭州西泠印社有限公司
12	杭州孚德品牌管理有限公司
13	杭州最天使文化创意有限公司
14	杭州悦胜体育经纪有限公司
15	杭州迁客实业有限公司

［资料来源］2022 年第 19 届杭州亚运会官方网站。

二、特许产品的销售渠道规划

体育赛事特许产品销售渠道是特许产品从生产商和零售商向消费者转移过程中的具体环节。体育赛事特许产品只有通过适当的销售渠道，才能及时有效地推向适当的市场，最终到达消费者手中。

大型综合性体育赛事特许产品的销售渠道大致可分为线下渠道和线上渠道两种。线下销售渠道是赛事特许产品销售的主要渠道。一般采用多渠道分销系统分销的方式进行，即对同一或不同的细分市场，采用多条渠道分销的方法。特许零售商在赛事组织许可的区域范围内，利用自有的销售渠道或在相应区域内建立销售网点进行特许商品的销售。线上销售渠道也是一条重要的渠道。随着信息技术的发展和人们消费方式的转变，线上销售渠道在特许产品销售中的作用越发明显。现在越来越多的大型综合性体育赛事都在开发线上资源，通过和互联网平台合作，利用线上超大流量来销售特许产品。

以 2022 年第 24 届北京冬奥会为例，在特许商品销售方面，首先，北京冬奥组委按区域或渠道范围征集特许零售商。北京地区按销售渠道（如机场口岸、旅游景区或商业街等）征集特许零售商，京外各省市原则上采用总经销模式，按区域征集特许零售商负责该区域特许商品销售工作。其次，特许零售商可在许可区域或渠道范围内开设特许商品零售店，也可以通过经批准的分销商开设特许商品零售店，但每一家特许零售店都必须经北京冬奥组委批准，并按统一店面形象装修后才能开业。最后，根据特许商品的销售特点，北京冬奥组委还批准部分特许生产商利用自有销售渠道销售本企业生产的特许商品。同时，北京冬奥组委也将充分发挥赞助企业的优势，参与特许商品的生产和销售。此外，在特许计划试运行期间，北京冬奥组委已在阿里巴巴旗下的天猫平台上开设了“北京 2022 特许商品官网网店”，并由北京冬奥组委和国际奥委会许可的网店运营商负责运营。之后，又对网店进行了升级，打造了奥林匹克网上商店，并将奥运会历史知识产权商品和东京奥运会特许商品引入网站，创新拓展了网上销售运行模式。

三、特许产品的推广与监控

（一）特许产品的市场推广

特许产品销售渠道搭建完成后，赛事组织需要自行或授权特许零售商通过人员推销、广告、公共关系等促销手段，向消费者传递赛事特许产品的相关信息，激发消费者的购买欲望。一般来说，大型综合性体育赛事特许产品的市场推广包括以下内容。

（1）制订赛事特许产品营销宣传总体工作计划和阶段性工作实施方案；

（2）赛事组织设立专门部门，负责与各特许产品零售商进行协调沟通；

（3）设计推广赛事特许产品营销宣传视觉识别系统，并与整个赛事市场开发品牌形象系统相统一；

（4）召开新闻发布会，组织媒体对特许产品市场开发工作进行相关报道；

（5）定期收集、整理并向媒体提供赛事特许产品宣传材料，制作发行与特许产品营销宣传相关的实物广告或出版物。

需要注意的是，各特许零售商必须按照赛事承办方规定的零售价格销售特许商品，可在不违反赛事承办方制订的原则范围内采取合适的促销手段，但不能擅自加价或降价销售特许商品。只有在赛事承办方规定的清仓期内，特许零售商才能采取降价手段清理多余的库存。

（二）特许产品的销售监控

销售网络作为商品展示、获取经济收益的重要载体，需要对其进行严格的监控管理。大型综合性体育赛事的销售网络监控，需要依靠现代化的网络管理平台，对特许商品实行动态化的网络监管，做到数据的及时更新和反馈。同时，还要加大市场的监管力度，防止非法企业哄抬特许商品价格或生产出售假冒伪劣的特许商品等扰乱市场秩序行为的出现，维护赛制组织、特许经营商和消费者的正当权益。

为了向消费者提供品质一流、安全放心的特许商品，北京冬奥组委切实加强了对特许商品从生产到销售各个环节的监督和管理，确保产品质量优良，符合健康、环保和可持续发展要求，注重劳动者权益保护。此外，北京冬奥会特许商品均带有国际奥委会和北京冬奥组委认定的防伪标志，生产企业提供的、易于大众识别的防伪标签，无防伪标签的奥运标志商品将按假冒商品处理。同时，北京冬奥组委还采取了有效措施加强特许商品防伪宣传，借助媒体宣传，提高消费者识别能力和企业诚信度。

第十四章
CHAPTER 14
大型综合性体育赛事电视转播和门票销售

与特许产品一样，电视转播权和赛事门票都是大型综合性体育赛事市场开发的重要组成部分。电视转播权是赛事主办方举办体育比赛和体育表演时，许可第三方进行电视报道、现场直播、转播、录像等，并从中获取报酬的权利。电视转播权是赛事主办方的一种无形资产，电视转播权的有偿转让是体育赛事的一种价值体现，并已成为大型综合性体育赛事市场开发的重点。赛事门票是观众赴现场观看体育赛事的凭证。能否吸引到一定数量的现场观众，并且使他们购买赛事门票，是决定大型综合性体育赛事运作成功与否的关键因素之一。与此同时，门票销售是赛事市场开发工作的重要组成部分，也是大型综合性体育赛事市场开发的主要收入来源之一。本章主要针对大型综合性体育赛事电视及媒体转播和门票销售进行了阐述。

第一节　电视及媒体转播

一、大型综合性体育赛事电视转播体系

1. 电视转播信号制作

电视转播信号制作是体育赛事转播的基础和重要组成部分。以奥运会为代表的大型综合性体育赛事转播引领着世界各大体育赛事电视公用信号制作理念的发展。一般而言，大型综合性体育赛事通过成立独立的第三方机构来制作电视转播信号，如奥运会电视转播信号由国际奥委会下属的奥林匹克广播服务公司（Olympic Broadcasting Services，OBS）负责制作，亚运会电视转播信号由赛事组委

会按照亚奥理事会要求成立第三方电视转播机构进行制作。该电视转播机构再通过招投标方式选择电视转播信号制作代理商。全运会电视转播信号制作机构由赛事组委会通过招投标方式确定。

2. 电视转播权的分类

电视转播权按照不同的标准可以分为不同类别。如按照体育赛事本身的内容，可以分为新闻报道权、转播权和集锦权三个部分。电视媒体使用 3 分钟以上的比赛画面就需购买比赛新闻报道权；对比赛进行实况转播或录播者，需购买电视转播权；集中播出 15 分钟以上的集锦画面者，需购买比赛集锦权。三种权利可以分别单独购买其中的一种或两种，也可以全部购买。按照媒体的性质，可以分为有线电视转播权、无线电视转播权、卫星电视转播权、网络新媒体转播权等。按照地域和电视转播覆盖范围可以分为洲际转播权、全国转播权、城市及地区转播权。按照播出时间，又可以分为现场直播版权、限定时间延时播出版权和录像版权等。

3. 电视转播权的销售

大型综合性体育赛事电视转播权的有偿转让，目前普遍采用的是分类销售的办法。电视转播机构在购买电视转播权时，不仅要看购买的种类，而且还要看电视转播机构的性质、覆盖的范围、播出频道等，进而保证电视转播权销售市场的秩序。

二、大型综合性体育赛事电视媒体转播销售实例

1. 奥运会电视媒体转播销售体系

（1）奥运会电视媒体覆盖面

夏季奥运会和冬季奥运会的电视媒体转播分别自 2000 年和 2006 年实现了全球覆盖（表 14-1）。

表 14-1　部分夏季奥运会和冬季奥运会电视媒体转播的国家（地区）数量

年份	夏季奥运会（个）	年份	冬季奥运会（个）
1936	1	1956	22

续表

年份	夏季奥运会（个）	年份	冬季奥运会（个）
1948	1	1960	27
1952	2	1964	40
1956	1	1968	32
1960	21	1972	41
1964	40	1976	38
1968	不详	1980	40
1972	98	1984	100
1976	124	1988	64
1980	111	1992	86
1984	156	1994	120
1988	160	1998	160
1992	193	2002	160
1996	214	2006 年至今	全球
2000 年至今	全球		

［资料来源］国际奥委会官方网站，Olympic Marketing Fact File 2020 Edition。https：//stillmedab. olympic. org/media/Document%20Library/OlympicOrg/Documents/IOC-Marketing-and-Broadcasting-General-Files/Olympic-Marketing-Fact-File. pdf#_ ga = 2. 177042594. 667739387. 1609124173-1020566277. 1609124173。

近年来，网络新媒体成为奥运会电视媒体转播的主要方式之一。网络视频播放次数呈快速上涨趋势（表 14-2）。

表 14-2　部分奥运会电视媒体受众

	年份	电视观众（亿人）	数字专享用户（亿人）	视频播放次数（亿次）
夏季奥运会	2008	35	4	7
	2012	36	12	19
	2016	32	13	44

续表

	年份	电视观众（亿人）	数字专享用户（亿人）	视频播放次数（亿次）
冬季奥运会	2010	18	1.3	3
	2014	21	3.0	14
	2018	19.2	6.7	32

［资料来源］国际奥委会官方网站，Olympic Marketing Fact File 2020 Edition。

（2）奥运会电视媒体信号制作

奥运会电视媒体信号由国际奥委会下属的奥林匹克广播服务公司负责制作。奥林匹克广播服务公司的主要职责是按照国际奥委会的要求，制作奥运会国际公用信号，为持权转播商提供奥运会赛事活动等转播所需的设施和服务，履行《主办城市合同》《IOC 媒体技术手册》及奥运会转播合同的义务等。奥林匹克广播服务公司为持权转播商提供的奥运会电视媒体信号时长呈逐届递增趋势（表 14-3）。

表 14-3　奥林匹克广播服务公司为持权转播商提供的转播时长（小时）

夏季奥运会	转播时长	冬季奥运会	转播时长
1988 年	2572	1992 年	350
1992 年	2800	1994 年	331
1996 年	3000	1998 年	600
2000 年	3500	2002 年	900
2004 年	3800	2006 年	1000
2008 年	5000	2010 年	2700
2012 年	5600	2014 年	3100
2016 年	7100	2018 年	5600

［资料来源］国际奥委会官方网站官网，Olympic Marketing Fact File 2020 Edition。

（3）奥运会电视媒体转播商

通常，国际奥委会按照国家（地区）将奥运赛事电视和网络、数字新媒体等转播权打包出售，每个国家（地区）有一家独家持权转播商，如 2022 年北京冬奥会中国大陆地区的持权转播商是中央电视台，持权转播商可将转播权进一步出售给本国（地区）其他媒体。

(4) 奥运会电视媒体转播权收入与分配模式

①收入来源

国际奥委会向持权转播商出售奥运会电视转播权，持权转播商一般分为一级持权转播商（Primary）和二级持权转播商（Secondary），根据级别不同享有转播协议规定的相应权利。持权转播商在获得奥林匹克广播服务公司提供的公用信号后，根据本地区观众的偏好和电视媒体的市场策略进行二次加工，添加演播室包装和片花，加入本地语言的评论员解说等。如2018年平昌冬奥会，全球有20家持权转播商，其中中央电视台负责中国地区（除香港和台湾）的电视媒体转播，日本电通集团公司是香港和台湾地区的持权转播商。

电视媒体转播权是奥运会最大单一收入来源。奥运会电视媒体转播权收入呈逐届递增趋势，由1960年罗马奥运会的120万美元上升至2016年里约奥运会的28.68亿美元。2013—2016年，国际奥委会电视媒体转播权销售达到41.57亿美元，占其全部收入的73%。详见表14-4、表14-5。

表14-4　1960—2016年夏季奥运会电视媒体转播权收入（亿美元）

年份	收入	年份	收入
1960	0.012	1992	6.36
1964	0.016	1996	8.98
1968	0.098	2000	13.32
1972	0.18	2004	14.94
1976	0.35	2008	17.39
1980	0.88	2012	25.69
1984	2.87	2016	28.68
1988	4.03		

[资料来源] 国际奥委会官方网站，Olympic Marketing Fact File 2020 Edition。

表14-5　1997—2016年国际奥委会电视媒体转播权收入及其来源（亿美元）

地域	1997—2000年	2001—2004年	2005—2008年	2009—2012年	2013—2016年
北美	11.24	13.97	15.79	21.54	21.19

续表

地域	1997—2000年	2001—2004年	2005—2008年	2009—2012年	2013—2016年
中美、南美及加勒比海地区	0.14	0.21	0.34	1.06	3.26
亚洲	2.08	2.33	2.74	5.75	6.63
中东、非洲	0.12	0.13	0.25	0.41	0.46
欧洲	4.22	5.14	5.78	8.48	9.41
大洋洲	0.65	0.54	0.8	1.26	0.61
合计	18.45	22.32	25.70	38.50	41.57

[资料来源] 国际奥委会官方网站，Olympic Marketing Fact File 2020 Edition。

②分配模式

奥运会电视媒体转播权收入分配经历了以下几个阶段。

第一阶段（1996—1972年）：1966年国际奥委会在罗马会议上通过了电视媒体转播权收入分配方法，即国际奥委会拥有出售电视媒体转播权所获得的第1个100万美元、第2个100万美元的2/3，以及其后的每个100万美元的1/3，其余转播权收入可由奥运会主办国组委会使用。

第二阶段（1972—2002年）：将奥运会电视媒体转播权收入分为电视媒体转播服务收入与技术服务费两部分。1988年之前，主办国组委会获得技术服务费，电视媒体转播服务收入按照之前的办法进行分配；1988年之后，主办国组委会获得技术服务费的20%，其余电视媒体转播服务收入在主办国组委会和国际奥委会之间进行分配。

第三阶段（2002年至今）：奥运会电视媒体转播权收入的49%分配给主办国组委会，51%分配给国际奥委会，国际奥委会再将所得的51%分为三等份，1/3给参加奥运会的各个世界单项体育组织，1/3给奥林匹克团结基金，1/3留给国际奥委会。其中，奥林匹克团结基金是国际奥委会专门设立的一项基金，其目的是给予需要帮助的各国奥委会援助，支持其奥林匹克事业发展。

2. 武汉军运会电视媒体转播销售体系

中央电视台是军运会电视及新媒体转播的主转播商。根据双方签署的合作协议，中央电视台无须就军运会执委会许可其享有的媒体权力向执委会支付任何许可费用。双方合作的主要内容是为军运会制作并提供赛事的公用电视信号，承担赛事的转播运营工作，并提供相关主转播商咨询顾问服务。中央电视台为军运会全国范围（含澳门，不含港、台地区）内的独家持权转播商，享有武汉军运会开闭幕式及全部赛事公用信号、赛事集锦、赛事新闻报道相关媒体权利及分许可权。

中央电视台无偿拥有军运会电视及新媒体转播权，军运会执委会与中央电视台约定了其关于军运会宣传和赞助企业品牌保护的义务，具体如下。

（1）武汉军运会的总体宣传

把武汉军运会列为重大宣传报道题材，宣传报道渠道包括但不限于中央电视台综合频道、新闻频道、体育频道、中文国际频道、国防军事频道、中国国际电视台（CGTN）等电视频道，CNTV、央视影音、央视新闻、央视体育等新媒体端，以及中国中央人民广播电台、中国国际广播电台相关广播频率。做好倒计时节点的宣传报道；围绕火炬接力和火炬手的故事，做好宣传报道；围绕参赛队员报名情况和赛程分析，做好宣传报道；聚焦开幕式，做好宣传报道；通过宣传报道，展示东道主城市形象和办赛精彩；在赛事期间的宣传上，做出赛事的大型报道规模、做出军运会的特色，展示军人运动员和军体运动的精彩。

（2）武汉军运会赛事报道

CCTV5 在军运会期间，每天上午、下午和晚间三个时段对军运会的赛事进行转播，包括直播、延播和录像，要突出军运会特色；CCTV5+根据赛程的需要，对 CCTV5 无法直播的重点赛事进行转播。

央视体育客户端通过同步直播、增量解说直播、清流直播三种方式转播军运会，做到全程全景展示武汉军运会的竞赛精彩，其中重点关注军事五项、空军五项、海军五项和跳伞四大军体特色项目。

央视网新媒体军运会报道集合央视电视报道的全部内容，利用台网融合的优势与电视做好互动报道；发挥新媒体的平台优势，在央视网网页端、移动端、IPTV 及互联网电视四大平台对军运会进行广泛的最大化传播。

（3）武汉军运会专题报道

《体育晨报》在北京制作播出，保证每天不少于 30 分钟的军运会内容；《体坛快讯》《体育新闻》在武汉制作播出，以军运会内容为主；赛时每天晚上比赛结束后，在前方制作一档 60 分钟的军运会专题报道《戎光军运会》（或《全景军运会》)，播出时间为2019年10月19日至2019年10月27日。

(4) 武汉军运会赞助企业品牌保护

①中央电视台对军运会开闭幕式、赛事直播过程中的直播画面不得出现任何武汉军运会赞助企业竞争品牌的产品、形象标识、宣传广告及隐性营销行为。

②武汉军运会赞助企业在中央电视台投放使用武汉军运会赞助标志的广告，中央电视台根据国家法律法规、国家政策及其内部广告审查、播出的相关规定、宣传要求和广告导向等规范及标准对上述广告进行审查，经中央电视台审查通过的武汉军运会签约赞助企业广告在其平台予以播出。

③武汉军运会合作伙伴级别赞助企业（简称合作伙伴）享有在中央电视台投放广告的优先购买权益，即合作伙伴享有一个优先于第三方的为期14天的购买权，自中央电视台书面通知合作伙伴开始起算（简称优先认购期)，若合作伙伴未在优先认购期内向中央电视台书面确认广告投放意向，则视为放弃优先购买权，中央电视台在优先认购期期限截止后有权向合作伙伴之外的第三方开放武汉军运会广告的销售。

中央电视台在成为军运会独家持权转播商之后，采取招标方式确定军运会主播机构合作伙伴，合作伙伴主要工作内容如下。

—根据军运会电视指南、赛事公用电视信号规划及中央电视台要求，制作并提供国际广播电视公用电视信号。信号内容包括比赛赛况、电视字幕图形、竞赛数据、慢动作回放等，根据转播需求将直播类国际广播电视公用电视信号送至场馆传输端口；

—国际广播中心（IBC）的功能规划、设计、改造及运行；

—公用电视信号的集成分发；

—现场评论席；

—新媒体制作；

—字幕图形；

—赛事集锦；

—主播服务；

—拷贝、世界转播商大会等。

[注] 我国大型综合性体育赛事电视转播权合同见附录15。

第二节 门票销售

票务工作是赛事组委会和公众之间重要的联系桥梁。大型综合性体育赛事票务工作一般由主办方负责，门票收入是主办方市场开发的主要收入来源之一（表 14-6）。票务运行是否成功，不仅取决于门票销售收入，还与体育场馆上座率、大众满意程度和媒体评价报道密切相关。通过开发、管理和运营票务计划，达成观众上座率最大化与门票收入最大化的均衡，是大型综合性体育赛事票务工作的目标。

表 14-6 1993—2016 年奥运会组委会（主办国）门票收入

年份	1993—1996 年	1997—2000 年	2001—2004 年	2005—2008 年	2009—2012 年	2013—2016 年
门票（亿美元）	4. 51	6. 25	4. 11	2. 74	12. 38	5. 27
占市场开发总收入的比例（%）	41. 00	46. 43	31. 76	13. 60	38. 14	19. 98

［资料来源］国际奥委会官方网站，Olympic Marketing Fact File 2020 Edition。

一、大型综合性体育赛事门票销售体系

1. 票务工作的组织分工

大型综合性体育赛事票务工作一般由组委会市场开发部门负责，市场开发部门负责起草票务工作总体方案和制订详细的门票销售方案，并组织实施。详见表 14-7。

表 14-7 第十四届全国运动会票务工作计划

票务工作内容	时间安排
1. 制订和实施票务运行计划 2. 建立和维护门票销售渠道和技术系统 3. 制订门票价格 4. 实施门票销售的宣传营销推广战略 5. 负责全部门票的印制工作 6. 实施大客户和公众门票销售 7. 负责全部门票的配送工作 8. 负责管理赛时场馆票务运行工作 9. 负责与票务相关的财务管理工作	1. 筹备阶段（2020 年 1—12 月）：制订票务工作政策、方案及各类实施方案；完成场馆资源的调查统计；确定各类门票的票面设计、防伪技术、门票价格；确定票务各类二级运营服务商 2. 预售阶段（2021 年 1—7 月）：票务系统和网站的搭建；门票票样发布；票务宣传工作；门票代售网点搭建；呼叫中心搭建；各类服务人员的培训；开闭幕式和比

票务工作内容	时间安排
	赛门票预售工作 3. 赛时阶段（2021 年 8—9 月）：比赛门票赛时销售工作；门票配送工作；门票检验工作；各类风险应对管理工作 4. 收尾阶段（2021 年 10—12 月）：统计收集各类报表数据；设备回收及清点；票款等财务结算；接受审计监察部门审计监督；其他收尾工作

［资料来源］第十四届全国运动会官方网站，第十四届全国运动会市场开发计划。https：//www. 2021shaanxi. com/html/sckfdt/20191114/583. html。

2. 门票的种类、规划及定价

按照门票可观看的赛事活动种类，大型综合性体育赛事门票可分为开闭幕式门票和单项赛事门票两类。按照门票服务的对象，大型综合性体育赛事门票包括普通门票、团体票（含旅游团体票）。团体票的对象一般包括含小孩、老人、残障人士在内的两人或两人以上团体等。如 2020 年东京奥运会设立了以日本全国中小学生为对象的团体票，票价为每张 2020 日元。考虑到赛事安保、防疫、电视转播机位、演出活动等的需要，可销售的赛事门票要比实际体育场馆座位数量少。

开闭幕式是大型综合性体育赛事的重要环节，是体育美和艺术美的完美结合，能吸引观众的眼球。大型综合性体育赛事开闭幕式门票销售价格需综合考虑以下因素：第一，以开闭幕式的实际支出成本为依据；第二，充分考虑大众需求和票源数量，实行可调节分档次的价格杠杆；第三，综合考虑赛事主办地区大众收入水平，以及日常用于体育运动和文化娱乐活动的支出水平等。如 2020 年东京奥运会开幕式门票价格分为五档，分别为：A 档 30 万日元、B 档 24. 2 万日元、C 档 10. 7 万日元、D 档 4. 5 万日元、E 档 1. 2 万日元。闭幕式门票价格分为五档，分别为：A 档 22 万日元、B 档 17. 7 万日元、C 档 8. 2 万日元、D 档 3. 5 万日元、E 档 1. 2 万日元。

单项赛事门票既要兼顾经济效益，也需考虑社会效益，促进大众走进体育场馆，感受体育运动氛围，提高大众参与体育运动的积极性。因此，提高场馆上座率、让更多的人走进比赛现场，也是大型综合性体育赛事单项比赛门票销售的目标。此外，还需根据场馆座位区域的不同和赛事的级别（预赛、半决赛、决赛等）进行分级，赛事门票价格也大都实行分档定价。2021 年第十四届陕西全运会部分项目预决赛门票价格见表 14-8。

表 14-8　2021 年第十四届陕西全运会部分项目预决赛门票价格（元）

序号	项目	票档	预赛	决赛（半决赛）
1	游泳（含游泳、跳水、花样游泳；不含马拉松游泳）	A	100	400
		B	80	200
		C	50	80
2	羽毛球	A	100	300
		B	80	200
		C	50	80
3	篮球（五人制）	A	200	400
		B	80	200
		C	50	80
4	马术	A	200	300
		B	80	100
5	足球	A	100	300
		B	80	200
		C	50	80
6	乒乓球	A	80	300
		B	50	200
		C	30	80
7	排球（含沙滩排球）	A	80	300
		B	50	200
		C	30	80
8	游泳（水球）	A	80	200
		B	50	80

续表

序号	项目	票档	预赛	决赛（半决赛）
9	田径（不含竞走、马拉松）	A	50	80
		B	30	50
		C	20	30
10	篮球（三人制）	A	50	100
		B	30	80
11	拳击	A	50	200
		B	30	80
12	击剑	A	80	200
		B	30	80
13	高尔夫球	A	50	100
14	体操	A	50	100
		B	30	80
15	现代五项	A	200	300
		B	80	100
16	跆拳道	A	80	100
		B	50	80
17	网球	A	80	200
		B	50	100
		C	20	50
18	射箭	A	—	80
19	自行车（小轮车）	A	50	80
20	手球	A	50	80
		B	30	50
21	曲棍球	A	50	80
		B	30	50
22	柔道	A	50	80
		B	20	50
23	赛艇	A	30	50

续表

序号	项目	票档	预赛	决赛（半决赛）
24	皮划艇（静水）	A	30	50
25	橄榄球	A	50	80
		B	30	50
26	射击	A	—	100
27	举重	A	50	80
		B	30	50
28	摔跤	A	50	80
		B	30	50
29	棒垒球	A	80	100
		B	50	80
30	空手道	A	50	100
		B	30	80
31	滑板	A	50	100
32	攀岩	A	50	100
33	武术	A	50	100
		B	30	80

［资料来源］第十四届陕西全运会票务官方网站。

大型综合性体育赛事项目种类较多，对于观赏性较强、热门的项目赛事门票定价相对较高；而对于冷门或者观赏性较弱的运动项目赛事票源数量较为充足，赛事门票定价相对较低。此外，大型综合性体育赛事赛场分布广泛，距离市中心较近、周边居民较多的体育场馆上座率相对较高，赛事门票定价相对较高；距离市中心较远、周边居民稀少的体育场馆上座率相对较低，赛事门票定价相对较低。

大型综合性体育赛事一般会提供纸质门票和电子票两类供大众选择。如2020年东京奥运会门票提供了如下形式：第一种，邮寄（每张864日元）或在售票处领取纸质票（每张324日元）；第二种，自行打印门票，不收取手续费；第三种，在手机上存储电子门票，到场时出示二维码，不收取手续费。

3. 门票的分配与销售

大型综合性体育赛事门票分配需要兼顾各方利益，既要考虑经济效益又要考虑社会效益；既需满足官员、运动员、赞助商的需求，又需兼顾普通观众观看赛事活动的需求。

大型综合性体育赛事门票分配一般遵循以下几个原则。

（1）保证重点。首先要满足参加赛事活动的领导、参赛代表团及运动员、教练员、裁判员、赞助商的门票需求。

（2）兼顾各方利益。在保证重点的前提下，要兼顾商业利益，通过商业销售获得门票收入。

（3）保证安全。大型综合性体育赛事对安保、电视转播等有较高要求，为保证赛事安全，需要空置部分座位，门票出票总量应低于实际座位数量。

（4）合理分流。大型综合性体育赛事开闭幕式门票数量不可能满足各方需求，在门票分配时，可充分利用开闭幕式彩排、预演等形式安排部分人员先期观看，以达到合理分流，缓解正式开闭幕式门票紧张局面的目的。

基于上述原则，大型综合性体育赛事通常对重点人群给予赠票，其余人群通过商业销售渠道购买。赠票范围一般包括：（1）各级各类官员；（2）参赛代表团及运动员、教练员、裁判员；（3）赞助商及合作伙伴；（4）新闻记者；（5）观摩团、特邀代表；（6）其他须赠票的人员。

赛事门票商业销售渠道主要有线下销售和线上销售两大类。一般而言，大型综合性体育赛事组委会通过开设线上购票渠道自行销售，同时委托票务代理商进行线下销售。如2021年第十四届陕西全运会门票采取线上和线下两种方式进行销售，大众既可以登录官方票务网站或扫描微信小程序进行线上注册、选择赛事并付款；也可以通过全国指定的票务代售网点进行购买。

针对委托票务代理商销售门票事宜，赛事主办方要与其签订门票销售代理合同，合同的主要内容包含：（1）相关定义；（2）合同期限；（3）双方的权利和义务；（4）违约责任；（5）有效期与终止；（6）不可抗拒力；（7）争议解决方式；（8）其他。

［注］我国大型综合性体育赛事门票销售协议见附录16。

二、大型综合性体育赛事门票销售实例

（一）北京2008年夏季奥运会门票销售

1. 门票规模与销售配额

根据国际奥委会规定，所有“可销售门票”都必须公开销售，不允许有“免费的门票”。门票销售主要面向三大客户群：一是合同客户群；二是举办国境外观众；三是举办国境内公众。

包括开闭幕式和各类体育赛事在内，北京奥运会共有609个售票场次，产生大约970万个座席，可用于销售的门票总量超过700万张。向境内公众公开发售的门票是整个门票销售中所占比例最大的一部分，约占奥运会可售票总量的56%。另外，还有约占奥运会可售票总量14%的“青少年奥林匹克教育计划”体育比赛门票，定向发售给中小学生和青少年运动员。

2. 门票价格确定

北京奥组委分三步制订出了奥运会门票价格。首先，广泛开展了民意调查和体育系统内部专家调研，掌握了公众对奥运会门票价格的期望值。其次，确定了门票定价的核心原则，即“参照奥运会惯例并充分考虑中国国情，通过较低的门票价格吸引更多观众到现场观看奥运比赛，努力提高上座率”。最后，开展了大量的测算工作，制订了多种价格方案。与往届奥运会、重要的国际单项体育赛事及近年来国内举办的大型文体活动的门票定价进行对比，充分考虑中国老百姓的实际收入和消费水平，以及对各竞赛项目的偏好。最终选定的方案由国务院和国际奥委会审核批准。详见表14-9。

表14-9 2008年北京夏季奥运会部分门票价格（元）

项目	最低价	最高价	项目	最低价	最高价
开幕式	200	5000	棒球	50	150
闭幕式	150	3000	篮球	50	1000
10公里公开水域	30	30	沙滩排球	50	400
射箭	50	100	拳击	30	40
羽毛球	50	500	皮划艇静水	30	80

续表

项目	最低价	最高价	项目	最低价	最高价
小轮车越野	30	100	皮划艇激流回旋	30	100
山地自行车	30	30	马术	40	40
场地自行车	50	100	击剑	50	100
跳水	60	500	足球	40	800
竞技体操	50	300	艺术体操	100	400
蹦床	50	100	手球	30	80
曲棍球	30	150	柔道	50	200
现代五项	30	50	赛艇	30	80
射击	30	50	垒球	30	120
游泳	100	800	花样游泳	60	500
乒乓球	50	800	跆拳道	50	200
铁人三项	50	50	排球	50	800
水球	30	400	网球	100	600
举重	30	200	摔跤	50	200

［资料来源］http：//sports. cctv. com/special/C18225/20070410/107014. shtml.

3. 公众购票须知

以下条款适用于所有购买北京奥运会门票的购票人或持票人，对于北京奥组委各个销售阶段及以各种方式销售的门票均有效。

（1）2008 年北京奥运会预订单填写说明、针对各销售阶段的付款须知，以及未来公布的任何有关北京奥运会票务的政策、规定、观众行为准则等均为本购票须知的有效组成部分。

（2）北京奥运会门票包括开闭幕式门票和体育比赛门票，除奥运会注册人员以外，所有人均须购票入场。门票面向全部国内公众公开发售，不接受团体购票。

（3）购票人通过北京奥运会官方票务网站预订门票，必须接受该网站所列全部条款才能提交预订单。

（4）北京奥组委保留基于任何原因拒收任何门票预订单的权利，包括拒收填写不完整、填写有误或其他未满足本购票须知全部或部分条款或条件的预订单。北京奥组委有权自行决定拒绝非法转售人提交的预订单，或者为了规避每人只能提交一份门票预订单规则的人提交的预订单。

（5）第一、第二销售阶段预售出的门票将被配送至购票人指定的中国银行门票代售网点。购票人可以直接到中国银行门票代售网点凭借北京奥组委出具的购票凭证、确认函和本人有效身份证件领取门票。

（6）购票人领取门票后，自行负责保护所有的门票，北京奥组委不为丢失、被盗、遗忘、破损及毁坏的门票提供补偿。门票因任何形式的损坏可能会导致持票人不被允许进入场馆观赛，北京奥组委将不对此负责。

（7）鉴于奥运会开幕式和闭幕式的重要性，凡是成功预订到开闭幕式门票的公众将被要求提交本人照片（照片提交办法和时间另行公布），并仅限本人持票入场。凡未按要求提交本人照片的，将被视为购票人自动放弃所购门票。购票人可获得退款。购票人转让开闭幕式门票必须经北京奥组委书面批准并按程序办理（开闭幕式门票转让程序另行公布）。凡未按照北京奥组委规定程序办理而自行转让门票的将导致持票人被拒绝入场，北京奥组委将不对此负责。

（8）持票观众进入特定场馆区域或场馆内部，须遵守北京奥组委规定的观众观赛规则和门票背面印刷的《观众须知》。

（9）2 岁及以下儿童可免票入场，但须与其监护人共享一个座席。

（10）如果某一场次因故取消，持票人可于奥运会后申请退票。申请退款的购票人必须将被取消赛事的门票连同一份亲笔签名的退款申请表邮寄给北京奥组委，邮寄日期不晚于 2008 年 12 月 31 日，以邮戳为准。北京奥组委不对退款支付任何利息。北京奥组委不受理持票人放弃观看或因个人原因无法观看该场次而提出的退票申请。

（11）持票人自行承担所出席的每一个场次中可能发生的所有风险和危险。持票人应认识到，无论是在去场馆的途中还是在场馆内，包括室外和室内场馆，都存在固有的风险。比如，天气情况的变化，交通停靠点与停车场以及场馆之间的距离，地表的或地下的情况，与运动员、志愿者、组委会工作人员或其他观众的冲撞，持票人明确承担所有的此类风险或危险。持票人同时承担因赛事的推迟或取消而不能观看某一运动员的所有风险。持票人同时还承担在场馆内丢失财产的所有风险。

（12）持票人同意不能将门票用于任何政治、广告及促销等行为。持票人不能在任何场馆内募捐或分发宣传材料、传单或促销商品，或携带、穿着任何用于政治、广告及促销等目的的物品或衣物进入场馆。场馆内禁止进行任何与宗教或种族相关的宣传或演示。违反上述规定的人将会被要求离开场馆并且不能获得退款。

(13) 持票人同意国际奥委会、北京奥组委及其授权的第三方使用该持票人的照片、录像、录音或其他影像或类似信息而不必给予任何补偿。持票人同意其用照相机、摄像机、录像机或其他照相、录音、录像设备或其他方法获得的2008年北京奥运会、残奥会的图像声音和影像在任何情况下都不能通过任何传播渠道实现任何商业目的。

(14) 持票人不得携带武器、弹药、危险物品、爆炸物、化学或易燃装置进入场馆，且任何场馆内都不可寄存上述物品。被发现携带禁止物品或不正当使用限制物品的持票人将会被要求离开场馆，并且不能获得退款。任何被发现携带非法物品的持票人将会受到调查。持票人必须同意接受禁止物品或限制物品的检查，以及北京奥组委实施的任何其他安全检查。任何拒绝检查或拒绝遵守北京奥组委规则和安全须知的持票人将被拒绝入场或被要求离开场馆，所有情形下该持票人及相关的购票人都不能获得退款。北京奥组委保留不允许进入，或将不遵守本条款及其他相关规定的或北京奥组委认为干扰赛事、打扰场馆内其他观众欣赏比赛、影响他人的舒适或安全的任何持票人驱逐出场馆的权利且不予退款。

(15) 奥运场馆的某些特定区域，如媒体或运动员区域不对公众开放。

(16) 每一持票人凭1张门票只能进入场馆区域一次。如果持票人因任何原因离开场馆区域将不被允许持同一门票再次进入。

(17) 购票人与持票人应遵守本购票须知中的所有内容。北京奥组委不对购票人与持票人任何违反购票人与持票人义务的行为承担任何义务或责任。

(18) 购票人理解并确认，购票人一旦成为持票人后，将遵守国际奥委会、北京奥组委届时制订或认可的所有关于使用门票和观看比赛的相关规定。

(19) 购票人同意，尽管有购票政策及相关规定和条款，北京奥组委仍然有权利根据2008年北京奥运会的组织和筹办工作的进展，以及国际奥委会的有关规定，调整2008年北京奥运会的竞赛日程、门票价格，以及其他同奥运会有关的具体规定，并不承担直接通知购票人或以任何形式向购票人反馈的义务。

(20) 如果购票人已在门票预订单上签名，或通过北京奥运会官方票务网站提交了预订单则代表购票人已经阅读了本购票须知、门票预订单填写说明和付款须知的所有内容，理解和接受了2008年北京奥运会门票的购票方式、付款方式及分配方法，并愿意接受和遵守全部有关规定，否则将被视作购票人不接受上述相关条款。

（二）2019 年武汉军运会门票销售

1. 军运会开闭幕式票务工作方案

（1）座席分配

开幕式场馆武汉体育中心体育场看台分为上层看台和下层看台，观众看台座席52665个（不含主席台及包厢座席）。开幕式注册座席、占用座席占观众看台座席的35%，应急座席占观众看台座席的5%，可售座席占观众看台座席的60%。

闭幕式场馆武汉体育中心体育馆分为一层、二层、三层和四层及五层看台（按照闭幕式表演需要，不含一层伸缩看台），该馆观众看台座席7655个（不含主席台及包厢座席）。闭幕式注册座席、占用座席占观众看台座席的45%，应急座席占观众看台座席的5%，可售座席占观众看台座席的50%。

注册座席包括贵宾座席、运动员座席、教练员座席、技术官员及代表团官员座席、媒体座席、现场安保人员座席。占用座席包括演出人员座席、电视转播座席、军队优待群体座席、安保防卫座席。可售座席包括团体观众和大客户座席。

在大客户门票销售配额范围内，根据大客户门票预订申请情况和优先权次序进行开闭幕式门票分配。优先权次序为国际军事体育理事会、军队相关部门、政府部门、中国奥委会、军运会赞助企业、国际军事体育理事会各成员国、国际单项体育联合会、武汉军运会执委会、其他大客户（含团体）。

（2）门票价格确定

参照其他大型综合性体育赛事门票定价情况，结合武汉军运会实际，武汉军运会不设赠票，可售门票采取定向团购和大客户方式销售。综合考虑湖北省、武汉市总体经济形势和居民平均收入水平，制订开闭幕式门票价格如表14-10。

表 14-10　武汉军运会开闭幕式门票价格

	开幕式		闭幕式	
	价格（元）	数量占比（%）	价格（元）	数量占比（%）
A类	2019	30	1000	30
B类	1000	20	800	20
C类	500	35	500	35
D类	200	15	180	35

［资料来源］根据武汉军运会档案资料整理。

(3) 门票实名制办法

武汉军运会开闭幕式需凭有效门票和有效身份证件实名入场，包含购票实名制、取票实名制和入场实名制。购买门票时实名制登记、换取门票时实名制核查及验票入场观赛时实名制检验。

预订开闭幕式门票时，需按照武汉军运会票务中心要求，集中确定每个最终持票人的实名制信息。系统采集每一个最终持票身份证信息，提交安保部门进行背景审查。在安保部门背景审查阶段如有未通过的订单，可以在规定时间内完善相关实名制信息或替换最终持票人。系统将更新大客户信息并再次提交安保部门进行背景审查，背景审查合格人员具有购票资格。

观众取票时，需指定唯一联系人至武汉军运会执委会票务中心指定地点取票。取票时提供所有最终持票人身份证复印件（含电子版、复印件加盖大客户单位公章），开闭幕式门票发放需由票务中心核对实名制信息后发放。

观众观看武汉军运会开闭幕式，须持本人身份证件原件及对应门票，以实名验票方式进场。验证方式主要通过验票系统终端设备（闸机、手持 PDA），以及验票系统实现。通过闸机的人证比对，再进行票品唯一性比对，当门票预订信息与人证票一致时闸机放行入场。对于人证或者人证票不一致导致无法入场的人员，将由安保部门带到票务服务区进行查询验证，并判断其是否可以入场。

(4) 售票及退票办法

武汉军运会开闭幕式门票大客户（含团体）销售方式为“初次订单，确认后付款”，取票地点为武汉军运会执委会指定地点。门票销售采用单独渠道和专用系统进行销售。

大客户在开闭幕式门票最终预订单信息确认时需支付预订开闭幕式门票票款的 60%。首笔票款支付后的 20 个自然日内，各大客户有权退票，所退门票的价值不得超过开闭幕式门票订单票款总额的 15%。退换票由大客户在规定时间内发起申请，经票务中心批准，大客户确认退换票信息，并支付尾款。

2. 军运会体育赛事票务工作方案

(1) 座席分配

武汉军运会体育比赛（各单项体育赛事）门票原则上实行公开售票、不设赠票。根据大型体育赛事惯例，体育比赛座席按分配方式划分为注册座席、占用座席、应急座席及可销售座席。可销售座席面向公众和大客户进行销售。

根据场馆座席规划容量及武汉军运会竞赛日程，体育比赛售票项目总座席约220万席。体育比赛注册座席约占总座席容量的35%，占用座席约占总座席容量的10%，应急座席约占总座席容量的5%，可销售座席约占总座席容量的50%（表14-11）。

表14-11 武汉军运会可销售座席分配

客户类别		座席数量	占总座席比例（%）
大客户	国际军事体育理事会 军队相关部门 政府部门 中国奥委会 军运会赞助企业 国际军事体育理事会各成员国 国际单项体育联合会 武汉军运会执委会	385000	17.5
	其他大客户	165000	7.5
公众		550000	25
合计		1100000	50

[资料来源] 根据武汉军运会档案资料整理。

（2）门票价格确定

武汉军运会体育比赛项目共27个大项（正式比赛项目25项，表演项目2项）。结合比赛场地、场馆条件及竞赛项目等因素，其中6个项目空军五项（飞行项目）、帆船、定向越野、自行车、田径（马拉松）、游泳（公开水域）不公开售票，由票务独家供应商提供门票印制服务，各项目竞赛委员会组织观众观赛。

武汉军运会比赛门票票价分为九档，分别为10元、20元、30元、50元、80元、100元、120元、150元和200元。单项场次门票最多三档，最少一档（场地通票），最高门票价格200元，最低门票价格10元。其中10元门票只适用于教育计划、和平计划、满场计划等集体组织中小学生、部队官兵、军校学员等观赛的团体购票。详见表14-12。

武汉军运会部分可售票项目场馆设有无障碍座席（通道）。具备无障碍座席的体育比赛项目可以销售无障碍座席门票，无障碍座席门票与自然座席门票一同销售，票价参考无障碍座席区其他自然座席的定价，无障碍座席数量有限，售完即止。

表 14-12 武汉军运会体育比赛门票价格（元）

序号	项目	票档	预赛	（半）决赛
1	羽毛球	A	80	150
		B	50	80
		C	30	50
2	摔跤	A	50	80
		B	30	50
3	乒乓球	A	80	150
		B	50	80
		C	30	50
4	马术	A	80	150
		B	50	80
5	射箭	A	50	80
6	高尔夫	A	50	80
7	柔道	A	50	80
		B	30	50
8	田径（不含马拉松）	A	50	80
		B	30	50
		C	20	30
9	游泳（不含公开水域）	A	50	200
		B	30	80
10	跆拳道	A	80	100
		B	50	80
11	篮球	A	150	200
		B	100	150
		C	80	80

续表

序号	项目	票档	预赛	（半）决赛
12	现代五项	A	50	80
		B	20	50
13	足球	A	100	150
		B	80	100
		C	50	80
14	射击	A	50	100
15	拳击	A	80	150
		B	50	80
16	击剑	A	80	150
		B	50	80
17	排球（不含沙滩排球）	A	80	150
		B	50	80
18	体操	A	50	80
		B	30	50
19	网球	A	80	150
		B	50	80
		C	20	50
20	跳伞	A	80	
21	海军五项	A	20	50
22	空军五项（运动项目）	A	20	50
23	军事五项	A	20	50
24	铁人三项	A	20	50

［资料来源］根据武汉军运会档案资料整理。

（3）门票销售办法

武汉军运会体育比赛门票于 2019 年 6 月面向大客户预售，2019 年 8 月面向公众注册、预售。其中，大客户预售通过武汉军运会大客户专用渠道具体实施，体育赛事大客户可售票分配次序同开闭幕式大客户可售票分配次序一致；公众售票通过官方票务网站、代售渠道、场馆售票亭等具体实施（表 14-13）。

表 14-13　武汉军运会体育比赛门票销售进程安排

类别	第一阶段	第二阶段
大客户	（1）2019 年 6—8 月为第一阶段，销售方式为预售。投入可用于面向大客户销售的比赛门票配额的 70%，门票数量总计约 38.5 万张。本阶段大客户可通过大客户专用渠道提交购票申请、取得订单确认、缴纳购票款项 （2）2019 年 9 月，大客户到武汉军运会票务中心指定地点领取本阶段预定门票	（1）2019 年 9 月至赛事结束为第二阶段，销售方式为实时销售，门票数量总计约 16.5 万张 （2）本阶段大客户可通过大客户门票购票渠道追加预订体育比赛门票（先到先得）、取得订单确认、缴纳购票款项
公众	（1）2019 年 8—9 月为第一阶段，销售方式为公开注册、预售（先到先得、售完为止）。本阶段公开销售竞赛日程确定的可售体育比赛门票数量总计约 27.5 万张 （2）公众可通过武汉军运会官方票务网站、武汉军运会执委会指定的代售渠道预购门票，预购成功后可在规定时间内至指定门票代售渠道或场馆售票亭打印领取门票，也可选择邮寄方式领取门票（邮费用由购票公众承担） （3）热门场次体育比赛公众销售实施限购，每人每场次限购 3 张	（1）2019 年 9 月至赛事结束为公众售票第二阶段，销售方式为实时销售（先到先得、售完为止）。本阶段公开销售公众配额剩余的体育比赛门票，门票数量总计约 27.5 万张 （2）公众可通过武汉军运会执委会指定的门票代售渠道和场馆售票亭（赛前三天开放）实时购票 （3）票务中心将根据工作进展，指导票务独家供应商逐步释放应急座席，投入公众销售

［资料来源］根据武汉军运会档案资料整理。

［注］我国大型综合性体育赛事门票销售协议见附录 16。

APPENDIX

附　录

附录 1　2008 年第 29 届
北京奥运会申办报告（第一卷）

附录 2　2021 年
第十四届陕西全运会竞赛规程总则

附录 3　2021 年第十四届
陕西全运会票务工作新冠疫情
防控与应对

附录 4　2022 年第 24 届北京冬奥会
赛会志愿者招募公告

附录 5　2019 年第七届武汉
世界军人运动会赛会
志愿者行为规范

附录 6　2022 年第 24 届北京冬奥会
开幕式创意文案
征集书

附录 7　2021 年第十四届
陕西全运会开闭幕式
创意方案征集
公告

附录 8　2019 年第七届武汉
世界军人运动会市场
开发授权书

附录 9　2022 年第 24 届北京冬奥会和冬残奥会市场开发计划

附录 10　我国大型综合性体育赛事赞助协议

附录 11　2019 年第七届武汉世界军人运动会资源开发管理办法

附录 12　2019 年第七届武汉世界军人运动会无形资产与赞助企业品牌保护工作实施办法

附录 13　我国大型综合性体育赛事特殊标志使用许可合同

附录 14　我国大型综合性体育赛事纪念币特许经营合同

附录 15　我国大型综合性体育赛事电视转播权合同

附录 16　我国大型综合性体育赛事门票销售协议

REFERENCES

参考文献

［1］人民网．奥运助推巴西旅游业增长［EB/OL］．http：//world. people. com. cn/n1/2016/0922/c1002-28734252. html.

［2］兰少军．后奥运与旅游经济［J］．中央财经大学学报，2009（4）：77-80.

［3］邹统钎，彭海静．奥运会的旅游效应分析——以悉尼奥运会及雅典奥运会为例［J］．商业经济与管理，2005（4）：45-49，60.

［4］周婷婷，刁永辉．试论伦敦奥运会对英国旅游业的影响［J］．体育与科学，2012，33（5）：48-51.

［5］付宝森．2008 北京奥运旅游效应分析［J］．沈阳体育学院学报，2007（3）：8-11.

［6］经济日报．伦敦奥运会 红利何来［N］．2012-08-08（11）．

［7］新浪网．奥运对韩国经济提振效应料将有限［EB/OL］．http：//finance. sina. com. cn/roll/2018-02-09/doc-ifyrkrva5592526. shtml.

［8］人民网．东京奥运将给日本带来 121 万就业岗位［EB/OL］．http：//world. people. com. cn/n/2014/0107/c1002-24043844. html.

［9］中国经济网．奥运经济借鉴三：1992 年巴塞罗那奥运会——社会与经济效益完美结合［EB/OL］．http：//intl. ce. cn/specials/zxxx/200807/25/t20080725_ 16288911. shtml.

［10］储龙霞．大型体育赛事举办后的社会影响及评估内容研究［J］．体育与科学，2011，32（5）：82-85，103.

［11］中国教育在线．发改委：北京奥运会创造 150 万就业岗位［EB/OL］．https：//beijing. eol. cn/beijing_ zixun/200808/t20080818_ 317536. shtml.

［12］朱凯迪，鲍明晓．体育产业促进就业：域外经验与本土启示［J］．武汉体育学院学报，2019，53（11）：10-15.

［13］搜狐网．冬奥会 能给我们带来什么［EB/OL］．https：//www. sohu. com/a/27219958_ 118900.

［14］华奥星空北京赢了！申冬奥成功如何影响你我的生活［EB/OL］．http：//industry. sports. cn/news/2015/0801/113315. html.

［15］戴林琳，盖世杰．大事件作用契机下巴塞罗那的城市新区建设与旧区改造探析［J］．中外建筑，2009（2）：59-62.

［16］许赟程．大事件背景下的城市发展与更新——以巴塞罗那为例［J］．企业技术开发，

2012，31（13）：105-106，113.
[17] 叶浩军，闫永涛．面向2010年广州亚运会的城市规划与研究综述［J］．建筑创作，2010（11）：50-55.
[18] 陈建华，李晓晖．2010年亚运会与广州城市发展［J］．城市规划，2009，33（S2）：5-12.
[19] 施锦芳，吴学艳．日本2020年东京奥运会的经济动机、经济活动及经济效应［J］．现代日本经济，2019（6）：13-28.
[20] 陆小聪，董鹏，张修枫．奥运会的举办与市民凝聚力［EB/OL］．http：//www. cflac. org. cn/zt/2008-08/07/content_ 14063371. htm.
[21] 李琳．我国大型综合体育赛事申办模式的研究［D］．北京：首都体育学院，2006（5）：2-3.
[22] International Olympic Games. OLYMPIC CHARTER［EB/OL］．https：//stillmedab. olympic. org/media/Document% 20Library/OlympicOrg/General/EN - Olympic - Charter. pdf # _ ga = 2. 88149403. 1625106522. 1610000121-1731630312. 1576289654.
[23] International Olympic Games. 1930-Olympic Charter - Statutes of the International Olympic Committee［EB/OL］．https：//stillmedab. olympic. org/media/Document% 20Library/OlympicOrg/Olympic-Studies-Centre/List-of-Resources/Official-Publications/Olympic-Charters/EN-1930-Olympic-Charter. pdf#_ ga=2. 211171669. 1398551626. 1608210432-1731630312. 1576289654.
[24] International Olympic Games. 2020-Olympic Charter［EB/OL］．https：//stillmedab. olympic. org/media/Document% 20Library/OlympicOrg/General/EN - Olympic - Charter. pdf # _ ga = 2. 221389592. 1625106522. 1610000121-1731630312. 1576289654.
[25] International Olympic Games. OLYMPIC AGENDA 2020［EB/OL］．https：//www. olympic. org/olympic-agenda-2020.
[26] International Olympic Games. Olympic Agenda 2020 Olympic Games：the New Norm［EB/OL］．https：//www. olympic. org/.
[27] International Olympic Games. Legacy Strategic Approach Moving Forward［EB/OL］．https：//stillmedab. olympic. org/media/Document% 20Library/OlympicOrg/Documents/Olympic - Legacy/IOC_ Legacy_ Strategy_ Executive_ Summary.
[28] 搜狐网．体育赛事的申办［EB/OL］．https：//www. sohu. com/a/399668525_ 120582168.
[29] 芮明杰．管理学：现代的观点［M］．北京：格致出版社，2019.
[30] 张家口网络电视台．北京冬奥组委增至15个部门，梳理确定3081项重要任务［EB/OL］．http：//www. zjkgdcs. com/bencandy. php? fid=93&id=10568.
[31] 环球网．第十四届全运会陕西省筹委会在西安挂牌［EB/OL］．https：//china. huanqiu. com/article/9CaKrnJXDvu.
[32] 刘清早．体育赛事运作管理实务［M］．北京：人民体育出版社，2011.

[33] 新华网体育．北奥集团成为北京冬奥会官方体育展示和颁奖仪式服务赞助商［EB/OL］. http：//www. xinhuanet. com/sports/2019-10/22/c_ 1125137700. htm.

[34] 杭州市人民政府．杭州市人民政府《2022 年第 19 届亚运会组委会关于加快 2022 年第 19 届亚运会杭州市场馆及设施建设的实施意见》（杭政函〔2017〕145 号）.

[35] 杭州市人民政府．杭州市人民政府办公厅《2022 年第 19 届亚运会组委会办公室关于印发 2022 年第 19 届亚运会杭州市场馆及设施建设管理办法的通知》（杭政办函〔2017〕103 号）.

[36] 张娜．大型体育赛事志愿服务项目管理研究［D］. 北京：中国矿业大学，2020.

[37] 曾雪．索契、平昌冬奥会志愿者组织体系研究［D］. 北京：北京体育大学，2019.

[38] 鲁梦云．大型体育赛事志愿者管理研究［D］. 厦门：福建农林大学，2018.

[39] 李洪浩．我国大型赛会志愿者管理评价研究［D］. 大连：大连理工大学，2015.

[40] 刘亚娜．北京奥运会志愿者培训工作的研究［D］. 北京：北京体育大学，2013.

[41] 陈涌．我国大型体育赛事志愿服务目管理研究［D］. 广州：华侨大学，2011.

[42] 何丹．北京奥运会赛会志愿服务研究［D］. 北京：首都体育学院，2010.

[43] 冯卫．奥运会志愿者招募情况的解读——以伦敦奥运会和近几届奥运会为例［J］. 沈阳体育学院学报，2012，31（4）：19-21.

[44] 周游．大型体育赛事志愿者的管理研究［D］. 湘潭：湘潭大学，2011.

[45] 李丽．北京奥运会志愿服务模式研究［D］. 北京：北京体育大学，2011.

[46] 周立英．大型体育赛事志愿者的激励与管理研究［D］. 长沙：中南大学，2008.

[47] 孙刚．我国大型体育赛事志愿者管理研究［D］. 成都：四川大学，2007.

[48] 李颖川．北京 2008 年奥运会志愿者的组织模式与评价体系的研究［D］. 苏州：苏州大学，2006.

[49] 宋玉芳．奥运会志愿者管理研究［D］. 北京：北京体育大学，2004.

[50] 林龙圳．大型活动中志愿者项目管理模式研究［D］. 北京：北京林业大学，2010.

[51] 吴迪．我国大型体育赛会志愿者发展研究［D］. 济南：山东师范大学，2008.

[52] 王瑞丰．北京 2022 年冬奥会志愿者遴选与培训路径研究［D］. 北京：首都体育学院，2020.

[53] 王雷．从索契到北京：中国志愿者的索契冬奥之旅［M］. 北京：北京交通大学出版社，2015.

[54] 北京奥运会志愿者工作协调小组办公室．北京奥运会志愿者读本［M］. 北京：中国人民大学出版社，2006.

[55] 邱服兵．中国志愿服务典型项目研究［M］. 北京：人民出版社，2015.

[56] 魏娜．志愿服务概论［M］. 北京：中国人民大学出版社，2018.

[57] 潘章帅．奥运会开幕式的集体记忆建构——以第 27 至 31 届夏季奥运会开幕式为例［D］.

武汉：武汉大学，2017.
[58] 沈华柱，鞠甲斌，李津．从索契冬奥会看体育赛事政治传播的策略与效果［J］．新闻大学，2014（6）：39-46.
[59] 王宁．北京奥运会开幕式的回顾与启示［J］．首都体育学院学报，2009，21（1）：1-5.
[60] 弓雯雯．北京、伦敦、里约夏季奥运会开幕式文艺演出（舞美）对比研究［D］．南昌：江西财经大学，2018.
[61] 刘笑钰．北京与伦敦奥运会开幕式文化传播对比研究［D］．武汉：武汉体育学院，2013.
[62] 杨玲．伦敦奥运会开幕式人本性特征的表现［J］．体育学刊，2013，20（4）：56-59.
[63] 邹先怡．从近四届夏奥会开幕式中探究主办国的文化软实力［D］．武汉：武汉体育学院，2018.
[64] 马骏．平昌冬奥会开幕式直播文本的符号学分析［D］．成都：成都体育学院，2019.
[65] 赵海波．我国全运会开幕式表演的当代转型及发展思路［J］．体育文化导刊，2018（4）：147-152.
[66] 李瑶．第十四届全运会开幕式表演内容的创新研究［D］．西安：西安体育学院，2018.
[67] 搜狐网．北京奥运信息系统史上最庞大 要严防隐形 IT 战争［EB/OL］．［2007-11-20］．http：//2008. sohu. com/20071120/n253350782. shtml.
[68] 南方周末．给亚运装上千里眼顺风耳［EB/OL］．［2010-11-26］．http：//epaper. southcn. com/nfdaily/html/2010-11/26/content_ 6900604. htm.
[69] 新华网．国家体育总局体育信息中心：为军运会铺织一张信息化大网［EB/OL］．［2019-10-25］．http：//sports. xinhuanet. com/c/2019-10/25/c_ 1125152831. htm.
[70] 新浪财经．烽火通信助第七届军运会场馆信息化建设［EB/OL］．［2019-10-22］．http：//finance. sina. com. cn/stock/relnews/cn/2019-10-22/doc-iicezuev3889246. shtml.
[71] 长江日报．中国电信勇当军运会信息化建设和保障主力军［EB/OL］．［2019-10-19］．https：//baijiahao. baidu. com/s？ id=1647812470053682233&wfr=spider&for=pc.
[72] 搜狐网．伊利：奥运会的积极参与者，奥运营销的典范［EB/OL］．［2009-01-03］．http：//news. sohu. com/20090113/n261726330. shtml.
[73] 体育大生意．37 家赞助企业、2500 余种特许商品，北京冬奥市场开发双线开花［EB/OL］．［2020-11-14］．https：//baijiahao. baidu. com/s？ id=1683347197782702585&wfr=spider&for=pc.
[74] 腾讯网．走近冬奥丨北京 2022 官方特许商品旗舰店开业［EB/OL］．［2021-02-05］．https：//new. qq. com/sv1/qd/aoyou. html？ cmsid=20210205A01CXD00.
[75] 第十四届全国体育赛事陕西省筹备委员会办公室．十四运会已签约赞助企业 15 家［EB/OL］．［2021-03-30］．http：//www. shaanxi. gov. cn/xw/ztzl/zxzt/zhrmghgdssjydh/yw_ 659/202103/t20210330_ 2158236. html.

[76] 第29届奥林匹克体育赛事主办城市合同 [EB/0L]. [2021-03-31]. https://baike.baidu.com/item/%E7%AC%AC29%E5%B1%8A%E5%A5%A5%E6%9E%97%E5%8C%B9%E5%85%8B%E8%BF%90%E5%8A%A8%E4%BC%9A%E4%B8%BB%E5%8A%9E%E5%9F%8E%E5%B8%82%E5%90%88%E5%90%8C/3961854? fr=aladdin.

[77] 黄美玲. 全国体育赛事两级组委会市场开发权益分配的研究 [D]. 上海：上海体育学院，2013.

[78] 国家体育总局. 全国综合性体育赛事组织管理办法 [Z]. 2017-02-07.

[79] 国际在线. 2022年北京冬奥会预计举办日期及三个具体目标 [EB/OL]. [2015-07-31]. http://news.cri.cn/gb/41280/2015/07/31/7331s5051416.htm.

[80] 禹唐体育. 北京2022年冬奥会和冬残奥会市场开发计划-完整版 [EB/OL]. [2017-03-02]. https://www.sohu.com/a/127668358_115533.

[81] 中国新闻网. 央企数量明年将进入两位数时代 目前已缩减至102户 [EB/OL]. [2016-12-20]. http://finance.chinanews.com/cj/2016/12-20/8098696.shtml.

[82] 中国新闻网. 北京跨国公司总部达179家 四成以上是世界500强企业 [EB/OL]. [2019-05-28]. http://finance.chinanews.com/cj/2019/05-28/8849845.shtm.

[83] 新浪上海. 上海促跨国公司发展新政今实施 企业创新研发中心落沪 [EB/OL]. [2019-09-01].

[84] 周学云，陈林祥. 我国综合性体育赛事市场开发 [M]. 北京：人民体育出版社，2008.

[85] [美] 马斯特曼.G. 体育赛事的组织管理与营销 [M]. 孙小珂，吴立新，金鑫，译. 沈阳：辽宁科学技术出版社，2006：150.

[86] 北京奥组委. 北京2022年冬奥会和冬残奥会市场开发计划 [EB/OL]. [2017-02-27]. https://www.beijing2022.cn/a/20170227/021045.htm.

[87] Irwin, R. L. & Asimakopoulos, M. K. An approach to the evaluation and selection of sport sponsorship proposals [J]. Sport Marketing Quarterly, 1992, 1 (2): 43-51.

[88] T. Bettina Cornwell, Leonard V. Coote. Corporate sponsorship of a cause: The role of identification in purchase intent [J]. Journal of Business Research, 2005, 58 (3): 268-276.

[89] 邹纯和. 企业组织行为的动力特征分析 [J]. 经济问题，2007 (12): 68-70.

[90] 北京冬奥组委. 北京2022年冬奥会和冬残奥会市场开发计划 [EB/OL]. [2017-02-27]. https://www.beijing2022.cn/a/20170227/021045.htm.

[91] 体育产业早餐. 武汉军运会发布招商计划 赞助商共分三个级别 [EB/0L]. https://www.sohu.com/a/228250123_519172.

[92] 陕西省工商业联合会. 十四运会市场开发赞助权益简介 [EB/OL]. [2021-01-11]. http://www.sxfic.com/0/1/101/9164.htm.

[93] 陈书睿. 大型体育赛事赞助合同排他性权利的法律研究 [J]. 天津体育学院学报，2010，

25（1）：64-68.
[94] 杨晋．奥组委保障赞助商权益确保奥运品牌价值——从东京 2020 年奥运会的赞助体系看奥运品牌运用［J］. 中国对外贸易，2017（3）：42-43.
[95] 刘清早．体育赛事市场开发［M］. 上海：复旦大学出版社，2013.
[96] 徐淑斐，徐培文．体育赛事特许产品的经营与开发［J］. 武汉体育学院学报，2008（9）：38-40.
[97] 钟荞．我国综合性体育赛事特许产品开发的初步研究［D］. 武汉：武汉体育学院，2008.
[98] 陈林祥．体育特许产品经营与开发的研究［C］. 中国体育科学学会·第七届全国体育科学大会论文摘要汇编（一）. 中国体育科学学会，2004：192.
[99] 腾讯网．冬季奥运会术语解析［EB/OL］. https：//new. qq. com/omn/20201014/20201014A01MIH00. html.
[100] 郑李茹，林少娜．解读奥运会电视转播权营销模式，展望北京奥运［J］. 安徽体育科技，2005（5）：1-3.
[101] 张亚辉．我国体育赛事电视转播权的市场开发［J］. 武汉体育学院学报，2008，42（8）：49-55.
[102] 任天平．我国大型体育赛事风险识别指标体系初探［J］. 西安体育学院学报，2015，32（4）：441-447.
[103] 朱华桂，吴超．大型体育赛事风险评估研究——以南京青奥会为例［J］. 体育与科学，2013，34（5）：22-26，30.
[104] 张森，王家宏．基于利益相关者视角的大型体育赛事风险管理问题识别［J］. 首都体育学院学报，2017，29（2）：105-109，113.
[105] 翁建锋，高慧林，关多红．大型体育赛事安全风险评估及应对策略［J］. 首都体育学院学报，2010，22（5）：18-22.
[106] 霍德利．体育赛事风险的识别与评估［J］. 沈阳体育学院学报，2010，29（6）：58-61.
[107] 李晓静，宋翠翠．体育赛事赞助商风险评估与风险规避的研究——以奥运会为例［J］. 武汉体育学院学报，2009，43（9）：25-28.
[108] Thomas A. Baker，陈书睿．大型体育赛事的主要风险管理——源自国外的观点［J］. 上海体育学院学报，2015，39（4）：6-11.
[109] 罗雪．体育赛事风险及其识别与应对［J］. 当代体育科技，2014，4（19）：181，183.
[110] 李玲飞．如何有效构筑防疫“泡泡”：东京奥运会新冠疫情应对的经验与教训［EB/OL］［2021-08-19］. https：//www. 163. com/dy/article/GHQ1OCA20519D88G. html.